suhrkamp taschenbuch 2464

D1873313

Die klangvollen Namen der deutschen Industrie sind jedermann geläufig. Kaum einer aber kennt die Gesichter und die Geschichte ihrer Namenspatronen – ob Siemens oder Porsche, Krupp oder Henkel, Karstadt oder Nixdorf.

In diesem Buch erfährt man, wie Friedrich Krupp ein Imperium schmiedete, was die Erfolgsrezepte des Apothekers Heinrich Nestle waren und warum Philipp Rosenthal als Aussteiger nach Amerika in die Lehre ging. Es versammelt zwanzig Biographien über die größten deutschen Gründerfiguren und damit zugleich über deren Unternehmen, ob Karl Benz oder Robert Bosch, Gottlieb Daimler oder Fritz Henkel, Adam Opel oder Carl Zeiss. Bei diesen Gründerfiguren handelt es sich allein um Personen, deren Unternehmen heute noch mit dem Namen des Gründers fortbestehen. Ausgewählt sind die größten Konzerne Deutschlands. Jeder Gründer wird mit seinem Leben und seinem Werk in erzählerisch-feuilletonistischer Art porträtiert. Abbildungen der Gründer, auch von den Familien, Aufnahmen von den ersten Fabrikgebäuden, den damaligen Produkten, aber auch der jetzigen Konzerne illustrieren die Darstellung.

Wolfram Weimer hat in Frankfurt am Main und Washington Geschichtswissenschaften studiert und eine wirtschaftshistorische Dissertation über amerikanische Bankengründer verfaßt. Er ist Wirtschaftsredakteur der Frankfurter Allgemeinen Zeitung, für die er seit 1994 als Korrespondent in Madrid tätig ist. 1992 wurde ihm der Journalistenpreis der Hanns-Martin-Schleyer-Stiftung verliehen.

Von Wolfram Weimer im suhrkamp taschenbuch lieferbar: Geschichte des Geldes (st 2307).

Wolfram Weimer

Kapitäne des Kapitals

Zwanzig Unternehmerporträts großer deutscher Gründerfiguren

Mit zahlreichen Abbildungen

Suhrkamp

suhrkamp taschenbuch 2464
Erste Auflage 1995
Suhrkamp Verlag Frankfurt am Main
© Insel Verlag Frankfurt am Main und Leipzig 1993
Lizenzausgabe mit freundlicher Genehmigung
des Insel Verlags Frankfurt am Main und Leipzig
Suhrkamp Taschenbuch Verlag
Alle Rechte vorbehalten, insbesondere das
des öffentlichen Vortrags, der Übertragung
durch Rundfunk und Fernsehen
sowie der Übersetzung, auch einzelner Teile.
Druck: Nomos Verlagsgesellschaft, Baden-Baden
Printed in Germany
Umschlag nach Entwürfen von
Willy Fleckhaus und Rolf Staudt

1 2 3 4 5 6 – 00 99 98 97 96 95

RUDOLPH KARSTADT

FRIEDRICH KRUPP

CARL VON LINDE

REINHARD MANNESMANN

JOSEF NECKERMANN

HEINRICH NESTLE

HEINZ NIXDORF

ADAM OPEL

WERNER OTTO

FERDINAND PORSCHE

PHILIPP ROSENTHAL

WERNER VON SIEMENS

AUGUST THYSSEN

CARL ZEISS

VORWORT

Kapitäne des Kapitals – Geheimnisse großer Gründer

Siemens und Opel, Thyssen und Karstadt, Daimler und Bosch, Mannesmann und Holzmann. Die großen und klangvollen Namen der deutschen Wirtschaft sind weltberühmt, kaum einer kennt aber Gesichter und Geschichten der Namenspatrone. In diesem Buch erfährt man, welche Marotten Friedrich Krupp in die Armut trieben, mit welchen Essenzen der Apotheker Henri Nestlé seine Erfolgsrezepte mischte und warum Philipp Rosenthal als Aussteiger nach Amerika in die Lehre ging. Man fährt mit Gottlieb Daimler durch schwäbische Landschaften spazieren, schaut in Fritz Henkels Waschküche, erfährt, wie Josef Neckermann und Ferdinand Porsche mit Hitler ihr Heil gemacht haben, überlebt mit Werner Otto die Nachkriegswirren und spart mit Robert Bosch Büroklammern zusammen.

Das Buch schlägt die unternehmerischen und privaten Lebensseiten der großen Gründer auf – ein Bündel aus 20 Biographien, ein Buch über die vielleicht 20 wichtigsten »Anfänger« in der deutschen Wirtschaftsgeschichte und damit zugleich ein Buch über deren Unternehmen. Ausgewählt sind nur Personen, deren Firmen möglichst groß und heute noch mit dem Namen des Gründers fortbestehen. In Schlüsselszenen ihres Lebens werden diese Kapitäne des Kapitals lebendig, ihre Erfolgsgeheimnisse enthüllt, ihr Charakterbild durchleuchtet. Man lernt ihre Schwächen und Stärken, ihre Leidenschaften und Laster, ihre

Tricks und Talente kennen. Es geht nicht um Heldengeschichten, sondern um Psychogramme von Siegern.
Etwas Besonderes steht auch am Ende der meisten Kapitel: Da schildert der heutige Konzernchef des jeweiligen Unternehmens, was ihn mit dem Gründer verbindet, an welche von dessen Erfolgsrezepte er glaubt und was davon heute noch im Unternehmen lebendig ist. So setzen sich Edzard Reuter (Daimler-Benz), Heinrich von Pierer (Siemens), Heinz Kriwet (Thyssen), Lothar Späth (Carl Zeiß) und viele mehr mit der Geschichte ihres Unternehmens auseinander. Die führende Riege der heutigen Wirtschaftskapitäne äußert sich damit in einem Buch zur historischen Identität ihres Unternehmertums.

Es ist kein Lehrbuch und doch ein Buch mit Lehren. Überblickt man am Ende der Lektüre das Leben der zwanzig Kapitäne, dann fallen schon Gemeinsamkeiten auf. Gemeinsamkeiten, die sich – mit Vorbehalten – zu einem Erfolgsrezept für Unternehmer zusammenbrauen lassen:

Erfolgsgeheimnis 1:

Fleiß, Fleiß und nochmals Fleiß ist die erste Kardinaltugend aller großen Gründer. Die 40-Stunden-Woche war ihre Sache nicht. Allesamt arbeiteten sie zeitlebens 60 Wochenstunden und mehr. August Thyssen schlief zeitweise auf seinem Büroschreibtisch, Karl Benz und Reinhard Mannesmann werkelten auch nächtens in ihren Experimentierstuben, Philipp Rosenthal strich das Mittagessen, um ununterbrochen weiterarbeiten zu können. Freizeit ist für die meisten kein Thema. Ihr Hobby ist ihr Beruf. Und dem muß sich auch die Familie unterwerfen.

Erfolgsgeheimnis 2:

Das zweite Merkmal erfolgreicher Gründer ist ein ausgeprägter Wille, gepaart mit der Disziplin, diesen auch durchzusetzen. Widrigkeiten und Widerstände machen ihren Willen nur stärker. Sie lassen sich nicht irritieren und gehen ungern Kompromisse ein. Ein innerer Zwang zur Vollendung treibt sie voran. Bei Männern von der Sorte eines Gottlieb Daimler überschreitet die Willensstärke auch die Grenze zur Dickköpfigkeit. Ihr Glaube an sich selbst ist derart stark, daß ihr Tun manchmal Züge der Besessenheit trägt. Bei alledem sind sie unerschütterliche Optimisten, von einem Sendungsbewußtsein getragen und fortschrittsgläubig bis ins Mark.

Erfolgsgeheimnis 3:

Kein Erfolgsgeheimnis, vielmehr ein Schicksalsschlag. Den meisten großen Gründern ist der Vater früh gestorben. Neckermann, Benz, Rosenthal, Siemens, Krupp, Nixdorf – alle haben sie ihren Vater im jugendlichen Alter verloren, alle mußten sie es sich und den anderen früh beweisen. Das Leben verlangte von ihnen, rasch erwachsen zu werden, keine Zeit zu verlieren und Verantwortung zu übernehmen. Viele müssen sich schon als Jugendliche selbst der Vaterrolle stellen. Diese Grunderfahrung macht sie stark – aber auch paternalistisch für den Rest ihres Lebens.

Erfolgsgeheimnis 4:

Ein altes Klischee, aber es muß doch etwas daran sein: Viele große Gründer sind klein – und zwar an Körperwuchs. So brachte es August Thyssen auf gerade mal 1,54 Meter. Größer als 1,80 Meter war kaum einer. Der alte Mythos vom Kompensationsdrang lebt in ihnen auch im Industriezeitalter fort. Ein schlacksiger Großer würde unter den großen Unternehmern buchstäblich Aufsehen erregen. Auf dem Basketballfeld wären die »großen« Gründer vom Wuchse eines Ferdinand Porsche ein glatter Ausfall.

Erfolgsgeheimnis 5:

Robert Bosch bückt sich als stattlicher, reicher Herr in seiner Fabrik, hebt eine Büroklammer auf und schimpft dabei seinen Angestellten an: »Was dappsch du auf meim Geld rum, des han i ja zahlt!« Kein Ausbund schwäbischer Knausrigkeit, es geht um ein unternehmerisches Prinzip. Sparsamkeit bis hin zum Geiz ist nicht nur Kennzeichen Robert Boschs. Ob August Thyssen auch als Millionär nur vierter Klasse Bahn fährt oder Rudolph Karstadt sich ein spendiertes Bier im nachhinein noch bezahlen läßt – alle sind sie sparsam, sparsam und noch mal sparsam.

Erfolgsgeheimnis 6:

Große Gründer sind Pragmatiker, und nicht etwa Visionäre, auch wenn Historienmaler sie gerne so darstellen. Sie haben ein sicheres Gefühl für das Machbare. Praktische, konzeptionelle, technische und kaufmännische Intelligenz zeichnet sie aus, nicht aber das Genie der Offenbarung. Ihr Marktinstinkt ist stärker als ihre Traumfähigkeit. Sie sind mehr Planer als Phantasten.

Erfolgsgeheimnis 7:

Philipp Rosenthal, Gottlieb Daimler, Fritz Henkel, Adam Opel und die anderen tragen eine dicke Portion Freiheitsliebe in sich. Das Streben nach Selbständigkeit ist bei allen gleichermaßen ausgeprägt. Für ihre Unabhängigkeit sind sie bereit, größte Entbehrungen in Kauf zu nehmen. Manches Mal entsagen sie fast irrational einem bequemen Kompromiß, einem Übernahme- oder Teilhaberangebot. Sie wollen sich, sie können sich nicht unterordnen. Sie wollen vor allem ihr eigener Herr sein.

Fleiß, Wille, Vatersyndrom, Kompensationsdrang, Sparsamkeit, Pragmatismus und Selbständigkeitsstreben sind die Leitmotive ihres Tuns. Lehrreicher noch als die Siegerqualitäten sind aber vielleicht jene Eigenschaften, die – entgegen vieler Vorurteile – keine große Rolle bei großen Gründern spielten:

Falsche Siegerfährte 1:

Gängiges Vorurteil über viele Unternehmer ist ihre vermeintliche Geldgier. Bei den Gründerpersönlichkeiten spielt das Streben nach Reichtum freilich eine untergeordnete Rolle. Der Traum von Glamour, Gold und Geld reizt sie nicht. Fast hat man das Gefühl, sie seien ein wenig enttäuscht, wenn endlich der Reichtum über sie hereinbricht. Karl Benz drückt das so aus: »Erfinden ist schöner als erfunden haben.« Menschen dieser Denkungsart ist Geld nur Mittel zum Zweck und ein Seismograph, wenn die Gründererde schon gebebt hat.

Falsche Siegerfährte 2:

Glück gehört dem Tüchtigen nicht immer. Gründer werden nicht durch glückliche Zufälle groß, zumindest bleiben sie es nicht. Glück ist eine Größe, die auch die Großen eher klein bedenkt. Wenn Johann Jacobs durch die Kriege sein Vermögen verliert, Philipp Holzmann und Friedrich Krupp von schweren Krankheiten geplagt werden oder Carl Zeiß, Werner Siemens und Gottlieb Daimler den frühen Tod ihrer Frauen hinnehmen müssen – Glück, privates und geschäftliches, verfolgt die Gründerherren nicht gerade. Pechsträhnen, Niederlagen, Unglücke, Rückschläge begleiten sie alle auf dem Weg nach oben.

Falsche Siegerfährte 3:

Auch Kinderstube, Geld und Bildung – alles, was Siegern vermeintlich an der Wiege gesungen wird, ist weniger wichtig, als man meint. Das Erbe – wie immer geartet – ist wie bei Hans im Glück keine funktionale Größe. Sie kommen aus kleinen und aus größeren Verhältnissen, sie kommen mit und ohne Bildung, wohlhabend und mittellos – das ist es nicht, was ihren Erfolg möglich macht. Fast sind Kinderstube, Geld und Bildung für ihre Karrieren gleichgültig.

Falsche Siegerfährte 4:

Große Gründer sind nicht von Machtlust getrieben. Auch das ist ein Klischee. Den vielbeschworenen Killerinstinkt haben die wenigsten. Gewiß, eine natürliche Neigung zum Paternalistischen, zum Befehlston bringt mancher mit. Die Freude an der Macht über andere ist ihnen aber fremd. Sie sind keine verklemmten Bürokraten. Sie haben ein Ziel, und deshalb geht es ihnen nicht um den Befehl um des Befehls oder ihrer Autoritätsbefriedigung willen.

Falsche Siegerfährte 5:

In Managerhandbüchern, die »Wege zum Erfolg« weisen wollen, spielen alle Arten »sozialer Kompetenz« eine große Rolle. Nicht so bei erfolgreichen Unternehmern. Kaum einer von ihnen war charmant, geschmeidig, umgänglich, offen, kommunikativ oder gruppenintegrativ. Viele waren dagegen empfindliche Eigenbrötler, manche Kauze, wenige nette Kerle. Der jähzornige Daimler, der verschrobene Thyssen, der eitle Porsche, der opportunistische Neckermann, der herrische Nixdorf, der derbe Rosenthal oder der penible Karstadt – es ist (leider) irrig anzunehmen, zum großen Erfolg gehöre ein ausgeglichenes Wesen.

Bei allen Gemeinsamkeiten – das letzte Geheimnis erfolgreicher Unternehmer bleibt ihre Individualität. Anders als angestellte Manager sind sie schon von Berufs wegen eigen, weil eigenständig. Sie passen in kaum ein Schema, weil ihre Welt ja gerade das Unschematische ist. Sie suchen das Neue, das Andere, das Eigene und wagen den Sprung ins Ungewisse – oft wider die Erfahrung und wider die Norm. Sie sind sich selber Norm und ihre einzige Hierarchie bleibt das Gesetz des Marktes. Kein Wunder, daß graue Mäuse, Einheitstypen oder normierte Manager unter ihnen keinen Platz finden. Sie kommen nicht als kalte Macher in anonymen Großkonzernen daher. Sie sind Kerle aus Fleisch und Blut, mit Ecken und Kanten, mit Marrotten, Leidenschaften und Empfindlichkeiten. Ihre unternehmerische Unabhängigkeit geht mit der personalen Freiheit einher. Sie müssen und wollen ihrer Umwelt nicht unbedingt gefallen – und genau das macht sie merkwürdig stark. In einer immer funktionaler werdenden Welt verkörpern die Unternehmer geradezu das personale Prinzip. Auch deshalb lohnt es sich, in ihre ganz private Lebenswelt hineinzuleuchten.

ROBERT BOSCH

Harte Schale, zündendes Herz

Er war aus dem Stoff derer gemacht, die besser befehlen können als gehorchen. Das war Erbe vom Vater her. Auch Servatius Bosch, Bauer, Bierbrauer und Fuhrhalter in Albeck, war in der Gemeinde als Herr gestanden, unabhängig, selbstsicher, bei persönlicher Gutherzigkeit trotzig. Wenn Robert Bosch auf den ländlichen Hintergrund der Herkunft blickte, so war da keine Dorfidylle zu erkennen oder mühsames Abgeracker kleiner Ackersleute; er legte gar keinen Wert darauf, daß ein romantischer Kontrast gesteigert werde, wie nun aus einer bisher gleichgültigen, unbekannten Familie in ihm selber, in dem Neffen, dem großen Chemiker und Organisator Carl Bosch, zwei Männer heraustraten, um diesen Namen mit Deutschlands Industrie- und Sozialgeschichte zu verbinden. Die Sippentradition ruhte in ihrem eigenen, nicht in einem erborgten oder neu erworbenen Stolz. Er hat sie im übrigen nicht sentimental betrachtet. Die engere Familie war dem Vater auf den Weg zur Verstädterung gefolgt; keines ihrer späteren Glieder blieb auf dem Lande. Das war ein Stück weit Zeiterscheinung, Binnenwanderung der Nähe. [...]
Das herrenhafte Selbstbewußtsein des Großbauernsohnes, das in der Lehrlings- und Gehilfenzeit manchmal gegen subalterne Zumutungen rebellierte, hatte in der großen Spannung dieser Natur eine merkwürdige Kehrseite, eine Scheu nicht bloß gegenüber der

Öffentlichkeit, sondern vor allem konventionellen Betrieb, vor nicht vertrauten Menschen. Aus einer Unterhaltung: »Sie haben einmal geschrieben, daß ich im Grunde ein schüchterner Mensch sei.« Und nach einer nachdenksamen Pause: »Eigentlich haben Sie ganz recht.« Er hat viel Welt gesehen, aber er ist nie weltläufig geworden, er begegnete zahllosen Menschen aus vielen Schichten und Herkünften, doch verlor er nie ganz eine gewisse Spröde im Umgang und im Gehabe, eine gewisse unbehagliche Beengtheit, wenn er sich nicht in einer vertrauten Luft fand, wo er »sich gehen lassen« konnte. Das ist an sich ein schwäbischer Zug; er hat bei ihm die besondere Färbung durch die Feinnervigkeit, womit er auf allen Zwang, dessen das Gesellschaftliche bedarf, schier körperlich ablehnend reagierte. Dies »Sichgehenlassen« war wohltuende Entspannung, doch nicht jene sozusagen gepflegte Formlosigkeit, der man im Württembergischen oft begegnet. Bosch hatte ein Bedürfnis nach Menschen, hörte gerne zu, wenn jemand gut erzählen konnte, hatte selber seinen Sack voll Geschichten und Anekdoten, derbe darunter, Stücke der Volksweisheit und des Volkshumors. Auch in solchem gelockerten Zusammensein, das er liebte, hielt er eine gewisse Distanz; das Maß der Vertraulichkeit bestimmte nicht der Partner, sondern ausschließlich er selber. [...]

Bosch hatte nicht viele Freunde; er war sparsam mit diesem Gefühl und konnte einmal einem alten Schulgenossen, der ihm nicht lag, deutlich mitteilen, daß diese Jugendbegegnung ihm noch kein Recht gebe, ihn als seinen Freund anzusprechen. Neben solchem groben Strich aber steht eine treue Anhänglichkeit an den Gesamtkreis der alten Schulkameraden in Ulm, deren periodische Zusammenkünfte er nicht versäumte (auch wenn ihn eine Präsidialsitzung des

Reichsverbandes der deutschen Industrie erwartete!). Mit einigen pflegte er vertrauten Briefverkehr und vergaß nicht, auf der Durchfahrt durch die Stadt sie zu besuchen. Aber sie mußten Substanz haben! Und sie durften nicht meinen, gerade sie nicht, weil sie einmal mit ihm die Schule besucht, hätten sie ein Sonderrecht, ihn anzupumpen; wie komme er dazu, antwortete er auf die entsprechende Anregung eines Dritten, »dem seinem Weib ihren Staat zu bezahlen«. Er erzwang immer Respekt. Doch seinem Bedürfnis nach Vertraulichkeit stand sein jähes Wesen oft genug selber im Wege. Und er konnte ein zäher und unerbittlicher Hasser sein und bleiben, hatte sich einmal eine Abneigung in ihm festgefressen. Das verhärtete Temperament erdrückte dann die Argumente der Billigkeit.

Die außerordentliche Schärfe von Boschs *kritischem Verstand* war auf das Dingliche gerichtet, das Faßbare, Greifbare, Sichtbare, ganz ungewöhnlich die *visuelle Wahrnehmungskraft*, die Eindrücke schnell erfaßte und fast unverwischbar festhielt. Das diente ihm mit überraschendem Erfolg etwa bei botanischen Feststellungen, damit verblüffte er, wenn er nach Jahren wieder eine Strecke fuhr, indem er die Einzelzüge der Landschaft, denen man jetzt begegnen werde, ihre Flora, ihre Formen, ihre geologische Struktur, beschrieb; sie hafteten in seinem Gedächtnis wie die präzisen Notizen eines Filmstreifens. [...]

Bosch hat in dem Bereich der Naturwissenschaften auch vielerlei gelesen, doch nicht eigentlich systematisch; wichtiger war ihm das Sehen und am liebsten, wenn dann ein Sachkenner gleich zur Hand, der mit Gewinn auszufragen war; da ließen sich Unklarheiten und Unsicherheiten sofort bereinigen. Denn man war gründlich, doch nicht gelehrt in einem anspruchsvolleren Sinn. Wenn die Dinge an den Bezirk der mathematischen Formeln gingen, die Anschaulichkeit verschwand und die Sprach- und Denkwelt etwa der neueren theoretischen Physik sich einstellte, hielt Bosch den gemäßen Abstand.

Über den eigenen Weg in die *Technik* hat Bosch sehr nüchtern gesprochen: Der Vater hatte ihn vorgeschlagen, und die Schule fesselte ihn nicht sonderlich. Sein Beispiel, meinte er einmal (1913) in einem Brief, da er um Berufsberatung für einen jungen Menschen gebeten war, zeige, daß es nicht gar so schlimm sein könne, »wenn man ohne Liebe eine Branche ergreift«. »Eine besondere Befriedigung hat mir mein Beruf auch nie gebracht, ich habe eben immer gearbeitet, wenn ich so sagen soll, weil es nun eben einmal notwendig war. Meine Liebhabereien lagen immer auf einer anderen Seite.« Es sei nie sein Ehrgeiz gewesen, etwas erfunden zu haben, hat er immer wieder gesagt, wenn ihn wohlmeinender Irrtum unter die Erfinder reihte. Solche Äußerungen dürfen aber nicht dazu verführen, ein geringes inneres Beteiligtsein an den Fragen der Technik zu vermuten. Er ist an ihre Einzeldinge als Praktiker und Empiriker herangegangen, mit dem guten Blick für das Zweckvolle, Sparsame, Solide, Handliche; die Gesamterscheinung der Technik erfaßte er als Zivilisations-Optimist. Die Problematisierung des Sinns der Technik erschien ihm mehr oder weniger als ein Literaturunfug, als die Beschäftigung von Leuten, die nie mit dem Handwerk etwas zu tun hatten, die, über die Verderbnis des Menschen durch die Maschine klagend, in harmloser Unbefangenheit alle Gegebenheiten des mechanisierten Lebens als Selbstverständlichkeiten hinnehmen und, indem sie von der Versklavung des Menschen durch die Technik reden, nicht wissen oder wissen wollen, wie mühsam und kärglich ein Leben der

Robert Bosch –
Ein schwäbischer Herr.

Masse mit 16 und 18 Stunden Arbeit, Arbeit, Arbeit gewesen ist: Die sinnvoll verwertete Maschine ist ihm im letzten Grunde eine Befreierin von Not und Bürde. [...]
Über sich selber hat Bosch oft reflektiert, über seine Begabungen, sein Temperament, über die Gründe des Erfolges. Er bedurfte für sein Selbstbewußtsein nicht der Bestätigung durch Dritte – langehin war es ihm durchaus zuwider, wenn sich die Öffentlichkeit mit ihm beschäftigte, er verweigerte Bildnisse, lehnte es ab, »Objekt für Autogrammsammler« zu werden. Manche seiner Mitarbeiter vermuteten, daß er auch das, was in Zeitungen und Zeitschriften über ihn erschien, an den Jubiläen, gar nicht las, wenn er es aber las, unempfindlich gegen das Lob und herb gegen sachliche Fehler.
Das in allen Mühen und Sorgen der Nachkriegsjahre doch äußerlich glückhafte Leben von Robert Bosch, sein Fertigwerden mit den sachlichen Schwierigkeiten und mit den Gefährdungen des Werkes, die vom frühen Abscheiden alter und wichtiger Mitarbeiter drohten, ist von einem Schatten der Resignation, von der intimen Tragik des familiären Schicksals begleitet. Die lange Krankheit des einzigen Sohnes war wohl von den Gatten in gemeinsamer Angst erlebt worden; Bosch hatte sich, als das Unabänderliche, die Unmöglichkeit einer Genesung feststand, mit der Härte des Verzichts auf seine Lebenshoffnung umgürtet und in den Pflichten gegenüber Beruf und Allgemeinheit die Tage, Monate, Jahre bis an den Rand ausgefüllt. Die Mutter verzehrte sich in dem Leid der Pflege, die von Arzt zu Arzt, von Kuranstalt zu Krankenhaus führte: Wo war Rettung zu finden?
Der Dreißigjährige starb am 6. April 1921. Der Vater weilte damals auf seiner Reise durch Südamerika, die Nachricht erreichte ihn in Buenos Aires. »So sehr

man auch einen solchen friedlichen Ausgang seines Daseins erwünschen mußte, hat mich doch die Tatsache, daß er nun verschieden ist, aufs tiefste bewegt ... Ihm und uns ist viel erspart geblieben. Aber der Schmerz, daß das früher so hoffnungsvolle Leben nun dahin ist, ist bitter, trotzdem man Jahre hatte, sich auf den Verlust vorzubereiten, sich an ihn zu gewöhnen. Wie oft fragte ich mich, warum ich das Leben weiter habe und er, der junge, muß dahinsiechen? Hart ist das Leben, aber man muß es leben. Muß man es? Ich glaube, Ja.« Und der Brief beschwört die Gattin, nun an sich, an ihre Erhaltung und Erholung zu denken. Doch er verkannte die Tiefe des Getroffenseins. Ihn erwarteten nach der Rückkehr neue Aufgaben. Er hatte aus Südamerika vor allem große landwirtschaftliche Eindrücke mit nach Hause gebracht, die sich jetzt zu weit gedachten Planungen verdichteten. Aber die Mutter schien mit dem Tode des Sohnes des erfüllenden Sinns ihres Lebens beraubt. Trug er weniger schwer an dem Verlust? Sicher nicht. Aber der Versuch, mit dem Schicksal fertig werden zu wollen, war bei dem tätigen Mann anderer Art als bei der an sich schwerlebigen Gattin, die von der Klage um den Toten nicht frei wurde und nun ein Echo ihrer Empfindungen vermißte. Bosch schrieb ihr darüber, Ende Juni 1921, einige aufrichtige Zeilen: »Über Robert spreche ich in der Tat nicht gerne. Solche Sachen mache ich wohl am besten mit mir selbst ab. Du hast Dich ja natürlich sehr viel mehr mit ihm beschäftigt als ich, das ergaben schon die Verhältnisse. Ich habe in den zehn Jahren, die seine Krankheit dauerte, Zeit genug gehabt, mich an den Verlust zu gewöhnen und die Folgen zu überlegen. Für mich starb Robert allmählich, und der Ausgang war schließlich die vollendete Tatsache, die kommen mußte. In Wunden wühlen und in Schmerzen sich ergehen, das bringe ich nicht

fertig. Ich kann das nicht ändern, und für mich ist das Unabänderliche etwas, in das ich mich finde.«
Anna Bosch fand sich nicht darein. Sie, die in der Pflege des geliebten Kranken ihre Aufgabe gefunden und sich fast verbraucht hatte, wurde selber der Pflege bedürftig, körperlich anfällig und von schweren Depressionen niedergeworfen. Nun begann für sie die tragische Wanderung von Heilanstalt zu Sanatorium; Bosch begleitete den Weg mit sorgsamen Anweisungen, das rechte Verhältnis zur Erkrankung zu finden, mit dem Sinn der ärztlichen Vorschriften sich vertraut zu machen, sie aber auch gewissenhaft und willig zu erfüllen. Dieses briefliche Erziehertum, lehrhaft und fast pedantisch, hat etwas Rührendes. Er will mit nachsichtigen und dann auch wieder festem Zureden den Willen zur Gesundung wecken. Handelte es sich um eine Flucht in die Krankheit? Die Angstvorstellungen mit ihren Erregungen waren so bedrängend, daß Bosch, der ehedem in den Briefen von unterwegs geschäftliche Pläne oder Sorgen vortrug, jetzt karg wird in den Mitteilungen. Als er, August 1924, wegen der Acro-Sache nach Amerika fuhr, teilte er dies erst in einem Brief von drüben mit, weil sie jede größere Reise, auch der Töchter, so schwer nahm. Diese Schwarzseherei linderte sich wohl, aber es blieb die Angst vor der Rückkehr in die Pflichten, die sie spürte, denen sie sich aber nicht mehr gewachsen fühlte, zumal diese sich mit der Ausweitung von Boschs Stellung gemehrt hatten.
Das stattliche Haus im alten Hackländerpark des Heidehofs wurde zu einem Rahmen der menschlichen Vereinsamung. Zwar war das Verhältnis zu den Töchtern, das einer so starken Belastung ausgesetzt gewesen, wieder in Ordnung gekommen. Aber diese hatten sich ihr eigenes Leben aufgebaut, das den Schwerpunkt außerhalb Stuttgarts fand. Bosch litt unter die-

sen Dingen mehr, als er sich selber eingestand; eine reizbare Unrast plagte ihn, er war viel unterwegs, Ablenkung, Aussprache, Ansprache suchend. In den großen Räumen war er schier heimatlos geworden, und es sah so aus, als ob er es bleiben solle.
Der mehrjährigen Trennung der beiden Gatten folgte 1926 in für beide Menschen schwerem Entschluß die Scheidung. Robert Bosch ging eine zweite Ehe ein mit Margarete Würz, der Tochter einer württembergischen Försterfamilie. Nun fand er wieder Ausgleich in der Unrast, sorgende Betreuung in der Krankheit, ein einfühlsames und mitdenkendes Verständnis bei den Überlegungen und Entschlüssen, die eine intime Aussprache zur Klärung forderten. Er wurde in vielem ausgeglichener und ruhiger. Die improvisierte unkonventionelle Geselligkeit, die er liebte und brauchte, hielt in dem Hause Einkehr; sie gewann auch, wenn die Lage es forderte, den sicheren repräsentativen Charakter. Die Gattin wurde ihm in vielem zur Mitarbeiterin, dies ihm abnehmend, jenes ratend oder widerratend, Vermittlerin vor allem auch zu der neuen Generation, die jetzt im Haus für kommende Führungsaufgaben heranwuchs. Die Entspannung wurde auch von der Geschäftsleitung dankbar empfunden.
Aber dies vor allem: junge Stimmen hallten durch das langehin schier tote Haus. Bosch hatte die Freude, daß ihm noch zwei Kinder geboren wurden, der Sohn Robert (1928) und die Tochter Eva (1931). Daß das Schicksal, das ihm mit dem Sterben des ersten Sohnes so viel Leid und Verzicht aufgebürdet hatte, ihm nun den männlichen Erben des Namens und der Aufgabe schenkte, wurde die sorgende Freude seines Alters; in den Anlagen, Liebhabereien, Fertigkeiten des heranwachsenden Knaben durfte er Züge der eigenen Jugend und Elemente des eigenen Wesens erkennen.

Theodor Heuss

Mit 10 000 Mark Startkapital wagt er den Sprung in die Selbständigkeit: Robert Boschs erstes Fabrikgebäude in der Stuttgarter Hoppenlaustraße.

Lebensweg

Robert Bosch wird am 23. September 1861 in Albeck bei Ulm als zweitjüngstes von zwölf Kindern geboren. Seine Eltern betreiben einen Gasthof mit Bierbrauerei und Landwirtschaft. Auf deren Wunsch hin verläßt er nach dem »Einjährigen« die Realschule und tritt bei einem Feinmechaniker in die Lehre ein. Danach folgen sieben Lehr- und Wanderjahre. Zu wichtigen Stationen werden die Arbeit an Dynamomaschinen bei Schuckert in Nürnberg (1881), der halbjährige Besuch der Technischen Hochschule Stuttgart als »außerordentlicher Studierender« und der Aufenthalt in Amerika (1883/84), wo er bei Edison eine Beschäftigung findet. Seinen Auslandsaufenthalt beschließt Bosch 1885 mit einer Tätigkeit bei Siemens Brothers in London.

Nach seiner Rückkehr wagt der Fünfundzwanzigjährige mit 10000 Mark Startkapital den Sprung in die Selbständigkeit. Zusammen mit einem Gesellen und einem Lehrling eröffnet er in Stuttgart am 15. November 1886 eine Werkstätte für Feinmechanik und Elektrotechnik. In der zur Werkstatt umfunktionierten Zweizimmerwohnung in der Rothebühlstraße 75b nimmt Bosch jeden Auftrag an, um sein kleines Unternehmen über Wasser zu halten: Füllfederhalter, Blitzableiter, Geschwindigkeitsmesser, Telephone, Gravierzirkel – alles, was Kunden so wünschen, wird produziert und repariert. »Es war ein böses Gewürge«, schreibt Bosch im Rückblick auf die ersten zehn Jahre. Im Frühjahr 1892 steht er sogar am Rande der Pleite und muß 22 seiner 24 Mitarbeiter entlassen.

Nachdem Nikolaus Otto den Verbrennungsmotor für Gas erdacht und Gottlieb Daimler den für Benzin und Fahrzeuge entwickelt haben, wendet sich Bosch der

Auch mit Telefonen versucht er zunächst sein Glück: Boschs erste Geschäftsanzeige in der Stuttgarter Tageszeitung »Der Beobachter«, Februar 1887.

regelmäßigen Zündung von Gasgemischen zu. Infolge einer Anfrage im Sommer 1887 baut Bosch seinen ersten Magnetzünder, weitere folgen. In knapp zehn Jahren fertigt seine Werkstatt tausend Magnetzünder für ortsfeste Motoren, nicht genug, um davon leben zu können, aber ein erstes Erfolgsprodukt ist gefunden. Jahr für Jahr wächst der Absatz, zumal die Bosch-Zünder auch in Frankreich, England und Amerika angeboten werden. In wenigen Jahren erlangt er damit eine Weltstellung, obwohl das Kaiserliche Patentamt ihm erst am 11. Juni 1897 die zündende Idee patentiert: »Elektrischer Funkengeber zur Zündung des Explosionsgemisches in Gasmaschinen«. Nun übernimmt auch Gottlieb Daimler den Bosch-Zünder anstatt seiner Glührohrzündung.

Bosch ist selber kein Erfinder, aber – mit einem untrüglichen Gefühl für das technisch Rationelle begabt – entwickelt er bekannte Techniken und Verfahren für den praktischen Einsatz fort. »Es ist lediglich ein technisches Gefühl, das mir durchgeholfen hat«, sagt er selbst. Über seine schwäbische Sparsamkeit spricht die Geschichte Bände, wie er sich als stattli-

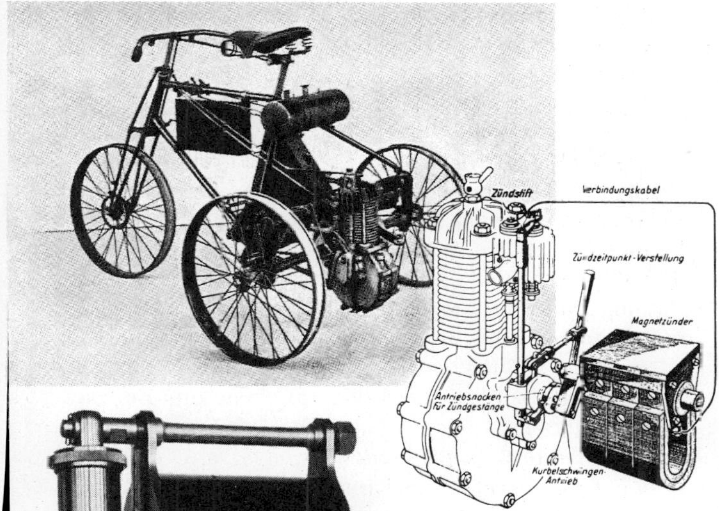

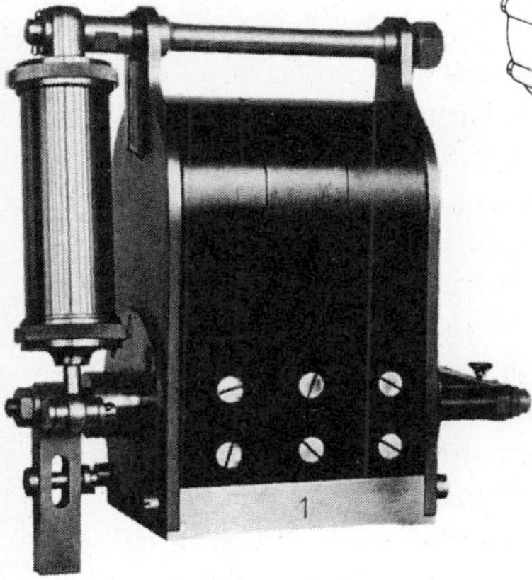

Magnetzünder sind sein erstes Erfolgsprodukt. Der Siegeszug der Bosch-Zündung im Kraftfahrzeug beginnt 1897: Bosch baut seine Niederspannungs-Magnetzünder in Motordreiräder ein.

cher Herr bückt, eine Büroklammer aufhebt und dabei seinen Angestellten anschimpft: »Was dappsch du auf meim Geld rum, des han i ja zahlt!«
In den Bosch-Werkstätten wird bald auch Automobil-Zubehör wie Lichtmaschinen, Anlasser, Signale (Boschhorn), Winker, Scheinwerfer, Wischer, Bremsen hergestellt und in aller Welt verkauft. Unmittelbar

vor dem Ersten Weltkrieg setzt der schwäbische Unternehmer 88 Prozent seiner Erzeugnisse im Ausland ab.
In den zwanziger Jahren erweitert sich das Stuttgarter Geschäft zum Konzern: Bosch übernimmt die Junkersschen Gaswerke, die Radiowerke »Blaupunkt«, die Fernseh-AG und eine Reihe weiterer Firmen. Wie am Anfang seiner Karriere setzt der Unternehmer – damals aus Not, nun aus Vorsorge – auf eine möglichst vielfältige Produktpalette: Kühlschränke, Radiogeräte, Projektoren, Kraftfahrzeug-Ausrüstungen, Elektrowerkzeuge. Streng achtet Bosch bei jeder Expansion auf die Unabhängigkeit seines Unternehmens von Banken und Kooperationen, zum Beispiel mit Daimler.
Parteipolitisch ungebunden, weitgehend areligiös, einer demokratischen Familientradition verpflichtet und in Amerika mit der Arbeiterbewegung vertraut geworden, bezieht er weltanschaulich oft linke Positionen. Im Unternehmertum heißt er »der rote Bosch«. Schon 1906 führt er – für die damalige Zeit ganz ungewöhnlich – den Acht-Stunden-Tag ein, 1910 folgen der freie Sonnabendnachmittag und drei Jahre später die Gründung einer eigenen Lehrwerkstatt. Vor allem aber zahlt Bosch außergewöhnlich hohe Löhne. (»Ich zahle nicht gute Löhne, weil ich viel Geld habe, sondern ich habe viel Geld, weil ich gute Löhne zahle.«) Um so mehr trifft ihn der erbitterte Streik von 1913, bei dem das Werk für acht Wochen geschlossen wird und die eigenen Töchter sich mit den Arbeitern solidarisch erklären. Bosch tritt daraufhin dem württembergischen Arbeitgeberverband bei, bleibt sich aber treu und setzt weiter auf soziale Pioniertaten. Es gefällt ihm, das Klischee vom schnöden Eigennutz des »Kapitalisten« gründlich zu demolieren, indem er sich für die Pflege humanitärer und

kultureller Einrichtungen engagiert. Er spendet Millionen für öffentliche und wissenschaftliche Zwecke, vor allem auf dem Gebiet der Heilkunde. Als die Firma 1936 ihr fünfzigjähriges Bestehen feiert, stiftet Bosch in Stuttgart ein Krankenhaus.
Robert Bosch stirbt am 12. März 1942 in Stuttgart. Seine Werke beschäftigen 40 000 Mitarbeiter. Aus erster Ehe mit Anna Kayser (1887) hinterläßt er die beiden Töchter Margarete und Paula (Sohn Robert war 1921 gestorben), aus zweiter Ehe mit Margarete Woerz (1927) die Tochter Eva und Sohn Robert. Sie folgen dem testamentarischen Willen Robert Boschs und übertragen ihre Unternehmensanteile überwiegend auf die Robert Bosch Stiftung GmbH, die bis heute noch mehr als 90 Prozent des Stammkapitals der Gesellschaft hält.

»Lieber Geld verlieren als Vertrauen«

Es war mir immer ein unerträglicher Gedanke, es könne jemand bei Prüfung eines meiner Erzeugnisse nachweisen, daß ich irgendwie Minderwertiges leiste. Deshalb habe ich stets versucht, nur Arbeit hinauszugeben, die jeder sachlichen Prüfung standhielt, also sozusagen vom Besten das Beste war.
Es war ferner bei mir ständiger Grundsatz, mir willige Mitarbeiter heranzuziehen, und zwar dadurch, daß ich jeden möglichst weit selbständig arbeiten ließ, ihm dabei aber auch die entsprechende Verantwortung auferlegte. Lag mir z. B. eine Aufgabe vor, so fragte ich den, der sie lösen sollte, welchen Weg er einschlagen wolle; schien dieser mir gangbar, wenn auch nicht der beste, so sagte ich: »Gut. Nehmen Sie die Sache in Angriff. Ich hätte zwar aus diesen und diesen Gründen den und den Weg eingeschlagen, Sie gehen aber lieber den Ihrigen, der Ihnen besser liegt,

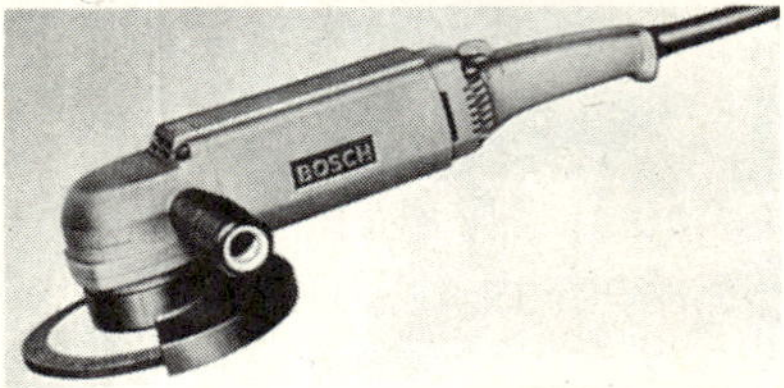

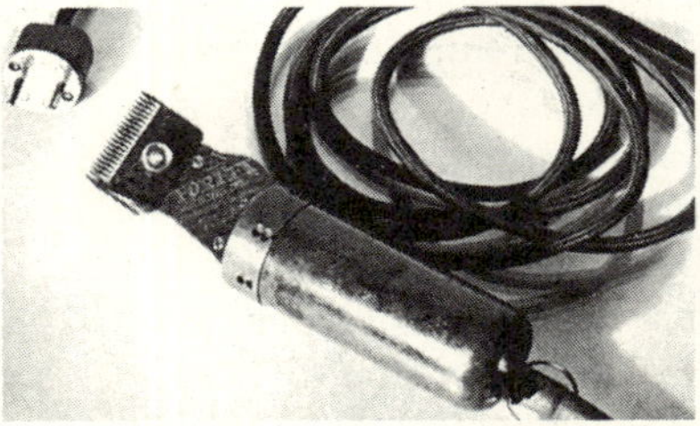

Bosch-Werkstatt um 1920. Hier werden Isolierkörper für Zündkerzen hergestellt. Der erste Bosch-Kühlschrank (unten rechts) entsteht 1933, die Haarschneidemaschine (ganz unten) stammt aus dem Jahr 1928. Darüber ein Bosch-Winkelschleifer.

mir scheint er jedoch diese und jene Nachteile zu haben.« – Dadurch erreichte ich, daß der Mann seine ganze Kraft einsetzte, um das Ziel zu erreichen, das gesteckt war.
Mein Geschäft, ursprünglich sehr klein, entwickelte sich nach langen, mühevollen Kämpfen allmählich immer rascher. Es lag nahe, durch Anzeigen u. dgl. die Absatzgebiete zu erweitern. Damit schien mir aber die Gefahr verknüpft, daß mächtige Wettbewerber merkten, in meinem Erwerbszweig sei etwas los. Ich zog vor, durch persönliche und schriftliche Bearbeitung meinen Kundschaftskreis zu erweitern, so daß sich, als ich einmal groß war, die ganze Elektrotechnik erstaunt überzeugen mußte, daß zwar in meiner Linie etwas zu machen sei, daß ich aber schon zu groß geworden war, um leicht aus dem Sattel gehoben werden zu können. Als ich aber schließlich eine Weltstellung hatte, was wäre dem neuzeitlichen Menschen näher gelegen, als zu sagen: »Seht mich an! Bei mir müßt Ihr kaufen! Ich bin groß und stark!« Statt dessen erklärte ich meinen Kunden: »Sie meinen, Sie müßten bei mir kaufen? Wie kommen Sie dazu? Sie können doch da und dort auch Ihren Bedarf decken. Von einem Muß ist keine Rede.« Damit erreichte ich, daß meine Kunden, die sich wie alle Menschen nicht gerne einem Zwange beugen, mir treu blieben und gerne mit mir arbeiteten. Dazu kam noch, daß bei mir feststehender Grundsatz war, einen Vertrag nur abzuschließen, beherrscht von dem Gedanken: Wenn bei einem Vertrag nicht beide Vertragschließende ihre Rechnung finden, so verlieren beide, der eine Geld, der andere Zutrauen. Einen Vertrag abschließen ohne Hintergedanken, ihn aufs pünktlichste erfüllen, ist eine Tat von höchster geschäftlicher Klugheit. Immer habe ich nach dem Grundsatz gehandelt: Lieber Geld verlieren als Vertrauen. Die Unantastbar-

keit meiner Versprechungen, der Glaube an den Wert meiner Ware und an mein Wort standen mir stets höher als vorübergehender Gewinn.
Ich kenne keinen sehnlicheren Wunsch als den: Jeder Deutsche, er möge in verantwortlicher Stellung in der Regierung oder als Geschäftsmann, im In- und namentlich auch im Auslande tätig sein, möge sich bei allem, was er tut, von den Gesichtspunkten leiten lassen, die ich eben darlegte und denen ich meinen Erfolg verdanke.

Von den Mitarbeitern

Ich pflege zu sagen, daß ich meinen Erfolg weniger meinen Kenntnissen verdanke als meinem Charakter. Ich habe zwar ein gutes, vielleicht intuitives technisches Einfühlungsvermögen, aber ich glaube, ich kann sagen, ich hatte nie den Ehrgeiz, etwas selber gemacht haben zu wollen. Ich ließ gern andere konstruieren und ließ sie auch gut verdienen. Ich hatte nur den Ehrgeiz, sagen zu können, was bei mir gemacht wird, muß erstklassig sein und einwandfrei.
Ich erklärte mich stets mit meinen Mitarbeitern solidarisch und handelte so, d. h. trat gegen jeden auf, der diesen ungerechtfertigte Vorwürfe machte. Allerdings habe ich da, wo es richtig war, auch denjenigen den Kopf zurechtgesetzt, die sich Federn an den Hut stecken wollten, die ihnen nicht zukamen.

Robert Bosch

Die Erfolgsgeheimnisse von Robert Bosch

Vor mehr als hundert Jahren, 1886, gründete Robert Bosch seine »Werkstätte für Feinmechanik und Elektrotechnik«, aus der die weltweit tätige Robert Bosch GmbH hervorging. Ihre Entwicklung ist von großer Kontinuität geprägt. Die zentralen unternehmenspolitischen Grundsätze des heutigen Unternehmens gehen auf den Gründer zurück. Worauf basieren die Erfolge dieses Mannes?

Robert Bosch hat keine eigene Erfindung gemacht, aber er hatte ein gutes Gespür für technische Entwicklungen und für begabte Mitarbeiter, die diese Entwicklungen vorantrieben. So wurde er zum Motor des technischen Fortschritts.

Bei den Anforderungen an Qualität und Preiswürdigkeit seiner Erzeugnisse war Robert Bosch kompromißlos: »Immer habe ich nach dem Grundsatz gehandelt: ›Lieber Geld verlieren als Vertrauen‹. Die Unantastbarkeit meiner Versprechungen, der Glaube an den Wert meiner Ware und an mein Wort standen mir stets höher als ein vorübergehender Gewinn.«

Durch die konsequente Einhaltung dieser Selbstverpflichtung wurde der Name des Unternehmens zum Inbegriff industrieller Wertarbeit. Die Fähigkeit, große Mengen in höchster Präzision, in »Bosch-Qualität« zu fertigen, entwickelte sich zu einem wesentlichen Wettbewerbsfaktor der Bosch-Gruppe.

Die anerkannte Qualitätsarbeit war auch die Basis für die Internationalisierung des Unternehmens. Der Ausbau des Geschäfts über Ländergrenzen hinweg entsprach ganz der »Weltläufigkeit des Denkens«, die Theodor Heuss Robert Bosch bescheinigte. Schon als 22jähriger hatte er in den USA unter anderem bei Edison gearbeitet und Auslandserfahrungen auch

in Großbritannien gesammelt. Von seinen schwäbischen Vorfahren hatte Robert Bosch den Fleiß, die Zielstrebigkeit und die persönliche Bescheidenheit geerbt, aber ihm haftete nichts Provinzielles an.
Seine Herkunft aus einem alten Bauerngeschlecht bietet auch eine Erklärung für sein striktes Streben nach persönlicher Unabhängigkeit. Er wollte sich seine Entscheidungsfreiheit bewahren und von Banken und Börsen unabhängig bleiben. Das setzte und setzt höchste Wirtschaftlichkeit im Unternehmen voraus. Die Forderung von Robert Bosch: »Immer soll nach Verbesserung des bestehenden Zustands gestrebt werden, keiner soll mit dem Erreichten sich zufrieden geben, sondern stets danach trachten, seine Sache noch besser zu machen«, schließt die »Sparsamkeit im ganzen Betrieb« mit ein. Der Abhängigkeit des Unternehmens von konjunkturellen Schwankungen der Automobilindustrie wirkte Robert Bosch Ende der 20er/Anfang der 30er Jahre durch Diversifikation und damit Risikostreuung entgegen. Er dehnte das Erzeugnisprogramm auf Elektrowerkzeuge sowie Haus- und Warmwassergeräte aus.
Für Robert Bosch stand der Mensch im Mittelpunkt des wirtschaftlichen Geschehens. Von seinen Mitarbeitern erwartete er fachliche Kompetenz sowie Verantwortungsbewußtsein gegenüber Unternehmen und Kunden. Aber er zahlte auch überdurchschnittlich hohe Löhne und führte zahlreiche soziale Pionierleistungen ein. Diese Maßnahmen dienten aber zugleich der Leistungssteigerung. So ermöglichte die Einführung des Acht-Stunden-Tags 1906 die Einrichtung des Schichtbetriebs und damit die bessere Ausnutzung des Maschinenparks.
So sehr Robert Bosch auf strenge Sparsamkeit achtete, so wenig ging es ihm um die Anhäufung von Reichtum. Die Mittel, die er nicht für die Weiter-

entwicklung und langfristige Sicherung seines Unternehmens benötigte, widmete er gemeinnützigen Zwecken. Die aufgrund seines Testaments errichtete Robert Bosch Stiftung, die rund 92 Prozent des Stammkapitals der Robert Bosch GmbH hält, setzt die gemeinnützigen Bestrebungen des Gründers fort.

Marcus Bierich
Aufsichtsratsvorsitzender
der Robert Bosch GmbH

GOTTLIEB DAIMLER KARL BENZ

Die ungleichen Zwillinge

Silvesterabend 1880 in Mannheim. Bei Familie Benz in der ärmlichen Wohnbaracke neben der kleinen Werkstatt bleibt die Partylaune aus. Wieder einmal ist das Geld ausgegangen. Kein Lied, kein Sekt, kein Festessen. Karl Benz denkt mit Sorge an das neue Jahr: »Den letzten Groschen hatten wir bei den langwierigen Versuchen hineingesteckt in den embryonalen Zweitakter, und die Sorge stand vor der Tür. Sovielmal wir die Maschine auch schon angedreht hatten, sooft wurden unsere hochgespannten Hoffnungen von dem ›Taktlosen‹ zerstört. Nach dem Nachtessen sagte meine Frau: ›Wir müssen doch noch einmal hinüber in die Werkstätte und unser Glück versuchen, in mir lockt etwas und läßt mir keine Ruhe.‹ Und wieder stehen wir vor dem Motor wie vor einem großen, schwer enträtselbaren Geheimnis. Mit schweren Schlägen geht das Herz; ich drehe an. Tät, tät, tät! antwortet die Maschine. In schönem regelmäßigem Rhythmus lösen die Takte der Zukunftsmusik einander ab. Über eine Stunde lauschen wir tiefergriffen dem einförmigen Gesang, und was keine Zauberflöte der Welt zuwege gebracht hätte, das vermag jetzt der Zweitakter: je länger er singt, desto mehr zaubert er die drückend harten Sorgen vom Herzen.«
Szenenwechsel. Köln. Zur gleichen Zeit. Silvester 1880. Gottlieb Daimler ärgert sich grün und blau, er

flucht und schimpft aus vollem Hals. In der Deutzer Gasmotorenfabrik der Herren Otto und Langen fühlt sich der Schwabe nicht mehr wohl. Ein Brief vom 28. Dezember liegt auf dem Tisch. Darin fordert die Werksleitung vom eigenwilligen Daimler nach einem langen Streit Unterordnung: »Sie haben fortan über alle technischen Fragen in ständigem Verkehr mit Herrn Kommerzienrat Langen zu bleiben, in dem Sie wöchentlich mindestens eine Privatkonferenz mit demselben abhalten. Wo und wann diese Privatkonferenzen abzuhalten sind, bestimmt Herr Kommerzienrat Langen.« Daimlers Silvesterlaune ist dahin. Er, der technische Leiter der Fabrik, der Motor des Motorenwerks wird zum Appellbuben degradiert. Das ist zuviel. Das läßt er sich nicht bieten. Inzwischen ist er reich genug, um eigene Wege zu gehen. Im neuen Jahr wird gekündigt und der Weg in die Selbständigkeit angetreten.

Silvester 1880. Der reiche, grimmige Daimler und der arme, sehnsüchtige Benz begeben sich in dieser Nacht endgültig auf einen langen und mühevollen Weg zur Erfindung des Automobils. Aber sie gehen ihn getrennt. Karl Benz und Gottlieb Daimler werden sich in ihrem Leben nie treffen und nie miteinander sprechen. Obwohl beide zeitgleich und wenige Kilometer voneinander entfernt an Benzinmotoren basteln, obwohl sie ihr wechselseitiges Tun genau verfolgen und sich viel zu sagen hätten – eine Begegnung bleibt aus. Nur einmal, als es gänzlich unvermeidlich wird, sehen sie sich – aus der Ferne. Das ist 1897 bei der Gründung des Mitteleuropäischen Motorwagenvereins. Doch miteinander sprechen? Nein, das tun sie nicht.

Nicht, daß sie verfeindet sind oder sich nicht leiden mögen. Nein. Der Badener Benz und der Schwabe Daimler gehen sich ganz einfach aus dem Weg. In-

**Gottlieb Daimler –
Der willensstarke Schwabe.**

stinktiv. Sie sind Konkurrenten und überbieten sich lieber schweigend in einem Wettlauf der Technologie mit immer neuen Erfindungen. Dabei praktizieren die beiden Technikgenies das glatte Gegenteil von Synergie: Sie erfinden das Automobil gleich zweimal, jeder für sich, ohne sich etwas abzuschauen. 1885 baut

Karl Benz –
Der unermüdliche Tüftler.

Gottlieb Daimler das erste Motorrad der Weltgeschichte, zwei Räder, ein Motor – das »Reitrad« legt unter dem spöttischen Gejohle der Canstätter Schaulustigen drei Kilometer zurück, wird als »Knochenschüttler« verlacht und ist doch eine Sensation. Karl Benz setzt kurz darauf buchstäblich eins drauf – ein

Im Sommer 1885 läßt Gottlieb Daimler es durch schwäbische Landschaften knattern: das erste Benzinmotorrad der Weltgeschichte.

Rad nämlich. Am 29. Januar 1886 erhält er das Patent für einen dreirädrigen Motorwagen, »ein mittels Lingroingas zu treibendes Veloziped«. Am 3. Juli wagt der Badener Bastler mit diesem Veloziped eine erste öffentliche Ausfahrt auf der Mannheimer Ringstraße. Weltpremiere Autofahrt mit kaum einem PS: Alle 100 Meter springt Berta Benz in den Schlamm und schiebt die bockige Chaise wieder an. Es dauert nur bis September, bis nun Gottlieb Daimler noch eins drauf setzt und als erster eine vierrädrige Motorkutsche mit Benzinmotor präsentiert. Damit steht für Historiker fest: Das Auto ist im Jahr 1886 geboren worden. Die Vaterschaftsrechte erhalten Karl Benz und Gottlieb Daimler zu gleichen Teilen.

Mit stolz erhobenem Haupt – Karl Benz auf seinem »Patent-Motorwagen« von 1886.

Legionen von Biographen haben die »gegensätzlichen Naturen« der beiden zu ergründen versucht, auf Unterschiede und Differenzen aufmerksam gemacht: Gewiß, Gottlieb Daimler ist wohlhabender als Benz, er ist weltoffener und weiter gereist. Benz dagegen bleibt zeitlebens der Mann aus kleinen Verhältnissen, ortsverbunden, hat er Baden kaum verlassen. Daimler setzt rasch auf Geschwindigkeitsrennen, Benz hält von der »Raserei« über 50 km/h rein gar nichts. Daimler ist aufbrausender, Benz der Ruhigere. Der Schwabe ist Protestant, der Badener Katholik. Benz will vor allem Autos bauen, Daimler strebt nach mehr, alles soll bewegt werden – Räder, Schiffe, Kutschen, Ballons, Maschinen.

Auffallender aber als die feinen Unterschiede ist die Seelenverwandtschaft der beiden Väter des Automobils. Die wundersame Duplizität ihrer Ideen und Erfindungen ist kein Zufall. Gottlieb Daimler und Karl Benz sind sich in vielem so ähnlich wie Zwillinge. Ehrgeiz, Zielstrebigkeit, Fleiß und Durchhaltevermögen haben beide Männer in klonenhaften Riesenportionen in sich. Beider Leben ist ein fortwährendes Ringen, ein ewiger Kampf um den Erfolg. Beide haben keinen geradlinigen Aufstieg, müssen Tiefschläge einstecken, sich immer wieder mit Geldgebern streiten und erleben den totalen Triumph nie. Aber Daimler wie Benz lassen sich durch nichts unterkriegen. Mißerfolge machen sie nur stärker. Der Badener und der Schwabe teilen eine zähe Beharrlichkeit, die ihre Mitmenschen so ehrfürchtig bewundern. Sie arbeiten unermüdlich, gehen immer an die äußerste Grenze der persönlichen Leistungsfähigkeit. Das ist mehr als unbändiger Fleiß, es ist Besessenheit, die sie immer wieder in die Werkstätten treibt.

Gottlieb Daimler haßt es, wenn man von ihm als »dem glücklichen Erfinder« spricht. Er hält das für eine Mißachtung der unendlichen Mühen und Arbeit, die ihn sein Lebenswerk gekostet haben. Als die Mutter eines technisch begabten Jungen einmal zu Daimler kommt und ihn bittet, ihrem Sohn »das Erfinden zu lehren«, da gibt Daimler folgende Antwort: »Dann muß der Junge es so machen wie ich selbst. Ich habe mein Leben lang von fünf Uhr morgens bis abends um acht Uhr gearbeitet, mit einer halben Stunde Mittagspause.«

Bei Daimler wie Benz ist das Lebenswerk kein Geniestreich, kein Geistesblitz, sondern hartes handwerkliches Ringen um immer neue Versuche und Verbesserungen, eine mühsame Kärrnerarbeit. Ihr Erfolgsrezept ist die Strategie der kleinen Schritte. Beide haben

den Gedanken selbstbewegter, gleisloser Fahrzeuge zeitlebens mit sich herumgeschleppt und ihn gegen alle Einwände, Witzeleien und Intrigen realisiert. Beide müssen den Spott der Öffentlichkeit ertragen, wenn ihre neuen, lauten, schmutzigen, gefährlichen und unzuverlässigen Gefährte die deutschen Landschaften durchholpern. Beide müssen sich gegen listige Patent-Epigonen, dreiste Konkurrenten und ehrgeizige Geschäftspartner wehren. Und beide stehen oft am Abgrund des Scheiterns.
Daimler wie Benz verkörpern eine eigenartige Mischung aus Dynamik und Beharrlichkeit. Sie kommen – einer wie der andere – als heimatverbundene, bodenständige Typen daher und streben doch hinaus, die Welt zu verändern. Sie basteln, entwickeln, erfinden, kreieren und kombinieren immer Neues und verharren doch in ihren Überzeugungen, Methoden und Zielen. Beide machen die Welt mobil, bleiben aber selbst am liebsten in ihrem südwestdeutschen Heimatstädtchen. Und so stimmt auf hintergründige Weise Gottlieb Daimlers Konfirmationspruch aus dem Jahre 1848 doch noch: »Bleibe in dem, was du gelernt hast und was dir anvertraut ist«.
Ähnlich sind sich die Autoerfinder aber auch in ihren Schwächen. Das Duo zeichnet ein gerüttelt Maß Dickköpfigkeit aus. Freunde nennen es wohlwollend Willensstärke und Hartnäckigkeit, Feinde lästern über Starrsinn und Sturheit. Jedenfalls wissen Daimler und Benz immer genau, was sie wollen, und haben auch keine Probleme, ihrer Umwelt das unmißverständlich klar zu machen. Daimler ist obendrein ein gutschwäbischer Hitzkopf. Schon als Pennäler macht er mit seiner arroganten Streitlust als unbeliebter Eigenbrötler ungewollte Karriere. Seine gnadenlose Starrköpfigkeit verprellt im Laufe seines Lebens so manchen Freund. Hinzu kommt ein cholerisches

Temperament, unter dem vor allem seine erste Frau gelitten hat. Zudem wird Gottlieb Daimler im Laufe der späten Lebensjahre zusehends verbittert über die vielen Streitigkeiten um sein Unternehmen. Er kann jäh aufbrausen und auch derb werden. Solche Ausbrüche sind aber ebenso rasch wieder vorüber, wie sie lostoben. Sein unbändiges Temperament bekommen vor allem vermeintliche Faulpelze zu spüren, nichts haßt Daimler mehr als das Nichtstun. Daimler ist bei alledem aber nicht nachtragend und meint, »es ist besser, sich einmal kotzengrob die Wahrheit zu sagen, als hinterhältig-muffelnd nebeneinander herzulaufen«. Insgesamt ist Karl Benz wohl der angenehmere Mensch als sein dickköpfiger Kollege.

In ihrer kargen Freizeit suchen Daimler und Benz gleichermaßen die Geselligkeiten des Spießbürgers. Nicht die großen Banketts, Bälle oder Empfänge sind ihre Welt. Sie fühlen sich am wohlsten im Dunstkreis ihrer Kollegen. Im Männergesangverein, am Stammtisch oder beim Betriebsfest. Und so trinkt der glatzköpfige, schwerblütige Knebelbartingenieur Gottlieb Daimler im Kreise enger Vertrauter gerne ein paar Viertele von roten Remstäler Weinen. Nicht selten beginnt er darauf lauthals zu singen – genau wie sein Kollege Benz, der bei zünftigen Odenwälder Frühschoppen stets inbrünstig vorsingt.

Und auch das eint die beiden Automobilisten: Sie behandeln ihre Arbeiter mit dem Paternalismus eines Gutsherren – im Guten wie im Schlechten. Kein Zufall, daß die Arbeiter in Mannheim und in Cannstatt ihre Chefs »Papa« nennen. Papa Benz und Papa Daimler sind strenge, aber auch sorgende Hausväter in ihren Fabriken. Beide können sich rührend um die privaten Sorgen ihrer Männer kümmern und in der nächsten Sekunde den Ekelchef raushängen lassen. Beide scheuen zeitlebens schmutzige Hände nicht, tummeln

Die Prototypen: Einer der ersten Daimler-Motoren (links) und der erste Benz-Fahrzeug-Motor von 1885 (rechts).

sich bis ans Ende ihrer Tage unter den Arbeitern. Stellen sie aber schlechte Arbeit fest, dann gibt es weder bei Daimler noch bei Benz Nachsicht. Während Daimler ins Brüllen gerät, zertrümmert Benz das fehlerhafte Stück vor den Augen des Patzers kurzerhand mit einem Hammer. Für beide gibt es nichts Halbes. Sie sind Perfektionisten. Bei Benz geht dieser Zug sogar soweit, daß er seine ersten Autos überhaupt nicht verkaufen will, weil ihm die Prototypen technisch unvollkommen vorkommen. »So weit sinn mir noch nit, und ich verkauf Ihnen kei Wage. Die springe noch wie scheue Gäul«, ist seine Standardantwort auf Kaufanfragen.

Auch in Sachen Werbung teilen Daimler und Benz die gleiche Ansicht: Wenig und ehrlich soll sie sein. Das hat nicht nur etwas mit schwäbischer Sparsamkeit und Solidität zu tun. Sie glauben so sehr an ihr Produkt, daß das »für sich selber spricht«. Daimlers

Leitspruch »Verkehrte Beschreibungen meiner Erfindungen wirken schädlich aufs Geschäft« hätte auch von Benz kommen können. Ohne Frau Berta, die 1888 auf eigene Faust und ohne Wissen ihres Mannes die erste Überlandfahrt der Automobilgeschichte von Mannheim nach Pforzheim wagt und das Auto damit schlagartig bekannt macht, wäre Benz wohl ein braver, aber unbekannter Bastler geblieben.

Apropos Berta. Karl Benz und Gottlieb Daimler teilen noch ein Erfolgsgeheimnis. Beide haben sie einen treuen Kompagnon fürs Leben. Bei Benz ist es die verblüffend patente Ehefrau, bei Daimler der Fließbanderfinder Wilhelm Maybach. Berta Benz bastelt an Motoren und behebt Pannen auf Probefahrten nach Hausfrauenart. Wenn der Wagen streikt, weil der Benzinzufluß verstopft ist, nimmt sie kurzerhand ihre Hutnadel, wenn die Zündung versagt, entdeckt sie ihr Strumpfband als Isoliermaterial, wenn ihr Mann verzagt, kommt ihr warmes Herz und richtet ihn auf, wenn die Firma betrogen wird, kämpft sie um ihr gutes Recht. Bei Gottlieb Daimler spielt Wilhelm Maybach diese Rolle. Maybach, ein schwabenbürtiger Tausendsassa und mehr als drei Jahrzehnte Daimler treu ergeben, ist als Konstrukteur und Erfinder Daimler weit überlegen. Nur versteht sich Daimler aufs Patentanmelden weit besser – »was an Erzeugnissen aus meiner Werkstatt kommt, muß meinen Namen tragen«, das ist ihm wichtig, dem Schlaule.

Mit Berta und Wilhelm an der Seite gelangen Karl und Gottlieb an das Ziel ihrer Träume. Doch so richtig froh und gelassen werden sie über ihre Erfolge nicht. Hinter ihrer Macherfassade bleiben sie zeitlebens empfindlich, mißtrauisch und rastlos. Beide Männer haben etwas gegen öffentliches Lob. Gottlieb Daimler lehnt gar den Königlich-Württembergischen Orden ab. Auch gegen den »Kommerzienrat« setzt er sich zur Wehr und gibt schließlich nur dem Maybachschen Argument nach, dies würde für »das Werk« von Nutzen sein. Gottlieb Daimler und Karl Benz wollen im Inneren nicht gelobt werden, weil sie nicht fertig werden wollen mit ihrem rastlosen Tun. Ihr Ziel ist der Weg. Vielleicht haben sie deshalb ausgerechnet die »Selbstbeweger« erfunden. In hohem Alter gesteht Karl Benz einem Freund wehmütig: »Glaub mir, Erfinden ist unendlich viel schöner als erfunden haben. Oh wie gerne würde ich wieder von vorne anfangen.« *Wolfram Weimer*

Gottlieb Daimler Lebensweg

Gottlieb Daimler wird am 17. März 1834 im württembergischen Schorndorf bei Stuttgart als Sohn des Bäckermeisters Daimler geboren. Nach dem Ende der Schulzeit 1848 kommt Vater Daimler angesichts der Revolutionswirren von seinem Plan ab, den cleveren Sohn als Beamten ausbilden zu lassen. So beginnt der vierzehnjährige Bäckerssohn noch im gleichen Jahr beim Büchsenmacher Raithel die Lehre. Vier Jahre später macht er die Gesellenprüfung mit einer kunstvoll gefertigten Taschenpistole. Das Handwerk ist dem ehrgeizigen Daimler zwar Voraussetzung, nicht aber Ziel seines Tuns. So geht der Büchsenmachergeselle auf die königliche Landesgewerbeschule, wo der als Förderer des württembergischen Wirtschaftslebens bekannte Ferdinand Steinbeis auf ihn aufmerksam wird. Auf Empfehlungen von Steinbeis erhält Gottlieb Daimler ein Reise- und Ausbildungsstipendium, um eine gründliche Praxiserfahrung im Maschinenbau zu sammeln. So tritt er 1853 in die elsässische Maschinenfabrik in Grafenstanden als einfacher Werkstättenarbeiter ein. Vier Jahre bleibt er bei dem Unternehmen, ehe er zwischen 1857 und 1859 am

Auch privat ein Patriarch: Gottlieb Daimler mit seiner ersten Frau Emma Pauline, mit der er fünf Kinder bekommt.

Stuttgarter Polytechnikum rasch sein Studium abschließt.

Nun beginnen für den neugierigen Daimler Lehr- und Wanderjahre in ganz Europa. Er tut sich als Lokomo-

tivbauer im Elsaß um, arbeitet als Bandsägewerker in Paris, studiert den neuartigen Lenoir-Motor und bereist dann die führenden Maschinenfabriken Englands – in Leeds, Manchester und Coventry arbeitet er unter anderem als Präzisionsgewindedreher.
Zurück in Deutschland tritt Daimler 1863 in die Metallwarenfabrik Geislingen ein. 1865 übernimmt der Dreißigjährige dann die Leitung der Maschinenfabrik in Reutlingen. Hier trifft er Wilhelm Maybach, mit dem er bis zu seinem Lebensende beruflich und privat eng verbunden bleibt, und seine erste Frau Emma Pauline Kurz, die ihm fünf Kinder schenken wird.
Zusammen mit Maybach wechselt Daimler 1869 in die Maschinenbaugesellschaft Karlsruhe als Vorstand sämtlicher Werkstätten. Als von Steinbeis empfohlener Beauftragter der königlich württembergischen Regierung nach Paris entsandt, kann sich Daimler dort vom Stand der aufstrebenden Motortechnik überzeugen. Dies bestärkt ihn in seinen Absichten, sich ganz dem Motorenbau zuzuwenden. In Paris lernt er auch den Ottoschen Motor der Gasmotorenfabrik Deutz kennen, der sich als überlegene Spitzenleistung präsentiert. Es dauert nicht lange, da zieht es Daimler eben in diese Ottosche Motorenfabrik.
Daimlers große Erfahrungen werden inzwischen als so wertvoll angesehen, daß ihm am 10. März 1872 von der Gasmotorenfabrik Deutz die Oberleitung der Werkstätten und der Zeichenbüros sowie die Disposition über das zugehörige Personal und Material übertragen wird. Maybach folgt seinem Freund am 1. Januar 1873 als Chef des Konstruktionsbüros nach.
In Köln/Deutz trifft Daimler auch mit Nikolaus Otto persönlich zusammen. Er kann ihn auf Anhieb nicht leiden. Auf Jahre hinaus wohnen beide Haus an Haus, sprechen aber am Ende überhaupt nicht mehr mitein-

Daimler Motor-Wagen-Kutscherei

STUTTGART.

Motorwagendepot
Im Thürlen 00
in der Bahnhofstrasse
oberhalb
der Fabrik Leins & Cie.
Telephon 1825

Fahrten
nach auswärts für
jedermann, besonders zu
Vergnügungsfahrten
sowie
Jagd- und Sportzwecken.

Vertretung für den Verkauf. — Bei Kauf Probefahrten gratis.

Tagesleistung eines Wagens bis zu 200 Kilometer.

Gesellschaften bis zu 6 Personen in einem Wagen. — Abonnements.

Vermietung von Wagen mit Kutscher bei Wochen-, Monats- oder Jahresabschluss für Aerzte, Reisende etc. zu 2—4 Sitzplätzen. — **Gummiräder.** — Geräuschloser, geruchloser und vollständig gefahrloser Betrieb.

Fein gepolsterte Wagen, Schutz gegen Sonne und Regen, bei kühler Witterung der Fond des Wagens geheizt.

Die hocheleganten Fahrzeuge werden von geübten Leuten in Livree sicher geleitet.

Wegfall aller und jeder Spesen, wie Stallgelder etc.

Die Wagen sind in **zwei Minuten** zum Fahren gerüstet.

Stellung von **Galawagen zu Festlichkeiten**, für **Korsofahrten** von Sportsgesellschaften. Bei zeitiger Vormerkung nach allen Städten Württembergs, wo derartige Festlichkeiten stattfinden.

In Anbetracht der grossen Entfernungen, welche diese Wagen zurücklegen, **sind die Preise gegen Droschken mit Pferden enorm billig. Preise nach Uebereinkunft.**

Vorausbestellungen der Wagen und Feststellung der Fahrten können im Depot **Im Thürlen Nr. 00** in der Bahnhofstrasse, oberhalb der Fabrik **Leins & Cie.**, persönlich gemacht und die Wagen besichtigt werden. **Telephon Nr. 1825.**

Ebenso übernimmt Vermittlung von Fahrten Herr **Ed. Frasch**, Cigarrenladen, Königsstrasse 70. Telephon 827.

Schriftliche Anfragen und Bestellungen werden postwendend beantwortet.

Die Wagen fahren jederzeit auf Wunsch der tit. Besteller zum Abholen an Wohnungen oder bestimmten Plätzen vor. In Extrafällen stehen auch bei Nachtzeit die Wagen jederzeit zur gefl. Benützung.

Dieses zeitgemässe Unternehmen wird den hohen Herrschaften, Offizieren, Jagd- und Sportsgesellschaften sowie jedermann zur gefl. Benützung bestens empfohlen.

Daimler Motor-Wagen-Kutscherei
Im Thürlen Nr. 00 in der Bahnhofstrasse, oberhalb der Fabrik Leins & Cie.
Strassenbahnlinie Bahnhofstrasse-Prag.

Telephon 1825.

ander. Obwohl das Geschäft gut läuft und das Team Daimler/Maybach große Erfolge feiert, verschlechtert sich das Betriebsklima 1880 derart, daß die beiden in Köln aussteigen und sich selbständig machen.

Anders als Karl Benz baut Daimler seine Motoren in alle möglichen Gefährte ein, so zum Beispiel in eine der ersten Straßenbahnen der Welt, in ein Schiff oder 1886 in die legendäre Motorkutsche.
Seine automobile Erfindung vermarktet er systematisch: Daimler gründet das erste Taxiunternehmen der Welt, zugleich die allererste Autovermietung.

In einem Gewächshaus in Canstatt bei Stuttgart werkeln die beiden Schwaben ab 1881 als eigene Herren an neuen Motoren herum. Ihre Grundidee: im Gegensatz zu den damals üblichen langsamlaufenden, großen und schweren, ortsfesten, vorwiegend mit Leuchtgas betriebenen Motoren einen schnellaufenden, kleinen, leichten und auch für den Antrieb von Fahrzeugen aller Art geeigneten Benzinmotor zu bauen. Dazu erfinden sie zahlreiche Motorenelemente, die Technikgeschichte machen.
Mit dem kleinen Benzinmotor entsteht so 1885 das erste Motorrad der Welt. Ein Jahr darauf bauen Daimler und Maybach ihren Motor in eine Kutsche und eröffnen damit zeitgleich mit Karl Benz die Ära des Automobilbaues. Aber auch in Boote, Schienenfahrzeuge und in das erste Luftschiff installieren Maybach und Daimler ihren Motor.
Aus der 1882 geschaffenen Versuchswerkstätte und der 1887 gegründeten Fabrik in Cannstatt entsteht am 28. November 1890 die Daimler-Motoren-Gesellschaft, deren Produktionsschwerpunkt bis etwa 1895 der Motor bleibt, da die Nachfrage nach Kraftwagen noch sehr gering ist. Durch die mit Daimler-Motoren errungenen großen Erfolge in der ersten automobilen Wettfahrt der Welt von Paris nach Rouen 1894 wird allerdings das öffentliche Interesse entfacht; sie bewiesen die Richtigkeit des Daimlerschen Konstruktionsprinzips. Nun baut Daimler auch den ersten Omnibus der Weltgeschichte und richtet das erste Taxiunternehmen mit Benzinautos ein. Nach dem Tode seiner Frau heiratet er die verwitwete Lina Hartmann und bekommt noch einmal zwei Kinder aus dieser Ehe.
Durch zahlreiche Verbesserungen des Motors, vor allem der Kühlung und des Vergasers, gelingt es, den Daimler-Motor allen Wettbewerbern überlegen zu

machen. Trotz endloser Streitereien um Patente und Gesellschafterrechte steigt der Schwabe in den neunziger Jahren massiv in den Automobilbau ein. Die überwältigenden Erfolge der Mercedeswagen des Jahres 1901, die in einer großen Zahl überlegener Rennfahrtensiege zum Ausdruck kommen, erlebt Daimler aber nicht mehr. Er stirbt am 6. März 1900 in Canstatt nach schwerem Herzleiden. Sein Unternehmen wird 1926 mit der Gesellschaft des Konkurrenten Karl Benz Mannheim in der Daimler-Benz AG zusammengefaßt.

Karl Benz Lebensweg

Karl Friedrich Benz wird am 25. November 1844 in Karlsruhe geboren. Sein Vater ist einer der ersten Lokomotivführer Deutschlands und stirbt frühzeitig an einer Lungenentzündung, die er sich in der offenen Führerkabine der Dampflok geholt hat. Der Halbwaise Karl besucht von 1853 an das Lyzeum der Stadt Karlsruhe, wo die Naturwissenschaften besonders gepflegt werden. Mit seinen ausgezeichneten Leistungen erwirbt er sich das Verständnis und die Förderung seiner Lehrer, die ihn gern mit der Assistenz bei physikalischen und chemischen Experimenten betrauen. Im Versuchsstübchen zu Hause verbringt er einen großen Teil seiner Freizeit mit selbständigen Versuchen. In ihrer grenzenlosen Opferbereitschaft ermöglicht die mittellose Mutter ihrem hochbegabten Sohn den Besuch der polytechnischen Schule in Karlsruhe.
Von 1860 bis 1864 studiert Karl Benz vier Jahre lang Maschinenbau. Danach verdingt er sich zunächst als einfacher Schlosser bei der Karlsruher Maschinenbau-Gesellschaft. Hier lernt er das Wesentliche des Lokomotivbaus, einige Jahre später als Konstrukteur

Die Frau an seiner Seite: Berta Benz glaubt selbst in düstersten Zeiten an die automobile Idee ihres Mannes. Mit ihrer legendären Motorwagen-Reise im Jahr 1888 von Mannheim nach Pforzheim beweist sie aller Welt, wozu ein Auto imstande ist.

der Firma Schweitzer in Mannheim den Fahrzeugbau und schließlich in Pforzheim bei Benckiser den Brükkenbau kennen.

1871 läßt Karl Benz sich vom Gründerfieber anstekken und gründet mit 28 Jahren in Mannheim eine bescheidene Eisengießerei und mechanische Werkstätte. Sein Partner August Ritter steigt freilich schon nach einem Jahr wieder aus, und mit der Rückzahlung der Einlage beginnen für Karl Benz lange Jahre finanzieller Not. Nur mit der Mitgift seiner Braut Berta Ringer kann er die erste Zeit überstehen. Dann gerät er voll in die Gründerkrise, seine Blechbearbeitungen bleiben ohne Nachfrage, und 1877 droht der totale Ruin. In dieser Situation setzt Karl Benz alles auf eine Karte: den Motor. Rasch beginnt er mit der Konstruktion eines Ein-PS-Gasmotors im Zwei-Takt-System.

1880 ist der erste Motor betriebsbereit. Nachdem die chronischen finanziellen Schwierigkeiten durch die Gründung einer Aktien-Gesellschaft vorübergehend gebannt sind, kann Benz die Produktion stationärer Ein-PS-Gasmotoren zum Antrieb verschiedenster

Karl Benz erweitert seine kleine Tüftlerwerkstatt in Mannheim im Laufe der Jahre zu einer ausgewachsenen Fabrik. Die erste »Benz & Co.«-Fabrik ist in der Mannheimer Waldhofstraße: Hier werden bis 1908 auch die Benz-Autos zusammengebaut.

Maschinen in großem Umfang betreiben. Nun soll auch die Idee seiner Studienzeit Gestalt gewinnen, »ein Fahrzeug herzustellen, das ohne Pferde, ähnlich wie die Züge auf den Schienen, sich auf der Landstraße schienenlos bewegte«.

Mißstimmigkeiten mit den Kapitalgebern, die seinen Einfluß in der Firma auf ein nicht mehr erträgliches Maß beschränken wollen, bewegen Karl Benz jedoch wenig später, seinen Anteil zu liquidieren. Mit neuen Gesellschaftern gründet er 1883 die »Benz & Cie. Gasmotorenfabrik in Mannheim«. Neue Verbesserungen sichern den Motoren den Markt, so daß sich Benz mehr und mehr der Entwicklung des Kraftwagens widmen kann. Die ersten Entwürfe konstruiert er 1884, und schon im Herbst 1885 können die ersten Fahrversuche mit einem dreirädrigen Motorwagen im Hof der Benz-Werkstätte unternommen werden. Am 26. Januar 1886 erhält der Erfinder für seinen Wagen das deutsche Reichspatent Nr. 37435, dem französische, englische und amerikanische Patente in kurzen Abständen folgen.

Jeden Sonntag macht die Familie Benz einen Ausflug mit dem Automobil. Zweck der Ausfahrten ist neben dem geselligen Ereignis immer auch ein Fahrzeugtest.

Der große Wurf ist gelungen; doch die Öffentlichkeit reagiert belustigt und ablehnend. Selbst behördliche Verbote und Schikanen bleiben nicht aus. 1888 bringt Benz sein inzwischen weiterentwickeltes Modell 3 zur Kraft- und Arbeitsmaschinenausstellung nach München. Es gelingt ihm hier, von einem skeptischen Polizeihauptmann die Erlaubnis zu erwirken, seinen »Selbstbeweglichen« zwei Stunden täglich in der Öffentlichkeit vorzuführen. Diese Show wird sein Durchbruch. Die Zeitungen schreiben begeistert über die neue Erfindung, und das Preisgericht der Ausstellung würdigt die geniale Leistung mit der höchsten Auszeichnung, der Großen Goldenen Medaille.

Nun befaßte sich Benz mit der Konstruktion eines vierrädrigen Fahrzeuges. Problematisch gestaltet sich hier die Entwicklung einer geeigneten Lenkung. Nach zähem Bemühen kann er im Winter 1892/93 eine »Wagenlenkvorrichtung mit tangential zu den

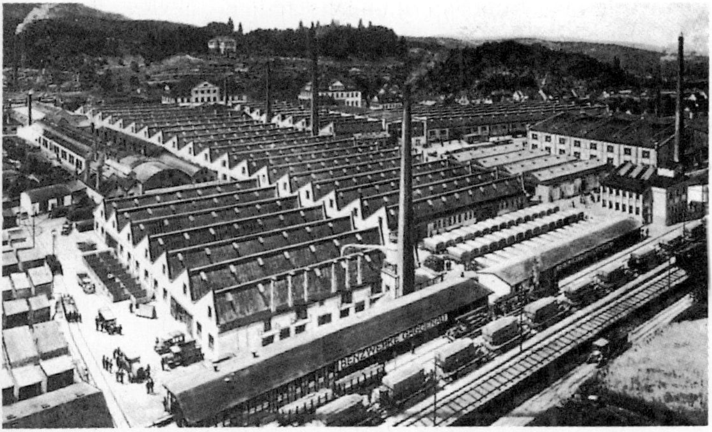

Das Benz-Werk in Gaggenau – schon vor dem Ersten Weltkrieg eine der größten Industrieanlagen des Deutschen Reiches. Mehr als 2000 Menschen finden hier Arbeit.

Rädern zu stellenden Lenkkreisen« (Achsschenkellenkung) zum Patent anmelden. Ihm gelingen außerdem weitere Verbesserungen der elektrischen Zündanlage, der Motorenleistung, des Vergasers, der Kühlvorrichtung und anderer technischer Einzelprobleme des Wagenbaues. Dies verhilft ihm schließlich auch zu Verkaufserfolgen. Die Benzsche Typenskala umfaßt um die Jahrhundertwende vom Volksautomobil bis zum Rennwagen, vom Lastwagen bis zum Luxusmodell schon Spezialfahrzeuge mannigfaltigster Art.
Der Kapitalbedarf der Benz-Werke steigt mit der Produktion. Neue innerbetriebliche Krisen verleiden Benz die aktive Mitarbeit in seinem Unternehmen, so daß er 1903 seinen Austritt aus der Aktien-Gesellschaft erklärt. Er zieht sich nach Ladenburg zurück und gründet hier mit seinen beiden Söhnen Eugen und Richard die Firma »Benz Söhne«.
Kriegs- und Nachkriegszeit verlebt Benz, bis ins hohe

Alter rastlos und unermüdlich schaffend, in der stillen Zurückgezogenheit der kleinen Stadt. Seine Erfindung aber erobert die Welt, und höchste Ehrungen werden dem Altmeister zuteil. Es ist ihm schließlich noch vergönnt, 1926 die Fusion der »Benz & Cie. AG« mit der »Daimler-Motoren-Gesellschaft« zu erleben. Drei Jahre später stirbt er am 4. März 1929 in Ladenburg und hinterläßt fünf Kinder.

Über den Reichtum an Gründerpersönlichkeiten

Es gibt wohl kein zweites Unternehmen, das über einen solchen Reichtum an Gründerpersönlichkeiten verfügt wie Daimler-Benz. Zu nennen sind Unternehmer wie Gottlieb Daimler, Karl Benz oder Emil Rathenau, Konstrukteure und Erfinder wie Claude Dornier, Karl Maybach oder Hanns Klemm, um nur einige zu erwähnen.

Bei aller charakterlichen und persönlichen Verschiedenheit dieser Männer ist ihnen Eines gemeinsam: Sie ließen sich von einer visionären Idee leiten, und sie setzten ihre Kraft und ihr Können daran, sie zu verwirklichen. Das ist das Geheimnis nicht nur ihres, sondern jeden Erfolges. Dabei lag ein unendlich scheinender Weg voller Mühen und die lastende Ungewißheit über Erfolg oder Unerreichbarkeit ihres Zieles vor ihnen. Daß Rückschläge nicht ausbleiben konnten, ergab sich aus der Natur der Sache. Um so mehr Anerkennung verdient es, daß sie in Augenblicken der Niederlage die Kraft fanden, sich nicht entmutigen zu lassen, oftmals ganz neue Ansätze entwickelten, um ihrem Ziel doch noch näher zu kommen.

Mit den Gründerpersönlichkeiten verbindet die Identifikation mit und der gemeinsame Einsatz für das eigene Unternehmen, aus dem die bis heute gestellte

Die Massenfertigung von Automobilen setzt sich erst in den zwanziger Jahren durch. Gottlieb Daimler erlebt das nicht mehr. Er stirbt im Jahre 1900 an einem Herzleiden. Karl Benz aber begleitet den Siegeszug der Automobile noch bis 1929.

gemeinsame Aufgabe erwächst. Das wird anhand einiger Beispiele sehr deutlich.

Aus dem Verständnis seiner Zeit heraus betrachtet, rief Gottlieb Daimler nicht weniger als einen Technologiekonzern ins Leben und betrieb Diversifikation mit einer beispielhaft gebliebenen Zielstrebigkeit. Karl Benz besaß die großartige Fähigkeit, seinen Mitarbeitern das Bewußtsein um die Zusammengehörigkeit und die Gemeinsamkeit aller Anstrengungen im Unternehmen eindrucksvoll zu vermitteln. Er schätzte und suchte den direkten Kontakt mit ihnen, wo immer es irgend ging. Dabei kam ihm die aus seinem Verständnis relative Bedeutung aller gesellschaftlichen Konventionen und formeller Zwänge hilfreich zustatten.

Walther Rathenau zeichnete in erster Linie weitblikkendes Erkennen globaler Zusammenhänge aus, zugleich auch seine Bereitschaft, über den Kreis unternehmenspolitischer Probleme seiner Zeit mitzuwirken. Er arbeitete auf stabilitäts- und friedensfördernde Allianzen in Politik und Wirtschaft hin, suchte im Gespräch den Interessenausgleich und war ein geschätzter Verhandlungspartner im In- und Ausland.
Viel von alledem ist bis heute lebendig geblieben. Es stellt sich als aktuelle Aufgabe erneut, vor allem die Kraft und Bereitschaft, Visionen zu realisieren, die Chance radikaler Neuerungen nicht nur zu erkennen, sondern sie auch bewußt herbeiführen und durchstehen zu können, bislang gültige Grenzen und überkommene Dogmen außer Kraft zu setzen, wo der Markt es erfordert. Dazu gehört die Bereitschaft, die Dinge ändern zu wollen und zu können, das heißt mutige Schritte in die Zukunft zu tun.

Edzard Reuter
Vorstandsvorsitzender
der Daimler-Benz AG

FRITZ HENKEL

Da weiß man, was man hat

Ein imaginäres Gespräch

Der 6. Juli 1907 ist für Fritz Henkel kein Tag wie jeder andere. Der 59 Jahre alte Unternehmer sitzt auf dem ledernen Schreibtischstuhl in seinem Büro und hat die Tagesausgabe der Düsseldorfer Zeitung in der Hand. Hastig blättert er die Seiten durch, bis er sie findet, seine Anzeige: »In allernächster Zeit kommt das neue Waschmittel ›PERSIL‹ auf den Markt, mit dem man durch einmaliges Kochen ohne Mühe, ohne Reiben, blendend weiße Wäsche erzielt.« Die Anzeige ist klein, kaum größer als zwei von Henkels – zugegebenermaßen dicken – Daumen. Klein ist sie, und doch macht sie Henkel zufrieden. Langsam legt er die dünne Zeitung vor sich auf den Schreibtisch, lehnt sich wohlgefällig zurück und zündet sich eine Zigarre an. Sein Blick wandert durch sein Büro nach rechts hinüber zum Kamin und auf das darüber hängende Porträt des von ihm so bewunderten Reichskanzlers Bismarck. Henkel lächelt und fühlt sich auch ein ganz klein wenig als »Reichsgründer« – sein kleines Unternehmensimperium wird weiter wachsen, das spürt er. Und das neue Persil – er hat es kurzerhand nach den zwei wichtigsten Bestandteilen, Perborat und Silikat, benannt –, das erste selbsttätige Waschmittel der Welt, wird ihm dabei helfen.

Mit dem nächsten und genüßlichen Zug an seiner

Havanna denkt Henkel zurück. Gut drei Jahrzehnte sind es nun schon her, daß er 28 Jahre jung im Hinterhaus der Aachener Rudolfstraße 15 die Firma gründete. Aus den drei Mitarbeitern der ersten ärmlichen Heimwerker-Tage sind inzwischen 250 Menschen geworden, denen Fritz Henkel Arbeit und Brot bietet: 200 Arbeiter, 35 Angestellte und ein gutes Dutzend Reisende. Darauf ist er stolz und auf sein neues Werksgelände in Düsseldorf-Holthausen ebenso. Ja, sie haben ihn belächelt, die Konkurrenten und alteingesessenen Unternehmer des Ruhrgebietes, hatte er doch in Holthausen 1899 ein Riesenbetriebsgelände von 54 700 Quadratmetern angekauft, kaum daß sein Jahresumsatz über eine Million Mark gestiegen war. Bis heute kann er erst ein Zehntel des Geländes überhaupt nutzen, aber Henkel denkt langfristig. Und er ist Optimist.

»Herr Henkel, Ihr Sohn möchte Sie sprechen«, unterbricht die Sekretärin plötzlich die Gedanken-Reise ihres Chefs. Erst kurz vor dem 25jährigen Firmenjubiläum hat sich Fritz Henkel eine »Bürodame« und die erste Schreibmaschine leisten können. An ihr vorbei und herein schreitet Hugo Henkel – hohe Stirn, dünne Lippen, buschige Augenbrauen und ein schneidend klarer Blick – ganz der Sohn des »alten Fritz« – wie ihn seine Arbeiter gerne nennen.

»Guten Morgen, Vater«, ruft Hugo knapp und hastig und ohne die Erwiderung abzuwarten: »Die Anzeige hat für viel Rumor gesorgt. Wir werden mit Anfragen überhäuft. Die Leute, vor allem Chemikerkollegen, beschimpfen uns als Angeber. Und die Seifensieder-Zeitung teilt uns mit: ›Wir lehnen es ab, durch Inserate den Absatz eines Produkts zu fördern, für das Reklame gemacht wird, die einer ernsten Prüfung nicht standhält.‹ Was sagst du dazu?« Fritz Henkel nimmt langsam seine Zigarre aus dem Mund, deutet

Fritz Henkel (1848-1930) – mit »Fleiß, Sparsamkeit und strengster Reellität« wird die Drei-Mann-Manufaktur zum Weltkonzern.

auf den Stoffsessel neben seinem Schreibtisch und sagt: »Setz dich erst einmal, Junge.« Der 26jährige folgt dem Geheiß, wartet angespannt auf eine Antwort. Doch sein Vater macht eine lange Pause und hebt schließlich zögernd an: »Schau Hugo, ich habe

Aachen, Rudolfstraße 15: Hier macht sich Fritz Henkel am 26. September 1876 selbständig, obwohl die örtliche Handelskammer klagt: »Ein trauriges Geschäftsjahr, vielleicht niemals seit dem Dreißigjährigen Krieg sah man eine Krise von dieser Dauer.«

dich nach Stuttgart und Berlin zur Universität geschickt, du hast sogar den Doktor gemacht, und du bist der erste wissenschaftlich voll ausgebildete Chemiker in der Firma. Das Wichtigste aber hast du noch nicht gelernt.«
Und wieder macht er eine Pause, spannt seinen Sohn auf die Folter, erhebt sich langsam von seinem Schreibtischstuhl, geht ein paar Schritte in den Raum. Dann dreht er sich zu seinem Sohn, ein Stück Zigarrenasche fällt zu Boden: »Weißt du, mein Vater, dein Großvater, war Lehrer, Elementarlehrer, ein sehr tüchtiger Lehrer, ein großer Mann. Er hielt neben seinem Beruf die Bauern an, die Obstzucht und Felderwirtschaft mit neuer künstlicher Düngung zu verbessern und eine Sparkasse zu gründen. Die Ideen waren gut, aber die störrischen hessischen Bauern wollten davon nichts wissen. Mein Vater mußte seine Ideen also verkaufen. Und ich bin mit ihm viele Male von Hof zu Hof gelaufen und habe zugehört, wie er überzeugte. Da habe ich begriffen, daß Werbung so wichtig ist wie das Produkt. Und genau das, mein lieber Sohn, das ist das Geheimnis meines Erfolges«, sagt er und nimmt einen langen Zug aus seiner Zigarre.
Hugo schweigt und weiß, wovon sein Vater spricht. Allzu oft hat er ihn mit den Reisenden der Firma beobachtet, wie er sie begeistert und angespornt hat. Allzu oft hat er ihn über seine Produkte schwadronieren hören, seine blitzenden Augen bewundert, wenn es um den Verkauf ging. Fast 30 Jahre ist es her, daß sein Vater eine Mixtur aus Soda und Wasserglas als neues und sensationelles Waschmittel verkaufte. Aus dem Drei-Mann-Betrieb in Aachen brachte er das neue Gemisch auf den Markt und mußte sich wider die Vorsicht und wider die Vernunft übernehmen, an seine Chance und seinen Erfolg glauben. Und er

Tu Großes und sprich darüber – Fritz Henkel ist ein Marketing-Stratege: Auf seinem Briefkopf von 1902 zeigt er jedermann eine Ansicht seines neuen Werkes in Düsseldorf.

machte von Anfang an Reklame und verkündete der ganzen Welt, fast wie ein Missionar, daß sein Waschmittel das beste sei. Sein erster Produktname »Universal-Waschmittel« hatte für ihn »keine Persönlichkeit« – »Henkel's Bleich-Soda« war da viel besser. Oder als er in den Tee-Import einstieg, wie anders hätte er Tee gegen die etablierten Kolonialhändler verkaufen können. Er erfand eine neuartige Dose, die das Aroma hielt, vor allem aber als Reklamefläche für »Henkel Thee« dienen konnte.

»Ich weiß, daß Klappern zum Geschäft gehört, Vater. Aber warum gleich mit diesem Pomp. Mit der Persil-Anzeige machen wir Versprechungen, obwohl das Kaiserliche Patentamt uns vorige Woche mitgeteilt hat, wir seien nicht die ersten mit Sauerstoffwaschmitteln.« Vater und Sohn blicken sich nun unverwandt an: »Wir sind aber die ersten, die ein Sauerstoffwaschmittel verkaufen. Mir ist egal, wer das Patent hat. Wir werden es eben kaufen. Und ich weiß, daß unser Persil die deutschen Waschküchen erobern wird. Das selbsttätige Waschmittel ist eine Sensation, die Wäscheplage von Generationen und Millionen Hausfrauen wird ein Ende haben. Und deshalb, lieber Hugo, habe ich von der Degussa die gesamte Perborat-Produktion aufgekauft. Und deshalb geben wir Inserate auf. Und genau deshalb machen wir einen Markenartikel aus Persil, den berühmtesten deutschen Markenartikel überhaupt.«

Hugo kennt und bewundert die Begeisterungsfähigkeit und das Temperament seines Vaters. Die zupackende Verkäufermentalität fasziniert und schreckt ihn zugleich. Er weiß auch, daß er im Innersten seines Wesens anders ist, ein Chemiker eben, ein Wissenschaftler, ein Verstandesmensch. Und er weiß, daß sein älterer Bruder Fritz – der Name ist ja schon Programm – seinem Vater näher ist als er selbst. Hugo denkt zurück an Weihnachten 1899, als Fritz Junior zum Prokuristen ernannt wurde. Der Brief des Vaters hatte ihn tief beeindruckt und ein bißchen neidisch gemacht: »Lieber Fritz! Ich erteile Dir hiermit Prokura, und zweifle nicht daran, daß Dich dies mit freudigem Stolz erfüllen wird, ebenso wie ich hierbei stolze Freude empfinde. Du weißt, lieber Sohn, daß Deine Pflichten sich mehren, daß Deine Verantwortlichkeit fast der meinen gleichkommt. Du bist jetzt berufen am Ausbau mitzuarbeiten und Deinem Vater einen Teil der Arbeit von den halbmüden Schultern zu nehmen, ich freue mich herzlich, in Dir einen treuen Mitarbeiter gefunden zu haben. Mit herzlichen Grüßen, Dein Vater.« Hugo kennt den Brief auswendig, obwohl er an seinen Bruder gerichtet war. Die beiden Fritz Henkels waren und sind aus einem Holz geschnitzt – er dagegen ist stets der Bedenkenträger in ihrem Bunde. Die Rolle gefällt ihm nicht, und doch hat er sie auch diesmal in Sachen Persil schon wieder.

Henkels Persil allen voran: Für das neue Waschmittel wirbt 1908 die erste ganzseitige Anzeige in einer deutschen Tageszeitung.

Ohne Unterbrechung und mit wachsender Begeisterung in der Stimme fährt der alte Fritz fort: »Nein, mein lieber Hugo. Nur keine Angst. Mit Persil müssen wir in ganz anderen Dimensionen denken. Ich will im nächsten Jahr mehr als eine Million Goldmark für Reklame ausgeben.« Hugo traut seinen Ohren nicht: »Vater, was willst du?« »Ja, du hast richtig gehört: Eine Million Mark, um Persil überall im Deutschen Reich bekannt zu machen. 600 000 Mark werden wir in Zeitungsannoncen investieren. Dazu kommen Plakate, Prospekte und Sonderaktionen.« »Was für Sonderaktionen?« stottert Hugo. Der alte Herr zieht an seiner Zigarre, macht eine Pause und schmunzelt wieder: »Mein lieber Hugo, ich habe ganz neue Ideen für den Verkauf. Wir werden weiß gekleidete Männer mit weißen Sonnenschirmen durch belebte Geschäftsstraßen der Großstädte ziehen lassen. Wir werden den Einzelhändlern systematisch Persil-Dekorationsmaterial für die Schaufenster liefern, wir werden Häuser aus Persilkartons bauen lassen und Litfaßsäulen mit Plakaten bekleben, und wir werden die Reisenden anweisen, Probepackungen zu verschenken.«

Hugo stutzt einen Moment und überlegt, ob sein Vater ihn veralbern will. Doch nein, der meint es ernst. Hugo lehnt sich zurück und schaut seinen Vater an. Er ist ihm so fern und doch so nah. Bei aller Distanz, er liebt seinen Vater. Er weiß, daß der alte Haudegen trotz seiner Düsseldorfer Stammtischnächte, trotz seiner bisweilen herrisch-lauten Art, trotz seiner Selbstgefälligkeit ein guter, aufrechter Mann ist. Er denkt an die großzügige Entlohnung der Belegschaft, an die Hilfen für in Not geratene Arbeiter, an seine Freibier-Ausschanke, an sein Herz. Er denkt daran, daß sein Vater keinen Streit sucht, daß er Gerichtsprozesse haßt und die Ansicht vertritt, davon profitierten immer nur die Rechtsanwälte. Und er denkt an ein Lieblingswort seines Vaters: »Reelität«.

Plötzlich unterbricht Hugo seinen Vater: »Sag mir eines. Bleiben wir ehrlich mit der Werbung?« »Aber

Henkels Bleichsoda (oben) ist sein erstes Erfolgsprodukt. 1878 kommt es auf den Markt. Das Persilpaket von 1907 (rechts) wird in der gleichen Aufmachung in fast allen europäischen Ländern vertrieben und jeweils in der Landessprache beschriftet. Kurz darauf erfindet Henkel auch den Waschmittel-Karton (unten).

ja«, kommt es wie aus der Pistole zurückgeschossen. »Ich glaube an Persil und an das, was ich verspreche. Im übrigen habe ich allen Reisenden schriftlich verboten, ein schlechtes Wort über die Konkurrenz zu verlieren. Ich fürchte keine Konkurrenz und stehe auf dem Standpunkt, daß viele Konkurrenzmarken uns folgen werden, aber sei davon überzeugt, daß sie alle zusammen nicht annähernd den Absatz finden werden wie unser Persil allein.«
»Was macht dich nur so verdammt sicher, Vater?«
»Mein lieber Sohn, wenn du andere Markenartikel, die seit Jahren auf dem Markt sind, verfolgst, so wirst du finden, daß immer nur eine Firma dominiert. Schau dir Maggi, Kathreiners Malzkaffee, Hoffmanns Stärke, Schulzsche Putzpomade, Liebigs Fleischextrakt, schau sie dir an. Und so wird es auch mit den Sauerstoffwaschmitteln sein, unser Persil wird an der Spitze bleiben.« Da spürt Hugo, daß sein Vater recht behalten wird. Hugo schaut auf die lange Glut der Zigarre seines Vaters, will ihm zustimmen und schweigt.
Im Büro wird es still, und Fritz Henkel blickt hinüber zum Porträt des Reichskanzlers Bismarck.
Es vergehen nur wenige Wochen, da laufen tatsächlich weißgekleidete Männer mit Persil-Sonnenschirmen durch die Straßen Düsseldorfs, die Zeitungen drucken ganzseitige Persil-Anzeigen, Autos fahren mit lackierten Persil-Schriftzügen übers Land, und in den Einkaufsläden des Deutschen Reichs stehen Kartonberge aus dem Hause Henkel. 1907 macht Henkel mit Persil einen Umsatz von 600 000 Mark – noch vor dem Ausbruch des Ersten Weltkrieges verfünfzigfacht sich das Persil-Geschäft. Seit 1913 heißt es: »Persil bleibt Persil«. 1921 wirbt erstmals ein (Stumm-) Film für das Waschmittel. 1922 wird die Werbefigur »Weiße Persil-Dame« geboren. 1926 schreiben Flug-

zeuge mit Rauch den Namen Persil an den deutschen Himmel. 1927 wird zum ersten Mal im Rundfunk für Persil geworben. 1931 nutzt Henkel das neuartige Neonlicht, um für Persil zu werben. 1932 werden nachts Lichtboote eingesetzt, die den Persil-Schriftzug mit Wolkenprojektionen an den nächtlichen Himmel schreiben. Und 1956 hat Persil seinen ersten Auftritt im Fernsehen. Fritz Henkels Geheimnis wird weitergetragen: Persil bleibt Persilwerbung.

Wolfram Weimer

Lebensweg

Fritz Henkel wird 1848 im hessischen Vöhl als Sohn des dortigen Dorfschullehrers geboren. Sein Lieblingsfach in der Schule: Chemie. Mit 17 Jahren zieht es ihn in das aufstrebende westdeutsche Industrierevier nach Elberfeld. Dort steigt er als Lehrling in der Farben- und Lackfabrik der Gebrüder Gessert ein und bringt es binnen kurzer Zeit zum Prokuristen. 1874 löst sich der ehrgeizige Henkel von Gessert und wird in Aachen Teilhaber einer bescheidenen Chemikalien- und Farbengroßhandlung, die sich Henkel & Strebel nennt. Keine zwei Jahre vergehen, da wittert der 28 Jahre junge Chemikalienhändler eine besondere Marktnische: »Durch Versuche stellte ich fest, daß ein vorzügliches billiges Waschmittel hergestellt werden konnte, wenn man Wasserglas mit kalzinierter Soda mengte und diesen Gemengsel in pulverisierter Form verkaufte.« Mit Sand und Soda also will Henkel die Waschküchen des Kaiserreichs beglücken. Kurzerhand sucht er sich zwei Partner und gründet eine eigene Waschmittelfabrik. Am 26. September 1876 wird das neue Unternehmen Henkel & Cie. ins Aachener Handelsregister eingetragen. Mit drei Mitarbeitern beginnt der wagemutige Henkel die Produktion seines »Universal-Waschmittels« (später »Hen-

Das Henkel-Triumvirat: Kommerzienrat Fritz Henkel mit seinen Söhnen Fritz (links) und Hugo (rechts) im Jahr 1925.

kel's Bleich-Soda« genannt) in einem Aachener Wohnhaus in der Rudolfstraße 15. Schon 1878 verlegt der frischgebackene Chemiefabrikant seine Manufaktur – wegen der besseren Verkehrsanbindung – nach Düsseldorf. Das Geschäft mit der Bleichsoda wird zum Erfolg. Henkels Waschmittelfabrik expandiert, zusätzlich handelt er mit Rohstoffen, Chemikalien und Tee. 1886 beschäftigt Henkel 25 Mitarbeiter, 1896 schon 59 und weitere zehn Jahre später gar 250 Menschen. Im Jahr 1899 überschreitet der Jahresumsatz erstmals die Grenze von einer Million Mark, und Henkel kauft ein überdimensionales Werksgelände in

Die erste Rohstoff-Fabrik in Holthausen produziert Wasserglas. An ihrer Stelle entsteht 1933 ein Laboratorienneubau.

Düsseldorf-Holthausen. Sein Geschäftsmotto lautet: »Fleiß, Sparsamkeit und strengste Reelität«. Mit »Reelität« meint Henkel Fairness gegenüber Kunden, Lieferanten und Mitarbeitern. Als geradezu revolutionär gelten seine Sozialleistungen – von der Werksbücherei über die Säuglingsbetreuung, das 13. Monatsgehalt, Sport- und Freizeitangebote bis zur betrieblichen Altersversicherung. Der Durchbruch zu einem führenden deutschen Markenartikel-Konzern gelingt Henkel 1907 mit dem neuartigen, selbsttätigen Waschmittel »Persil« – benannt nach seinen wichtigsten Bestandteilen Perborat und Silikat. Mit einem bis dato beispiellosen Werbeaufwand erobert Henkels Persil die deutschen Hausfrauenherzen. Weniger Glück hat Fritz Henkel im Privatleben. Sein ältester Sohn stirbt im Alter von fünf Jahren, und die glückliche Ehe, die er seit 1873 mit Elisabeth von der Steinen geführt hat, wird durch den Tod seiner Frau schon 1904 beendet. Noch stärker als zuvor wird das Unternehmen seine Familie. Seine Söhne Fritz und Hugo sowie seine Tochter Emmy bindet Henkel eng in das Unternehmen ein. In seinem Testament vom 17. Februar 1926 bestimmt der »alte Fritz« – wie er im Unternehmen genannt wird –, daß das Kapital der Firma Henkel zu jeweils 40 Prozent auf Hugo und Fritz sowie 20 Prozent auf Emmy übergehen soll. Vier Jahre später muß der 82 Jahre alte Unternehmensgründer allerdings noch den plötzlichen Tod seines engsten Mitarbeiters, Nachfolgers und geliebten Sohnes Fritz miterleben. Wenige Monate danach, am 1. März 1930 stirbt er. Sein inzwischen 54 Jahre altes Unternehmen beschäftigt zu diesem Zeitpunkt 4700 Menschen.

Was die Familie zusammenhält

Nur der Zusammenhalt der Familie und die Verpflichtung, ein begonnenes Werk richtig anzufangen und dann auch zu Ende zu führen, hat das Unternehmen Henkel zu dem werden lassen, was es heute ist. Diese Verpflichtung habe ich von meinem Großvater, Vater und Bruder übernommen. In seiner Tischrede zum fünfzigjährigen Firmenjubiläum hat mein Großvater und Unternehmensgründer gesagt: »Wenn man eine große Sache beginnt, ist es nicht gut, wenn man mit dem Schornstein und mit dem Dach anfängt, sondern erst muß das Fundament da sein. Das Fundament ist das Elternhaus, die Kinderstube, und ich hatte das Glück, in einer ausgezeichneten Kinderstube aufgezogen zu werden.« Aus diesen Worten spricht eine Zuneigung und Verbundenheit mit seiner Familie, die sich eigentlich bis heute bei uns erhalten hat.

Mein Großvater hat leider wenig Schriftliches hinterlassen, und so muß ich aus meiner eigenen Erinnerung ein Bild zeichnen. Von Beginn an war es sein Grundsatz – heute würde man Strategie sagen –, für seine Produkte offen zu werben. Das hatte er schon in seiner hessischen Heimatstadt gelernt. Wenn Fritz Henkel dort mit seinem Vater über die Felder ging, fanden sie an den besten und fruchtbarsten Äckern ein Schild: »Mit Kalk gedüngt«. Damals wurde die Kalkdüngung gerade erst eingeführt und natürlich Reklame gemacht. Das hat meinen Großvater beeindruckt. An diese Frühform der Werbung hat er sich später oft erinnert.
Ein anderer Henkel-Grundsatz für erfolgreiches wirtschaftliches Handeln ist, daß man mit dem Geld vernünftig umgeht und daß man andere dabei unterstützt. Unser Urgroßvater Jost Henkel hatte als Lehrer die Sparkasse zu verwalten. Auch damals war bei den Bauern das Bargeld oft knapp. Wenn Ernten schlecht geraten waren oder wenn das Vieh krank wurde, war ein Bauer oftmals schnell am Rande des Ruins. Unser Urgroßvater hat als Verwalter der Sparkasse Bürgscheine ausgegeben und die Zinsen bis zu drei Jahre lang gestundet. Das hat manchen Bauern in schweren Zeiten geholfen. Für uns Nachkommen war das eine wichtige Lehre. Vielleicht liegt hier schon der Ursprung für die besonderen sozialen Leistungen, für die das Unternehmen Henkel schon früh bekannt wurde, wie zum Beispiel die Zahlung einer Firmenpension oder das freie Mittagessen, das jeder Henkelianer in Düsseldorf noch heute täglich bekommen kann.

Konrad Henkel
Ehrenvorsitzender der
Henkel-Gruppe

PHILIPP HOLZMANN

Ein Hesse baut auf

Wenn Philipp Holzmann ins Babbeln kommt, dann müssen freistädtische Hamburger, königlich-bajuwarische Münchner oder preußische Berliner schon mächtig die Ohren spitzen. Der Baulöw' aus dem Hessenland spricht nicht erst nach drei Schoppen Äbbelwoi den tiefsten Dialekt. Derb und direkt, aber herzlich – so will er gerne sein, und so lebt er auch.
Die Sprache ist Programm, denn Philipp Holzmann ist Lokalpatriot. In vieler Hinsicht verkörpert er das Hessische: unbefangen, neugierig, gesellig, bieder, solide und praktisch veranlagt – das ward ihm in die Wiege bei Frankfurt gelegt. Auch die geographische Mittellage Hessens, die für Fremdes und Neues zwangsläufig so aufgeschlossen macht, hat ihn tief geprägt. »Ei guck, was is'n des für en neugierischer Bub«, spotten die Nachbarn gern über den kleinen Philipp. Das Neue nur um des Neuen willen ist seine Sache freilich nicht. Dazu denkt der Hesse viel zu pragmatisch. Also lenkt der frühreife Philipp seine Neugierde in forschend-fleißige Bahnen: Von technischen Neuheiten träumt er, dafür läßt er die Spielkameraden stehen. Als andere noch bei der Spielzeugeisenbahn sitzen, marschiert er mit seinem Vater lieber auf eine Baustelle oder bastelt mit seinem Bruder an richtigen Maschinen herum. Technische Errungenschaften sind es schließlich auch, die dem Tüftler zum Durchbruch verhelfen. Bald wandelt sich aller Spott in Ehrfurcht.

Die hessisch-Holzmannsche Neugier macht auch an den Landesgrenzen nicht halt. Er drängt für damalige Verhältnisse atemberaubend weit hinaus ins Ausland und macht Geschäfte in den verstecktesten Winkeln der Erde, grad so als wäre es zwischen Frankfurt und Mainz. Fast ist es eine Ironie der Geschichte, daß Europas größter Flughafen und Treffpunkt für Menschenkarawanen aus aller Welt, daß der Rhein-Main-Flughafen in unmittelbarer Nähe von Holzmanns Geburtsort gebaut worden ist.
Dennoch, am wohlsten fühlt sich der Hesse – und also auch Holzmann – natürlich im Hessenland. Denn im Herzen Deutschlands, durch das seit jeher so viele Handelsströme pulsieren und immer neue Fremde bringen, lieben die Menschen das Eigene, gerade um ihre Identität gegenüber dem Anderen zu bewahren. Bei aller Offenheit ist der Hesse doch heimatverbunden, bodenständig und ortsverwurzelt. Kein Zufall also, daß Holzmann in Darmstadt studiert und in Frankfurt Karriere macht. Geboren im hessischen Dreieichenhain – eben zwischen Frankfurt und Darmstadt gelegen –, bleibt er zeitlebens der Mainmetropole treu, was übrigens auch umgekehrt gilt: Bis heute beauftragen die Stadt und deren Wirtschaftsbosse immer wieder mit Vorliebe die Holzmann-Gruppe, vor allem, wenn es um besonders bedeutende Bauten geht. Philipp Holzmann und die Nachfolger in seiner Firma haben so das Erscheinungsbild der Mainstadt entscheidend geprägt: der Frankfurter Anlagenring, das Deutsche Film- und Architekturmuseum, das Museum für Kunsthandwerk, die Höchster Jahrhunderthalle, der Fernmeldeturm und der Henninger Turm, aber auch die Flugzeughalle III auf dem Frankfurter Flughafen sowie das Gebäude der Deutschen Bundesbank und die vom Volksmund »Soll und Haben« betitelten Türme der

Philipp Holzmann ist mit 24 Jahren
schon ein erfolgreicher Bauunternehmer.

Deutschen Bank, vor allem aber der Bau und Wiederaufbau der Alten Oper sowie der Wiederaufbau der Römerberg-Ostzeile sind ihr Werk. Holzmann und Frankfurt – sie sind fast so etwas wie ein Zwillingspaar, denn beiden geht es um das ganz Große: So wie Frankfurts Hochhäuser die Wolken durchbohren, strebt auch Holzmann nach ganz oben. Nicht ohne Grund hat auch heute die Hauptverwaltung der Philipp Holzmann AG ihren Sitz mitten in Frankfurt genommen.

Kein Zufall auch ist der unternehmerische Mut, der Holzmann schon früh auszeichnete. Die Freiheitsliebe der Hessen zeigt sich nicht nur in den historischen Traditionen von Demokratie, von Liberalität und emanzipatorisch beseelter Politik. Der libertäre Paulskirchen-Gedanke hat auch Hessens Wirtschaftsstruktur seinen Stempel aufgedrückt. Der Drang zur wirtschaftlichen Freiheit, eine Kultur der Selbständigkeit prägt das Hessenland schon lange vor Holzmanns Zeiten. Selbstbewußte Handwerker, wagemutige Kaufleute, traditionsreiche Familienbetriebe und aufstrebende Mittelständler repräsentieren die merkantile Mentalität seiner Umwelt. Kaum anderswo ist der Mittelstand so stark wie hier – Holzmann allerdings will ein bißchen mehr und baut gar ein Weltunternehmen auf.

Dazu braucht er eine andere typisch frankfurterische Eigenschaft, und er besitzt reichlich davon: den zuweilen atemberaubenden Mut zur Kreditfinanzierung. Von seinem Glücksstern wie von seinem Können zutiefst überzeugt, wagt er den vollen Einsatz: Philipp Holzmann zaudert selbst dann nicht, wenn seine finanzielle Unabhängigkeit auf dem Spiel steht. Auf eigene Gefahr bauen und fremdes Kapital einspannen, das wird sein Schlüssel für den Einstieg in den Hochbau – und damit zum Erfolg. Am Banken-

Dem Wahren, Schönen, Guten: Holzmann errichtet 1873-1878 das Opernhaus in Frankfurt.

platz Frankfurt schüttelt Holzmann früh die Scheu vor geliehenem Geld ab und legt so den Grundstein für eine atemberaubende Unternehmensentwicklung. Da bleibt oft nicht viel zum Leben übrig: Die Hochbauten auf eigene Rechnung und die großen Summen für die Einrichtung der Baufabrik verschlingen den Vermögensbestand. Die Jahre 1866 bis 1870 sind deshalb wohl nicht nur für das Unternehmen, sondern auch für die Familie alles andere als leicht. Einiges klingt davon an, wenn Philipp Holzmanns Frau in späteren Zeiten – und übrigens auch in breitestem Hessisch – erzählt: »Bei uns sinn als (andauernd) die Pferd' im Stall verpfänd' gwese.«
So sehr das hessische Gebabbel und Gewerkel typisch Holzmannsche Manier ist, so sehr hat auch die Sen-

tenz »Der werfe den ersten Stein« bei Philipp ihren sehr speziellen Klang: Jung und erfüllt von technologischem Fortschrittsglauben erwirbt er einen zum Abbruch bestimmten Galgen, um mit den Steinen seine erste Brücke über den Mühlgraben zu bauen. Der Stein, den er da wirft, soll große Kreise ziehen.

Die demokratische Gesinnung des Hessen bleibt auch im Firmenchef Holzmann ebenso lebendig wie hessische Handwerkerattitüden und Paulskirchenwehmut. Der Mann mit dem Vierkantschädel und dem gefürchtet durchdringenden Blick ist weit weniger Unternehmenspatriarch als seine preußischen Kollegen, auch nicht antiproletarisch wie mancher Ruhrgebietsbaron. Holzmann betrachtet seine Arbeiter als Handwerkskollegen. Kein Wunder, daß so viele ihm zeitlebens treu geblieben sind. Was so ein echter Spessartbursche ist, der kennt schon von klein auf nur noch ein Ziel: Zum Holzmann in die Lehre gehen. Nicht nur, daß der seine Leute anständig bezahlt, auch Aufstiegschancen gibt es da: Zuerst wird so ein Spessartbube Laufjunge oder Kaffee-Koch, dann Weichensteller, später Heizer auf einem Bagger oder einer Lokomotive, dann Maschinist – und wenn er es besonders tüchtig anpackt, vielleicht gar Aufseher oder Baggermeister.

Philipp Holzmann, das ist für einfache Dorfmenschen mehr als nur ein Arbeitgeber. Wenn ein Junge geboren wurde, so soll ihn, erzählt man sich noch heute in den kleinen Ortschaften des Spessarts, die Hebamme zum Fenster hinausgehalten und zu ihm gesagt haben: »Dort geht der Weg nach Frankfurt zum Holzmann.« Auf den Bauplätzen wimmelt es dann zuweilen so sehr von schlaksigen Jungenbeinen, mischt sich in das dröhnende Handwerksgeklopfe pubertierendes Kinderlachen, daß man sich eher auf einem Abenteuerspielplatz wähnen mag.

Das Holzmannsche Stammhaus in der Obermainstraße zu Frankfurt am Main.

Tatsächlich staksen die Buben, sobald von der Schule entlassen, an der Seite des Vaters zur Baustelle, hin zur großen Handwerksfamilie. Und darin liegt wohl ein Geheimnis des Holzmannschen Unternehmensaufschwungs: daß jeder sich nicht nur als kleines Rädchen im Getriebe, sondern verantwortlich für das große, gemeinsame Ganze fühlt. So kennt Philipp Holzmann, auch als er schon längst erfolgreicher Baurat ist, noch alle seine Meister persönlich, redet sie mit »Du« an und interessiert sich auch für ihre Familienverhältnisse.

Bei aller derb-deftigen Art des Baumenschen – er mag es, wenn es menschelt. Und so wie er mit seinen Leuten schwer arbeitet, so feiert er auch gerne tüchtig mit ihnen, wenn ihre Leistungen denn entsprechend gewesen sind. Im Jahre 1893 zum Beispiel gibt es so einen rechten Anlaß zum Feiern: In Chicago sollte eine Weltausstellung stattfinden, die Gebäude des »Deutschen Dorfs« werden von Holzmann erstellt.

Immer gerüstet für neue Aufträge: Der erste zentrale Holzmannsche Fabrikhof in Frankfurt.

Doch kurz vor der geplanten Eröffnung der Ausstellung saust ein Wirbelsturm über das Gelände und zerstört alle Bauten – mit Ausnahme des von Holzmann errichteten Deutschen Dorfs. Na, die Freude und den Stolz bei Holzmanns kann man sich denken! Erst zwirbelt Holzmann ein, zwei Mal an seinem Bismarck-Bart, so wie er es bei innerer Erregung gerne tut, dann stürmt er freudestrahlend in das Büro seiner Meister. Mit einem Ruck hält er das Telegramm mit der frohen Kunde Oberingenieur Luck unter die Nase und sagt: »Luck, lese' S'es mal.« Holzmann weiß, daß der Erfolg viele Väter hat. Und den Stolz und die Freude darüber, daß ihre Arbeit sich so hervorragend bewährt hat, will er mit seinen Leuten teilen. Im Stammlokal »Stift« an der Mainzer Gasse wird es dann gebührend begossen.

Sowenig Dünkel der bodenständige Hesse im Umgang mit seinen Mitarbeitern hat, so sehr legt er strengste Maßstäbe an ihre Leistungen an. Nur wer die höchsten Anforderungen erfüllt, den hält er in der Mannschaft, getreu seinem Motto: »Stets das Ausgezeichnetste und möglichst Vollkommene zu leisten«. Dabei besitzt Holzmann ein besonderes Talent, sich einen Stab von tüchtigen Mitarbeitern heranzuziehen, sie dann aber auch entsprechend zu fördern und zu motivieren. Dazu gehört ein ausgetüfteltes Sozialsystem: Für die Weiterbildung seiner Mitarbeiter fühlt Holzmann sich ebenso verantwortlich, wie er für hygienische Unterkünfte auf den Baustellen Sorge trägt. Im Jahr 1895 gründet er eine Betriebskrankenkasse: Als kühl kalkulierender Unternehmer mag ihm dabei die Erkenntnis, daß die Leistungsfähigkeit seiner Leute von ihrer Gesundheit abhängt, nicht weniger wichtig als die soziale Verpflichtung sein. Und wenn die Leute von seiner Mildtätigkeit babbeln, klingen ihm die Ohren. Die Beliebtheit und der Respekt ebenso wie die Baustellen und Filialen – all dies ist Philipp Holzmanns Werk. Seine Todesanzeige trägt folgenden Text: »Über dreißig Jahre hat der Verblichene, zuerst als Leiter, dann als Vorsitzender des Aufsichtsrates, seine unschätzbare Kraft unserer Gesellschaft gewidmet. Die Vielseitigkeit dieses seltenen Mannes dürfte fast ohne Beispiel in der deutschen Geschäftswelt dastehen. Auf allen Gebieten der Technik war er wie kaum ein anderer zu Hause und wußte stets das Wichtige vom Unwesentlichen zu scheiden. Sein weitschauender Blick und sein eminent praktisches Verständnis behielten stets große erreichbare Ziele im Auge, ohne sich in Kleinigkeiten zu zersplittern oder ins Unendliche zu verlieren. Schienen die Schwierigkeiten auch manchmal noch so groß, Philipp Holzmanns organisatorisches Talent, sein rastloser Fleiß und seine zähe Energie ruhten nicht, bis das gesteckte Ziel erreicht war. So kann es denn nicht wunder nehmen, daß ein Leben, so reich an schwerer, mühevoller Arbeit, auch reich an Erfolgen war. Trotz dieser glänzenden Erfolge aber bewahrte sich der Entschlafene eine Schlichtheit, Einfachheit und Bescheidenheit des Wesens, wie solche nur wahrhaft großen Männern eigen ist.« *Christiane Götz*

Lebensweg

Im hessischen Dreieichenhain nahe bei Frankfurt wird Philipp Holzmann am 10. Dezember 1836 geboren. Sein Vater Johann Philipp betreibt in dem Dörfchen eine Mühle und ein Sägewerk. Philipp junior ist gerade vier Jahre alt, da gelingt seinem Vater ein erstes großes Geschäft. Er liefert Eisenbahnschwellen für das neuartige Verkehrsmittel auf Schienen. Beim Bau der Main-Neckar-Bahn 1845 beteiligt sich Philipp senior dann auch an Erdarbeiten. Das Geschäft erscheint ihm lukrativ, so daß er 1849 die Mühle aufgibt und sich ganz dem Bau- und Sägegeschäft annimmt. Seinem Sohn empfiehlt er das gleiche.

Nach der höheren Gewerbeschule in Darmstadt (1852 bis 1855) besucht der technisch begabte Philipp das Polytechnikum in Karlsruhe. Wie selbstverständlich tritt er zusammen mit seinem Bruder Wilhelm anschließend in das väterliche Geschäft ein. Sitz des Unternehmens ist inzwischen Frankfurt geworden. Hier beginnen die Brüder mit Wohnbauten auf eigene Rechnung und gliedern dem Betrieb Werkstätten des Baunebengewerbes – eine Baufabrik – an. Dazu übernehmen sie Aufträge für den Bau von Kanalisations- und Wasserleitungsanlagen in Frankfurt sowie 1871 ihren ersten Auftrag für eine Brücke der Stadt.

Holzmann sieht rasch, daß seine finanziellen Mittel für größere Aufgaben nicht ausreichen, und sucht

darum Anschluß an einen Geldgeber. Gemeinsam mit der von der Deutschen Vereinsbank gegründeten Internationalen Bau- und Eisenbahngesellschaft in Frankfurt gündet er 1873 die Ph. Holzmann & Cie. KG mit einem Kapital von drei Millionen Mark. Gleichzeitig scheidet sein Bruder als Teilhaber aus, bleibt jedoch Leiter der Eisenbahnbau-Abteilung und wird 1876 Prokurist der KG.
In den Jahren von 1873 bis 1894 baut Philipp Holzmann als alleinverantwortlicher Betriebsleiter das nun mit ausreichendem Kapital ausgestattete Unternehmen zu einem der führenden Großbaubetriebe Deutschlands aus. 1874 beschäftigt es bereits 102 Techniker und Verwaltungsangestellte (1869 waren es nur vier gewesen) sowie 2012 Handwerker und Arbeiter. Viele deutsche Großstädte erhalten von der Firma Holzmann ihr Kanalisationssystem. 1877 wird erstmals beim Bau der Wettsteinbrücke in Basel die Druckluftgründung angewandt. Holzmann ist unablässig bemüht, für Großbauten neue Maschinen einzusetzen.
Für die maschinelle Förderung von Baustoffen konstruiert der umtriebige Unternehmer eigene Anlagen. Und bei der von ihm besonders intensiv betriebenen Druckluftgründung zum Bau von Brückenpfeilern entwickelt er eiserne Senkkästen anstelle der bisherigen hölzernen Caissons und rüstet sie bereits 1891 mit elektrischen Anlagen aus. Für den Schildvortrieb mit Druckluft beim Bau von Untergrundbahnen erhält er fünf Patente und kann mit seinem Verfahren 1895 bis 1897 den ersten Tunnel unter einem Flußlauf bei Berlin-Treptow ausführen. An vielen Kanal- und Brückenbauten Deutschlands im ausgehenden 19. Jahrhundert, insbesondere am Kaiser-Wilhelm-Kanal, arbeitet Holzmann mit. Er gilt als ein ebenso bedeutender Techniker wie geschickter Organisator.

In vier Produktionsbetrieben, die durch ihre technischen Neuerungen führend werden, stellt er Ziegel her. Auch gliedert er dem Unternehmen einen Steinbruchbetrieb an. Durch seine zahlreichen Bauten erlangt Holzmann internationalen Ruf. So wird ihm die Projektierung der Rhätischen Bahn in Graubünden übertragen. Seit 1889 ist er maßgebend am Bau der anatolischen Eisenbahn beteiligt, in deren Fortsetzung das Unternehmen dann bis zum Ersten Weltkrieg die Bagdadbahn gebaut hat.
Auch im Hochbau übernimmt Holzmann große Aufgaben und betreibt um die Jahrhundertwende die Gründung der ersten großen Siedlungsbau-Gesellschaft in Frankfurt am Main. Dabei bemüht er sich sowohl um die Finanzierung aller Projekte wie um die sachgemäße Ausführung aller Einzelheiten, wozu die Baufabrik stetig ausgebaut wird; neben hervorragenden Bildhauerarbeiten erwirbt sie sich zum Beispiel in der Parkettherstellung einen besonderen Ruf.
Holzmann versteht es, einen Kreis hervorragender Mitarbeiter um sich zu scharen und beizeiten einen Teil seiner Arbeiten auf sie zu delegieren. Selbst auf Baustellen herangewachsen, hat er nie die Verbindung zu seinen immer zahlreicheren Arbeitern verloren. Besonders die Ausstattung der Baustellen ist ihm wichtig. Mit dem Jahresende 1894 scheidet der 58 Jahre alte Holzmann aus der Leitung des Unternehmens aus, das gleichzeitig in eine GmbH umgewandelt wird, von deren Kapital er ein Sechstel übernimmt. An seiner Stelle übernimmt ein fünfköpfiger, von ihm ausgewählter Vorstand die Leitung. Ihm gehörten nur ein Kaufmann und ein Jurist, aber zwei Ingenieure und ein Architekt an. Bis zu seinem Tode bestimmt Holzmann freilich als Beiratsvorsitzender die Entwicklung der von ihm in drei Jahrzehnten zum größten deutschen Bauunternehmen ausgebauten

Johann Philipp Holzmann, der Vater des Konzernstifters, hat dem Sohn die Baulust vererbt.

Im Herzen der Stadt seines Wirkens: Das Geschäftshaus Philipp Holzmanns an der Taunusanlage in Frankfurt.

väterlichen Gründung entscheidend weiter. Als öffentliche Anerkennung verleiht ihm Kaiser Wilhelm II. den Titel eines Königlichen Baurates. Am 14. Mai 1904 stirbt Philipp Holzmann in der Stadt seines Erfolges, in Frankfurt am Main.

Mit der richtigen Technik am richtigen Ort

In der fast 145jährigen Firmengeschichte der Philipp Holzmann AG seit der Gründung 1849 sind die Leitlinien des Unternehmens unverändert gültig.
Mit der richtigen Technik am richtigen Ort zu sein, dem Menschen und dem Kunden zu dienen und dem Wettbewerb in der technologischen Entwicklung immer ein Stück voraus zu sein, diese Ziele prägen das

Handeln der Philipp Holzmann AG, in dem unternehmerischer Mut und kaufmännisches Abwägen die Triebfedern sind.
Schon der Firmengründer Johann Philipp Holzmann, der mit 14 Jahren das elterliche Sägewerk in Sprendlingen übernahm, wollte mit technologischem Fortschritt die Zukunft gestalten, als er einen zum Abbruch bestimmten Galgen erwarb und mit den Steinen seine erste Brücke über den Mühlgraben baute. Sie war sozusagen das Gründungsbauwerk des späteren Holzmann-Konzerns, der sich ebenso dem Brückenbau verschrieben hat und für zahlreiche bedeutende Bauwerke verantwortlich zeichnet. Auch mich hat der Brückenbau immer fasziniert, und ich habe mich seiner Weiterentwicklung im Konzern gewidmet.
Der Eisenbahnbau, der in den 40er Jahren des 19. Jahrhunderts zur Verbindung der Wirtschaftsräume notwendig wurde, interessierte auch den Firmengründer. So war er nicht nur Schwellenlieferant für die Main-Neckar-Bahn, sondern beteiligte sich ebenso an dem Damm- und Brückenbau.
Heute ist der Eisenbahnbau wieder Bestandteil der Firmenstrategie und gehört zum technischen Repertoire. Wie nach der Beendigung des deutsch-französischen Krieges 1871 der Verkehrswegebau für Schienen und Kanäle in den Mittelpunkt der Tätigkeiten rückte, so ist er heute ein wichtiger Geschäftsbereich zusammen mit der Baustoffgewinnung für die Modernisierung und den Ausbau der Verkehrsinfrastruktur in den neuen Bundesländern.
Sehr bald nach den ersten großen Projekten auf diesem Gebiet, Ende des 19. Jahrhunders, kamen der Hochbau, Tunnel- und Tiefbau und der Brückenbau hinzu.
Die Nachkommen des Firmengründers erfanden die Spundwandgründung – natürlich zunächst aus Holz –

und den Schildvortrieb. So entstand schließlich das Fundament unseres heutigen Kerngeschäftes »Allgemeine Bautätigkeit«, zu dem der Tief- und Tunnelbau als Pioniertätigkeit der Bauingenieure gehört.
Damals, Ende des 19. Jahrhunderts, lautete, wie heute, Ende des 20. Jahrhunderts, die Devise: die Zukunft gestalten, in die Zukunft bauen – vor hundert Jahren für die Verkehrsinfrastruktur, jetzt für Energie und Umwelt. Dieser Geschäftsbereich ist mittlerweile der dritte große Sprung in der technologischen Entwicklung. Er dient dem Ziel, die Energieversorgung umweltverträglich zu sichern und den zukünftigen Generationen eine gesunde Umwelt zu schaffen und zu erhalten – also auch wieder Dienste für den Menschen.
Natürlich ahnte der Firmengründer nicht, daß der Konzern Jahrzehnte später mit weltweit 42 000 Mitarbeitern seine Leistungen in drei Geschäftsbereichen erbringen würde; für die beiden ersten hat er den Grundstock gelegt: Allgemeine Bautätigkeit; Verkehrswegebau und Baustoffgewinnung; Energie- und Umwelttechnik.
Der Wille, Kreativität und Visionen in Bauwerke umzusetzen, beseelte die Männer an der Spitze des Konzerns in der Vergangenheit und heute. Danach werden die Nachfolger ausgesucht und gefördert, denn diese Kontinuität soll sichergestellt sein. Diesem Willen fühle auch ich mich verpflichtet. Nur so konnte sich der Philipp Holzmann-Konzern zum größten deutschen Bauunternehmen entwickeln und gegenüber den Wettbewerbern den technologischen Vorsprung ausbauen und halten.

Lothar Mayer
Vorstandssprecher der
Philipp Holzmann AG

JOHANN JACOBS

Immer an Ort und Stelle

Sommer 1990. Die Firma Jacobs Suchard wird an den amerikanischen Philip Morris-Konzern verkauft. Mit Klaus Jacobs zeichnet der Großneffe des Gründers dafür verantwortlich. Wäre Johann Jacobs noch im Unternehmen tätig gewesen, er hätte wohl flugs gekündigt und sich wieder selbständig gemacht. Denn seine Unabhängigkeit ging ihm, der das Geschäft aufgebaut und zweimal aus Trümmern wieder zusammengesetzt hatte, über alles. Schon in früher Jugend zeigte sich dieser Drang, das Schicksal selbst in die Hand zu nehmen. Nach Abschluß der Dorfschule dachte der erst 14jährige daran, auszuwandern. Eingeengt in die Tradition und Hierarchie der Heimat, glaubte er, nur in Amerika sein Glück finden zu können. Zu Hause, auf dem seit 1581 von der Familie Jacobs bewirtschafteten Hof in Borgfeld bei Bremen, stand schon lange fest, wer die Führung übernehmen würde: der ältere Bruder, dem nach norddeutschem Erbrecht das ganze Gut zufiel. So muß die Enttäuschung für Johann groß gewesen sein, als der Onkel aus den Vereinigten Staaten den Neffen eindringlich vor der Überfahrt warnte: »Schlechte Zeiten – Wirtschaftskrise, warten, bis es besser wird.« Doch das bäuerliche Leben mit Wind und Wetter, in das der junge Jacobs sich nun zunächst einfügte, wurde ihm schnell zuwider. Zum 40jährigen Geschäftsjubiläum schrieb er rückblickend: »Als der Herbst ins Land zog mit seinen rauhen Stürmen und man manchmal bei der Arbeit im Freien, wie man wohl sagt, bis auf die Knochen durchgefroren war, da erkannte ich, daß die Landwirtschaft kein Lebensberuf für mich sein konnte. Meine Mutter und ich, wir sahen uns nach einer Lehrstelle um, und sehr bald stand ich hinter dem Tresen eines Bremer Kolonialwarengeschäftes.«

Die Umsicht der Stiefmutter – seine leibliche Mutter war zwei Jahre nach der Geburt gestorben – zeigte rasch Wirkung. Zwar bemängelte Johann, daß trotz des garstigen Winters das Geschäft nicht geheizt wurde, doch war er beim Rösten des Kaffees, dem Aufbrühen und Abschmecken der Proben in seinem Element. In dem Bestehen auf höchstmöglicher Qualität offenbarte sich eine Tugend, die zusammen mit seiner Tüchtigkeit auch dem Lehrherren und Ladenbesitzer Lahusen auffiel. Um aber das Potential an Talent und Tatendrang voll zu entfalten, war das kleine Detailgeschäft auf Dauer der falsche Ort. Das spürte Jacobs und wechselte nach vier Jahren im Einzelhandel in das Büro einer Großhandlung. Der Erfolg kam prompt und sorgte in der traditionsbewußten Bremer Kaufmannschaft für Gesprächsstoff: Johann Jacobs erhielt Prokura – und das im jugendlichen Alter von 23 Jahren. Für manchen hochgedienten Angestellten wäre damit die Karriere im Kontor würdig abgeschlossen gewesen, für Jacobs dagegen begann sie erst. Denn er merkte, daß ihm die größere Verantwortung zwar mehr Spielraum verschaffte, er jedoch weiterhin abhängig Beschäftigter blieb: »Ein innerer Drang nach Selbständigkeit kam nicht zur Ruhe«, erläuterte er später und erklärte so, warum er schon zwei Jahre darauf kündigte. Für den Gewinn an Freiheit wollte er die Rückkehr in den Kleinhandel in Kauf nehmen, obgleich ihm das Handeln im großen

Stil besser gefiel. Es aber gleich von Beginn an als Großhändler zu versuchen, hätte Johann Jacobs nie gewagt: »Er war vor allem ein vorsichtiger Mann«, beschreibt ihn seine Neffe Walther Jacobs. So plante er sein eigenes kleines Geschäft für Kaffee, Kekse und Tee, was sich als kluger Kompromiß zwischen dem Trieb nach Unabhängigkeit und den begrenzten finanziellen Mitteln herausstellte. Die Lage des Ladens, den er am 15. Januar 1895 am Domshof in Bremen eröffnete, war äußerst ungünstig. Alteingesessene Unternehmen verteidigten ihr Revier, und neue Kundschaft fand das Spezialgeschäft nur zufällig. Es drohte die Pleite, was der frischgebackene Geschäftsinhaber frühzeitig erkannte. »Gefahr erkannt, Gefahr gebannt« – für den bedächtigen Jacobs, der nur wenig investiert hatte, war der rechtzeitige Umzug jetzt noch möglich. In dieser Situation offenbarten sich weitere persönliche Stärken, die auch später immer wieder das geschäftliche Überleben sichern halfen: Rational analysierte er die wirtschaftliche Lage, er urteilte realistisch und reagierte flexibel. Nur ein Standort in einer der Haupteinkaufsstraßen konnte Besserung bringen. Als in der Sögestraße, die zur erlesenen Einkaufsmeile der Hansestadt zählte, ein Geschäft frei wurde, griff Jacobs zu. Da dieser Laden aber von der Straße aus kaum zu sehen war, mußten die Kunden erst auf ihn aufmerksam gemacht werden. Der rührige Inhaber setzte deshalb auf Reklame, was zu jener Zeit bei Einzelhändlern noch verpönt war. Jacobs jedoch spürte den Hauch einer neuen Zeit, die verschärfte Konkurrenz und größere Krisen bringen sollte. Noch aber konnte er sich seiner Sache sicher sein: Die Nachfrage nach Kaffee stieg beständig, der Umsatz kletterte, und 1902 war erneut ein Umzug fällig. In der Obernstraße 6 gab es Platz genug, an die Errichtung einer eigenen Rösterei zu denken. 1906

Johann Jacobs –
Der Bremer Kaffeebaron.

wurde sie Wirklichkeit. Bis zu diesem Zeitpunkt war die innere Unruhe Jacobs völlig verständlich gewesen. Für ihn, den hochbegabten Kaffee-Verkoster, muß es all die Jahre über eine Qual gewesen sein, die braunen Bohnen nicht selbst verfeinern zu können. Wie andere Händler auch, hatte er bis dahin die Ware in einer Lohnrösterei aufbereiten lassen, wo auf die speziellen Eigenarten der verschiedenen Sorten keine Rücksicht genommen wurde. Im Grunde aber davon war Johann Jacobs überzeugt, mußte jeder Kaffee, ob aus Kolumbien oder Kenia, seiner Struktur entsprechend bearbeitet werden. Nun, nach dem Neubau, konnte diesem Ideal endlich entsprochen werden, und auch die Mitarbeiter wurden auf den Standard des Chefs eingeschworen. Die Überzeugungsarbeit gelang; die Kundschaft strömte, gleichermaßen angetan von Produkt und Ambiente des Hauses Jacobs.
Der umtriebige Unternehmer ließ sich keinesfalls in den Sessel sinken, als sein Handelshaus stand Ehrgeizig dachte er daran, auch Käufer aus weiter entfernten Gebieten zu gewinnen. Den Weg dazu bot ein persönlich aufgezogener Kundendienst, der – neben der Qualität – zum Schlüssel des Erfolges wurde. So lieferte ein »Laufbursche für den ganzen Tag« Jacobs Kaffee um 1910 bis zu viermal täglich frisch innerhalb Bremens. Außerhalb des Stadtgebietes wurde portofrei zugestellt. Das Sortiment umfaßte damals elf Sorten beziehungsweise Mischungen, die zu Preisen zwischen 110 und 220 Pfennig pro Pfund verkauft wurden. Um auch die Hausfrauen bedienen zu können, die noch selber rösteten, wurde auch Rohkaffee abgegeben.
Die Mühe lohnte sich: Bis zum Beginn des Ersten Weltkrieges war Jacobs-Kaffee zum Begriff geworden, der schützenswert schien. Ein eigenes Warenzeichen wurde deshalb 1913 eingeführt, mit einem

sinnigen Motiv: Der Prokurist Ferdinand Ahrens stemmte einen Sack Rohkaffee mit dem Signum 131/19. Grafisch verdeutlichte dies jedermann: Kaffee schafft Kraft, was auf Johann Jacobs sicherlich zutraf. Die hatte er auch nötig, denn als mit Beginn der Kriegswirren die erste Expansionsphase auslief, war an eine gemächliche Konsolidierung nicht zu denken. Mit voller Wucht schlug das Pendel im Wirtschaftszyklus nun nach unten aus, was den Markt gehobener Konsumartikel besonders hart traf. Der schleichende Niedergang wurde zum jähen Sturz, als im April 1916 sämtliche Kaffeebestände im Rahmen der Kriegswirtschaft beschlagnahmt wurden. Doch während andere aufgaben, bewies Jacobs in dieser Situation Überlebenswillen. Flexibel suchte er nach neuen Waren, um sich und sein Unternehmen zu retten. In zähem Ringen erwirkte er eine Genehmigung zum Verkauf von Krankennahrung – auf Marken statt Reichsmark. Mit Haferflocken und Grieß, Reis und Zucker konnte er befriedigende Umsätze erzielen und seine Firma über den Krieg retten. Das Ende der Kämpfe aber brachte noch keinen Anfang im Kaffeehandel. Zwar wurde 1920 die Einfuhr der Bohnen für den Fachhandel in beschränktem Umfang erlaubt, die Bewirtschaftung ging jedoch bis 1923 weiter. Unverdrossen wartete während dieser Zeit Jacobs auf die Gelegenheit, sein Geschäft wieder aufzubauen. »Zielstreben sichert den Erfolg«, resümierte er später, was ihm durchhalten half. »Menschen, die es zu etwas bringen wollen, müssen sich ein Ziel stecken, wonach sie streben, aber es darf nicht etwa ein Ziel sein, das in greifbarer Nähe liegt, sondern es muß so weit gesteckt sein, daß es fast unerreichbar erscheint, auf daß sich im Ringen nach diesem Ziel unsere Kräfte mehren.«

In der Tat erschien im Jahre 1923 das Ziel, mit dem Verkauf von Kaffee selbständig zu überleben, in uner-

reichbarer Ferne. Die Inflation machte den Röstbetrieben das wirtschaftliche Handeln zur Hölle. Sie mußten die Ware mit Devisen bezahlen und in Papiermark verkaufen. Im September kostete ein Pfund Kaffee drei Milliarden Mark; im November hatte sich das Betriebskapital von Johann Jacobs endgültig »in ein Nichts« aufgelöst, wie er nüchtern feststellte. Doch noch besaß er ein Grundstück, das Haus Obernstraße Nr. 20, in welches der Betrieb im Krieg umgesiedelt war. Mit Hypotheken belastet, gelang es, die letzte Durststrecke zu überstehen.
Das Durchhalten hatte sich gelohnt: Der goldene Teil der zwanziger Jahre brachte einen Kauf- und Konsumrausch, zu dem auch der Kaffeegenuß gehörte. Das Geschäft mit den Gaumenfreuden war lukrativ, und neue Konkurrenten drängten auf den Markt. Jacobs sinnierte über seine Möglichkeiten, die Wettbewerber in Schach zu halten. Was ihm zunächst einfiel, baute auf alte Ideen in neuem Gewand. Der Frischdienst wurde motorisiert und gleichzeitig zur mobilen Reklametafel verwandelt: Ein »Dixi« mit der Aufschrift »Jacobs Kaffee« fuhr 1925 erstmals frisch gerösteten Kaffee durch Bremen, was für die Branche eine Neuheit war. Doch für den Vertrieb außerhalb der Stadt reichte derlei »Marketing« nicht aus. Eine neue Organisationsstruktur sollte den Absatz für ganz Deutschland übernehmen. Bei dieser Entscheidung wurde Johann Jacobs sich zum erstenmal im Geschäftsleben untreu: Seinen Drang nach Unabhängigkeit unterdrückend, gründete er mit Johann Stehmeyer eine offene Handelsgesellschaft, die »Joh. Jacobs & Co.« in der Bremer Neustadt. Das Experiment scheiterte – menschlich zumindest: Nach nur zwei Wochen schied Stehmeyer aus, die Gesellschaft wurde aufgelöst und unter demselben Namen von Jacobs allein fortgeführt. Vielleicht ließ ihn diese Er-

Immer im Einsatz: Jacobs beliefert seine Kunden bis zu viermal täglich mit frischem Kaffee.

fahrung seine Grenzen erkennen, zumindest aber seine Vorlieben und Stärken. So legte er für die Zukunft als Geschäftsbereich der alten Firma »Johann Jacobs« die Kaffee-Lieferungen an das Bremer Stadtgebiet fest, was neben dem Einzelhandel die Gastronomie und die Schiffahrt umfaßte.

Mit der Aufteilung begann wohl auch eine innere Abnabelung des vorsichtigen Kaufmanns vom riskanteren Teil des Handelsgeschäftes, dem Deutschlandvertrieb. Er muß daher erleichtert gewesen sein, als mit Walther Jacobs ein Familienmitglied, dem er vertrauen konnte, in diesen Teil der Firma eintrat. Selbst kinderlos, hatte er schon früh die Neigungen seines Neffen unterstützt, der wie sein Onkel nicht Bauer werden wollte. Nach einem Aufenthalt in Amerika, bei dem er das modernste Vertriebssystem der Kaffeebranche kennenlernte, kam Walther 1929 nach Bremen zurück. Wieder stand zu dieser Zeit der Kaffeemarkt auf der Konjunktur-Kippe, da die Weltwirtschaftskrise Deutschland erfaßt hatte. Arbeitslosigkeit und Geldknappheit verschärften den Kampf um den Kunden. Mit vereinten Kräften machten sich die Jacobs daran, den bis dahin eher betulichen Wettbewerb aufzumischen. Unter der Bezeichnung »Jacobs Bremer Qualitäts-Kaffee« brachten sie eine vornehm gefertigte Originalpackung auf den Markt und machten damit ihren Röstkaffee zum Markenartikel. Um das solchermaßen aufgewertete Produkt bei wachsender Konkurrenz zu verkaufen, fand der findige Johann Jacobs eine neue Werbestrategie. Statt Reklame nur »auszufahren«, wurden nun Inserate in den »Bremer Nachrichten« aufgegeben. »Täglich ganz frisch geröstet und sorgfältigst verlesen«, las der potentielle Kaffeetrinker.

Der innovative Werbefeldzug gelang, die Verbraucher solidarisierten sich mit der Qualität von Jacobs Kaffee. Als sich die Konjunkturwogen glätteten, konnte der Senior in seinem Arbeitseifer erstmals innehalten – sein Neffe führte mit gleichem Elan die Geschäfte fort. Seiner Natur aber entsprach ein Leben in normaler Gangart nicht; instinktiv suchte er nach Aufgaben, die er anpacken und lösen konnte. In der Hauszeitung »Die Kaffeebohne« wollte er diesen Unternehmergeist auch seinen Mitarbeitern vermitteln, ohne dabei zu entmutigen: »Wer das Ziel nicht erreicht, wird immerhin die Feststellung machen, daß durch sein Streben sein Können und seine Leistung sich gemehrt haben und ihm daraus eines Tages Vorteile erwachsen, die ihm eine bessere Lebensmöglichkeit erlauben.«

Die Chancen, seinen Lebensstandard zu erhöhen, hat Jacobs selbst stets geschickt genutzt. Nach außen hin zeigte er den Wohlstand allerdings nicht, den er bis zum Beginn des Zweiten Weltkriegs erwerben konnte. Einerseits entsprang dieses Verhalten wohl seiner natürlichen Vorsicht: Immerhin war der Genuß von Mokka bei den braunen Machthabern offiziell verpönt, verschleuderten die »Kaffeetanten« damit doch deutsche Devisen. Zum anderen aber scheint es einfach nicht seine Art gewesen zu sein, mit Geld anzugeben. Walther Jacobs charakterisiert seinen Onkel als »im Auftreten bescheiden und zurückhaltend, vom Gemüt her fröhlich und freundlich«. In offiziellen Biographien wird so aus Johann Jacobs ein »schlichter Kaufmann, der nicht nach öffentlichen Ehren strebte, sondern in der Stille wirkte«. Ganz kann diese Einschätzung indes nicht stimmen, denn zumindest als Gradmesser des Erfolges nahm Johann Jacobs sein Ansehen in der Bevölkerung durchaus wahr. Daher konnte ihm materieller Gewinn auch nicht gleichgültig sein, wie er, fast entschuldigend, bestätigte: »Nun ist zwar Geld längst nicht alles, was zum Leben gehört, aber in der Wirtschaft findet letzten Endes doch nur der Anerkennung, der Erfolg hat, denn von dem wird man sagen, er hat es zu etwas gebracht.«

Der Drang, es »zu etwas zu bringen«, wurde in Krisenzeiten keineswegs geringer. Im Gegenteil: Die Zeit im und nach dem Zweiten Weltkrieg zeigte noch einmal deutlich, wozu der findige Firmenchef fähig war. Als der Kaffeeimport gedrosselt wurde, führte Jacobs Gerstenkaffee ein; als auch der Ersatz-Kaffee kontingentiert wurde, stieg Jacobs um auf Tee. Schließlich landeten die Amerikaner – und schon war Jacobs zur Stelle. Zunächst röstete er Kaffee für die Alliierten, später reinigte er Army-Tea und verdiente damit die ersten D-Mark.

Nach der Währungsreform konnte Kaffee auch wieder frei eingekauft werden, und obwohl der Luxus 11 DM pro Pfund kostete, kam die Kundschaft zurück. Bald waren die Marken »Roter«, »Brauner« und »Blauer« wie vor dem Krieg im Sortiment, doch insgesamt hatten sich die Handels-Zeiten auch für die Kaffeehäuser geändert. Ein einheitliches Firmenbild war nötig, um im modernen Wettbewerb zu bestehen. Obwohl von Johann Jacobs als Stammhaus geliebt, mußte das Geschäft an der Obernstraße seine Eigenständigkeit schließlich aufgeben. Gemeinsam wuchs die Gruppe beständig, und die Strategie, Jacobs Kaffee in jedes Dorf zu fahren, hatte Erfolg. Der Patriarch erlebte noch, wie 500 Fahrer 10 000 Tonnen Jacobs Kaffee ausfuhren und den Umsatz 1958 auf 200 Millionen Mark trieben. Im gleichen Jahr starb der Bohnen-Baron, den die Bremer Biographie in besonderer Weise würdigte: »Sein Lebenswerk hat in nicht geringem Umfange dazu beigetragen, die Stellung Bremens als »Stadt des Kaffees« zu begründen.« Seine Mitarbeiter behielten ihn wohl in erster Linie als engagierten Händler im Gedächtnis, welcher den Erfolg über Qualität suchte und der die Angestellten entsprechend motivierte. Für Familie und Freunde jedoch bleibt Johann Jacobs vor allem ein Mann, der unbeirrbar an seinen Weg glaubte: Als selbständiger Kaufmann mit einem Produkt Erfolg zu finden, das so gut wie er keiner kannte – Kaffee. *Björn Böer*

Lebensweg

Als zweiter Sohn eines seit dem 16. Jahrhundert in Borgfeld lebenden Bauerngeschlechtes hat Johann Jacobs – geboren am 20. Mai 1869 – keine Aussicht, den väterlichen Hof zu übernehmen. Er besucht zunächst die Dorfschule, um mit 14 Jahren eine Kaufmannslehre im Groß- und Kleinhandel mit Kolonialwaren zu beginnen. Carl Ferdinand Lahusen, sein Bremer Lehrherr, erkennt den ausgeprägten Geschmackssinn des jungen Jacobs und zieht ihn früh zum Rösten und Abschmecken von Kaffeeproben heran. Als Handlungsgehilfe in der Firma J. Würdemann mehrt er seine Kenntnisse und erlangt bereits mit 23 Jahren Prokura. Kaum zwei Jahre später, 1895, macht er sich mit einem »Spezialgeschäft in Caffee, Thee, Cacao, Chocoladen und Biscuits« selbständig und heiratet 1901 Pauline Meyer, die Tochter eines Bremer Schneidermeisters. Das Geschäft floriert erst richtig, als nach mehreren Umzügen ein Standort in Bremens Haupteinkaufsstraße gefunden ist. Der Laden in der Obernstraße, im Frühjahr 1902 eröffnet, erweist sich als guter Griff – noch heute wird an Ort und Stelle Kaffee verkauft. Großen Auftrieb bringt die hauseigene Rösterei, mit der von 1907 an Jacobs Kaffee seine eigene Note bekommt. Um die Kunden noch enger an das Produkt zu binden, wird ein individueller Zustelldienst aufgebaut, der um 1910 die Kunden im Stadtgebiet bis zu vier Mal täglich frisch beliefert.

Einen radikalen Bruch im steten Aufschwung bringt der Erste Weltkrieg, in dessen Verlauf 1916 alle Kaffeebestände beschlagnahmt werden. Seiner gewohnten Geschäftsgrundlage beraubt, verschafft sich Johann Jacobs die Genehmigung, Krankennahrung auf Marken zu verkaufen. Erst 1920 wird die Einfuhr von Kaffee wieder erlaubt, doch bringt der Kauf für Devisen und der Verkauf gegen Papiermark nicht einmal Buchgewinne. Nach der Währungsreform 1923 besteht das Geschäft deshalb praktisch nur noch aus dem Betriebsgrundstück. Innerhalb weniger Jahre gelingt es Jacobs jedoch, das Unternehmen wieder auf einen steilen Wachstumspfad zu führen. Intensive Werbung, eine straffe Verkaufsorganisation und hervorragende Produktqualität fördern den Absatz derartig, daß 1927 die Firma Joh. Jacobs & Co. für die Einfuhr und den Deutschlandvertrieb gegründet wird. 1934 entsteht eine Großrösterei in der Bremer Neustadt, wo das Unternehmen in der heutigen

Schon früh gelingt es Johann Jacobs, aus seinem Kaffee einen Markenartikel zu machen.

Langemarckstraße seinen Sitz nimmt. Mit 300 Arbeitern und seinem Neffen Walther Jacobs in der Geschäftsleitung kann der Firmengründer den Umsatz bis 1938 auf 12,75 Millionen Reichsmark pro Jahr steigern. Der Zweite Weltkrieg beendet die positive Entwicklung ein weiteres Mal. Die Beschlagnahmung des echten Kaffees und die Kontingentierung von Ersatzkaffee führen zum Ausweichen auf den Handel mit Tee. Bombenangriffe beschädigen den Betrieb, der sich nach Kriegsende mit Aufträgen der Alliierten über Wasser hält. Nach der Währungsreform und dem Ende der Warenbewirtschaftung wagt der 76jährige Johann Jacobs den dritten Neuanfang – wieder mit Erfolg: Es gelingt, den zum Markenartikel entwikkelten »Jacobs Kaffee« bundesweit in der Branchenspitze zu etablieren. Diese Leistung trägt nicht unwesentlich zur starken Stellung der Stadt Bremen im Kaffeehandel bei. In der Gewißheit, das Lebenswerk nun endgültig gesichert zu haben, stirbt Johann Jacobs am 21. Februar 1958 im Alter von 88 Jahren in seiner Heimatstadt.

Vom Röstkaffee zum Markenartikel

Als Johann Jacobs 1895 sein Unternehmen gründete, hat er Qualität als oberstes Prinzip postuliert und schon sehr früh damit begonnen, die Qualität »seines« Produktes Röstkaffee mit seinem Namen zu verbinden. Aus dem anonymen Produkt Kaffee wurde »Jacobs Kaffee«.

Die Qualitätsphilosophie findet heute, fast hundert Jahre nach der Firmengründung, ihren zeitgemäßen Ausdruck im »Total Quality Management«.

Die Methoden der Qualitätssicherung und -kontrolle haben sich aufgrund des wissenschaftlich-technischen Fortschritts und gewandelter Handels- und Verbrauchergewohnheiten natürlich grundlegend geändert. Das Prinzip ist jedoch geblieben: In jeder Phase der Produktion haben höchste Qualitätsansprüche Gültigkeit – von der Rohware über deren schonenden Transport und die Röstung bis zur aromaschützenden Verpackung.

Eine solche Qualitätsphilosophie kann nur erfolgreich sein, wenn das gesamte Unternehmen, alle Mitarbeiterinnen und Mitarbeiter, dahinter stehen. Johann Jacobs hat diese Notwendigkeit erkannt und praktiziert.

Durch seine Unternehmenspolitik schuf Johann Jacobs die Grundlage für die Ausweitung von Jacobs Kaffee zu einem Markenartikel, der sich von Bremen aus in ganz Deutschland durchsetzen sollte. Sein Erfolg basierte nicht nur auf einer konsequent auf Qualität und Aroma abstellenden Werbung (»... wunderbar«), sondern vor allem auf dem Aufbau einer flächendeckenden Distribution. Der »Frischdienst«, d. h. die regelmäßig in kurzen Abständen erfolgende Belieferung des gesamten deutschen Lebensmittelhandels, führte zur Präsenz von Jacobs Kaffee in ganz Deutschland und war eine der wichtigsten unternehmerischen Entscheidungen für den weiteren Markterfolg.

In der Folgezeit sollte sich das ehemals deutsche Unternehmen zu einem Konzern von internationaler Größenordnung wandeln. Europa – ganz Europa, nicht nur die EG – wurde als *ein* Markt – wenn auch mit nationalen Besonderheiten – aufgefaßt. Entsprechend strebte man konsequent und erfolgreich die Internationalisierung des Unternehmens und der Marke an. Aus »Jacobs Kaffee« wurde das, was er heute ist: »Jacobs Cafe«, eine internationale Marke mit einheitlichem Auftreten in allen Ländern.

Götz-Michael Müller
Vorsitzender der Geschäftsführung
Jacobs Suchard Gruppe
Deutschland

RUDOLPH KARSTADT

Mecklenburgischer Dickschädel

Ruhe – alles an diesem jetzt Fünfundsiebzigjährigen strömt Ruhe aus: der gerade Blick der graublauen Augen, der feste Händedruck, der gleichmäßige, beherrschte Klang der Stimme. Während er mir langsam und wohlüberlegt und auch etwas verwundert, daß jemand ein größeres Interesse an ihm persönlich, als an seinem Warenhauskonzern nimmt, meine Fragen mit geduldiger Höflichkeit beantwortet, habe ich Gelegenheit, seine Gesichtszüge zu studieren.
Es ist ein typisch norddeutsches Gesicht, rundschädelig und großflächig. Eines jener Gesichter, das, sobald es eine gewisse Stufe des Alterns erreicht hat, gewissermaßen stehen bleibt und zeitlos wird. So wie Rudolph Karstadt heute aussieht, hat er sicher schon lange ausgesehen, schon vor etwa zwanzig Jahren, als er ganz in der Nähe des Ortes, wo wir augenblicklich zusammen sitzen, das große Warenhaus in der Mönckebergstraße eröffnete und damit seinen Namen an beherrschender Stelle mitten in das sich erneuernde Hamburg setzte! Ja, genau so mußte er damals ausgesehen haben: das Gesicht geprägt von den Spuren schwerer, verantwortungsbewußter Arbeit, aber der Blick fest und klar und die Hände ruhig zugreifend und sicher haltend, was sie einmal gefaßt haben. Jemand, der immer streng darauf gehalten hat, daß sein Äußeres und Inneres stets tadellos aufgeräumt und übersichtlich geordnet waren.

»Ich begreife nicht«, sagt Rudolph Karstadt fast lächelnd, »wen die Anfänge meines Lebens eigentlich interessieren können? Sie sind so gar nicht ›romantisch‹, und ich bin nicht nach berühmten, amerikanischen Mustern aus dem Nichts emporgekommen, sondern stamme aus den zwar bescheidenen, aber durchaus behaglichen Verhältnissen eines mecklenburgischen Bürgerhauses.

Mit meinen Geschwistern ging ich zuerst in meiner Geburtsstadt Grevesmühlen zur Schule und beendigte die Schulzeit in Schwerin, als mein Vater seine Färberei in Grevesmühlen aufgab und in der Residenz eine Warenhandlung einrichtete. Was war gegebener, als daß auch ich in eine Warenhandlung in die Lehre kam? Ich kam also nach Rostock und trat nach meiner Lehrzeit in das Geschäft meines Vaters ein, in dem mein Bruder Ernst und meine Schwester Sophie Charlotte bereits arbeiteten.

Wir waren also nach guter, alter, mecklenburgischer Sitte ein Familiengeschäft wie fast alle anderen Geschäfte im Lande, waren eben ›Karstadts‹.

In unserem Geschäft nun hatte ich die beste Gelegenheit, immer wieder das Grundübel aller damals existierenden Geschäfte zu studieren: das Patriarchalische. Gewiß, es klingt ganz schön, wenn man mit dem berühmten Seufzer die herrlichen Eigenschaften, die nur die gute, alte Zeit besessen hat und die in unserer bösen, lauten Zeit angeblich alle verloren gegangen sind, immer wieder aufzählt und vor allen Dingen seufzend feststellt, wie ›damals‹ doch alles so wunderschön ruhig zugegangen sei.

Nun, wer wie wir gezwungen war, im patriarchalischen Stil ein Geschäft zu führen, fand doch sehr bald dessen große Schattenseiten heraus. Damals kannte man nur die geheimnisvolle Buchstabenauszeichnung, die nur dem Kundigen den Einkaufspreis der

Ware verriet und es ermöglichte, den Käufer bei der Preisstellung ganz individuell zu behandeln. Wer viel Geld hatte, mußte nach diesem Rezept eben mehr bezahlen, als wer wenig hatte. Aber das Schlimme war, daß niemand überhaupt bezahlte, denn, da alle sich gegenseitig genau kannten, und womöglich noch auf Du und Du miteinander standen, nahm man auf Kosten dieser Freundschaft unbeschränkten Kredit in Anspruch und war oft höchst empört, wenn man wirklich einmal gemahnt wurde.

Seit meiner frühesten Kindheit hatte ich also Gelegenheit, die Schädlichkeit dieses Systems zu beobachten. Es zwang den Geschäftsmann, die Preise hochzusetzen, um sich gegen die nicht seltenen Verluste und Ausfälle möglichst zu sichern, und verhinderte einen Umsatz, der es ermöglichte, den Warenbestand öfters zu wechseln und der jeweiligen Mode sofort anzupassen. – Freilich, so oft wie heute wechselte die Mode damals ja nicht – und vor allem nicht im Lande Mecklenburg.

Ich war – warten Sie – ich war fünfundzwanzig Jahre alt, als ich mich entschloß, mit meinen Geschwistern zusammen im Frühling des Jahres 1881 in Wismar in der Krämerstraße ein ›Tuch-, Manufactur- und Confectionsgeschäft‹ aufzumachen. Sie dürfen mir glauben, daß es lange Überlegungen und Auseinandersetzungen im Schoß der Familie kostete, bis wir uns entschlossen, von Anfang an zu bekennen, daß der Verkauf ›zu sehr billigen, festen Preisen, aber nur gegen bar‹ stattfinden sollte.

Da saßen wir nun in unserm Laden, der nur ein kleines, schmales Schaufenster hatte, mit einem Angestellten und verkauften unsere ›Mantelets‹, schwarze Cacheniers, oder gar Mir-Lüstre, der Meter zu fünfunddreißig Pfennig. – Ja, sie lachen über diese Bezeichnungen, aber damals regierten noch die engli-

**Rudolph Karstadt –
Vom Krämer zum Kaufhauskönig.**

schen und französischen Manufakturen mit ihren Periales, Manillagardinen und was sie sonst noch alles produzierten. Die Deutschen waren recht an die Wand gedrückt und wagten sich nur bescheiden mit Niederlausitzer Bührenzeug oder Taillenköper hervor.

Wir haben es im Anfang nicht leicht gehabt. Die ganze kleine Hafenstadt schüttelte über das neumodische System der Karstadts die Köpfe. Freilich, wir waren billiger, als alle andern – dafür mußte man bei uns aber auch gleich bezahlen, und so kamen unsere Monatslosungen im ersten Jahre über einige Tausend Umsatz nicht hinaus. Da ich aber dies neue System für das allein Richtige hielt, beschloß ich, unter keinen Umständen wieder von ihm abzugehen, selbst als sich meine Geschwister von mir trennten und ich kaum anderthalb Jahre nach der Gründung des Unternehmens alleiniger Inhaber wurde. – Ich gestehe, daß ich noch heute stolz bin, meinen mecklenburgischen Dickschädel aufgesetzt zu haben, denn schon im Jahre darauf stiegen die Monatslosungen bis auf zwanzigtausend Mark.

Um dieselbe Zeit hatte ich mir klar gemacht, daß mein Geschäft sich in Wismar, im Rahmen der durch die Kleinstadt gegebenen Verhältnisse, nun ruhig und stetig weiter entwickeln und daß dies meine junge Arbeitskraft durchaus nicht voll in Anspruch nehmen würde. Deshalb gründete ich 1884 nach denselben Prinzipien eine Filiale in Lübeck und einige Jahre später in Neumünster und Braunschweig.

Dabei lernte ich abermals etwas Neues kennen. Das Ganz-auf-sich-allein-gestellt-sein. In Wismar waren wir noch ein Familienbegriff, waren wir noch die Karstadts, die dieser von Grevesmühlen und jener von Schwerin her kannte. In Lübeck war ich schon fast unbekannt, und in Neumünster und Braunschweig

Das Wismarer Stammhaus der Karstadt AG von 1890.

gar war ich nur noch darauf angewiesen, durch meine neuen Verkaufsprinzipien neben den Alteingesessenen hochzukommen.
Nun hatte ich vier Geschäfte und war mit dem Umsatz, der erzielt wurde, gewiß nicht unzufrieden, aber ich sah, daß ich von meinem Ziel, meine Kundschaft

zu billigstem Preise mit denkbar bester Ware zu beliefern, noch ein tüchtig Stück entfernt war. Inzwischen hatte aber die deutsche Tuchindustrie und was mit ihr zusammenhing, sich derartig weiter entwickelt, daß ich beschloß, abermals eine neue Idee zu verwirklichen: den Zwischenhändler zu umgehen und für meinen Bedarf direkt beim Produzenten einzukaufen. Da ich schon immer streng darauf gehalten hatte, die Leiter meiner Filialen möglichst selbständig arbeiten zu lassen, konnte ich es wagen, zur Erreichung dieses neuen Ziels meinen Wohnsitz nach Berlin, das immer stärker zur Zentrale des ganzes Reichs wurde, zu verlegen.

Diesen Berliner Lehren verdanke ich das, was ich noch heute für das Wichtigste in unserm doch so sehr verzweigten und verzwickten Geschäft halte: genaueste persönliche Kenntnis der uns beliefernden Fabrikationszweige.

Inzwischen hatte ich auch geheiratet und in meiner Frau eine unermüdliche Mitarbeiterin gefunden.

Dies alles zusammen gab mir den Mut, im Herbst des Jahres 1893 im Herzen Kiels, das dank des Kaisers großem Interesse für die Marine ungemein schnell aufblühte, ein Geschäft zu eröffnen, das nicht weniger als zwanzig Angestellte beschäftigte. Nun lächeln Sie wieder – aber damals gab es in Norddeutschland nur wenig Geschäfte mit so viel Angestellten.

Was soll ich Ihnen weiter erzählen? Die Arbeit wuchs, die Zahl der Geschäfte, aber es wurde immer unromantischer. Einer meiner Freunde hat sich mal bei einer festlichen Gelegenheit an die Jahre erinnert, als wir unsere Tagesabrechnung noch im Zug bei einer flackernden Öllampe machten – du lieber Himmel, ja, davon war um die Jahrhundertwende schon nicht mehr die Rede. Um diese Zeit hatte ich bereits die Verantwortung für zweiundzwanzig Geschäfte, zu de-

»Lieferwagen« kennt Karstadt schon 1912. Damit der Kunde seine Ware schnell bekommt, wird dieser Zustell-Service mit einer Pferdestärke eingerichtet

nen Jahr für Jahr ein bis zwei neue Unternehmungen hinzukamen.
Freilich, Sie haben recht, ich bin in diesen Jahren, bin bei allem Werden und Wachsen meiner Geschäfte insofern immer ein echter Norddeutscher geblieben, als ich stets bestrebt war, den Kernpunkt meines Arbeitsgebiets immer in der norddeutschen Heimat zu behalten. Erst als ich mit der Eröffnung des großen Kaufhauses in der Mönckebergstraße im Jahre 1912 einen Höhepunkt dieses Abschnittes meiner Lebensarbeit erreicht hatte, dachte ich daran, auch diese Basis zu verbreitern. Aber dann kamen erst einmal die gerade für den verschiedenartigen Betrieb eines Warenhauses so überaus kritischen Kriegsjahre. Ach ja, gewiß, der große, unbelastete Grundstücksbesitz meiner Firma war in diesen Jahren eine sehr gute Garantie für den Weiterbestand der Arbeit. – Aber allein konnte eine vorsichtige Grundbesitzpolitik in diesen schweren Jahren doch nicht helfen. Was nütz-

ten alle guten, sicheren Garantien dem Lieferanten gegenüber, wenn dieser einfach nichts zu liefern hatte ...
So krebsten wir uns bis zum Kohlrübenjahr 1917 hin. Da bot sich eine Gelegenheit mit dem westfälischen Warenhausunternehmen von Theodor Althoff in eine festere Verbindung zu treten. Da Herr Althoff und ich fast denselben Werdegang und die gleichen Anschauungen hatten und seine Geschäfte sich hauptsächlich in West- und Mitteldeutschland befanden, ergänzten wir uns also ausgezeichnet. Deshalb entschlossen wir uns auch 1920, als man wieder an einen systematischen Neuaufbau und Ausbau heran gehen konnte, zu einer völligen Vereinigung in der Rudolph Karstadt A.-G., die bei der Gründung sechsundvierzig Waren- und Kaufhäuser zusammenfaßte.

Sechsundvierzig, denke ich, in welch' einem Riesentempo ist dann auf dieser neuen Basis fortgebaut worden! Kaum zehn Jahre danach so vereinigen sich unter dem Zeichen der brennenden Fackel, dem Hauszeichen der neuen A.-G., bereits neunzig Filialen, darunter solche Riesenunternehmungen wie das Haus in Hamburg-Barmbeck und vor allem der Koloß am Hermannsplatz zu Berlin, mit dem die Firma ihren siegreichen Einzug in die Reichshauptstadt hielt. So wie einst Rudolph Karstadt den ersten Abschnitt seines Aufstiegs damit krönte, daß er seinen Namen an den First des größten Kaufhauses im größten Ort seiner norddeutschen Heimat setzte. Die beiden Mammutunternehmungen in Barmbeck und Berlin beschäftigen allein, jedes für sich, mehrere Tausend Angestellte.
Aber imposanter noch als diese nach außen hin in die Erscheinung tretende Wirksamkeit der Rudolph Karstadt A.-G. ist der riesige Apparat, der ins Leben

gerufen wurde, um alle Filialen mit Waren zu versorgen. Heute besitzt die Firma allein siebenundzwanzig Fabrikationswerkstätten und acht Einkaufszentralen. Dazu kommt der riesige Grundbesitz und eine Reihe von Tochtergesellschaften im In- und Ausland, an deren Spitze die Epa-Einheitspreisgesellschaft mit ihren vielen Filialen und riesigen Umsätzen marschiert. Alles in allem beschäftigt der Karstadt-Konzern, der vor noch nicht fünfzig Jahren im kleinen Wismar mit einem Angestellten ins Leben trat, heute an die dreißigtausend Menschen.«

Die Unterredung ist beendet, Rudolph Karstadt, der diese ganze, märchenhafte Entwicklung begründet und an ihr mit ungebrochener Frische bis heute teilgenommen hat, schüttelt auch jetzt immer noch skeptisch den Kopf: »Ja, da ist in mühevollen und krisenreichen Jahren viel, sehr viel geschaffen worden, was manchen beeindruckte und vielen vielleicht auch imponiert. Aber wer fragt danach, ob ein Mensch und welch ein Mensch hinter dem Namen Karstadt steht? Er ist ein unpersönlicher Begriff, ein Firmenname geworden, und das ist recht so. Ein Riesenunternehmen verlangt, daß der einzelne, sei er, wer er sei, hinter dem Gesamtwerk zurücktritt.
Ich bin nur glücklich, daß ich mein Leben lang, so sehr mich auch meine Arbeit von der mecklenburgischen Heimat entfernte, den persönlichen Kontakt mit ihr niemals verloren habe. Noch heute verbringe ich am liebsten meine Ruhetage auf dem Schweriner See oder direkt auf dem platten Land.«
Ich benutze die letzten Augenblicke, um noch einmal einen Gesamteindruck in mich aufzunehmen: der ruhige, sichere Mann im hellen Sommeranzug in dem großen Raum mit seinen gedämpften, neutralen Farben, in dem nichts, aber auch nichts weiter von Luxus

spricht als die ungewöhnliche Höhe des Zimmers und der riesige rotbraune Schreibtisch.
Rudolph Karstadt zuckt beim Abschied lächelnd die Achsel: »Ich habe es Ihnen gleich gesagt, viel für die Allgemeinheit Interessantes konnte ich Ihnen nicht berichten. Mein Leben war viel, sehr viel Mühe und Arbeit, doch ganz ohne Abenteuer.«
Aber nun muß ich widersprechen: »Ohne Abenteuer? Ihr ganzes Leben war ein Abenteuer, Herr Karstadt.«

Klaus Albrecht

Lebensweg

Rudolph Karstadt wird am 16. Februar 1856 im Örtchen Grevesmühlen bei Wismar geboren. Noch als Schulbub zieht er mit seiner Familie nach Schwerin, wo sein Vater fortan eine Färberei mit angeschlossener Tuchwarenhandlung betreibt. Dieser Betrieb wird Rudolph Karstadt zur Lehrstätte, hier lernt er die Grundlagen des Textilgeschäfts und Einzelhandels, und hier arbeitet er als Angestellter bis zu seinem 25. Lebensjahr. Am 14. Mai 1881 wagt der ehrgeizige Unternehmerssohn den Sprung in die Selbständigkeit. Mit einem Kapital von 1000 Talern, das ihm sein Vater leiht, gründet er gemeinsam mit seinen Geschwistern Sophie-Charlotte und Ernst in Wismar ein »Tuch-, Manufactur- und Confectionsgeschäft«. Das neue Unternehmen wird freilich noch unter dem Namen des Vaters eingetragen, da man nach der Mecklenburger Gewerbeordnung erst im Alter von 30 Jahren ein selbständiges Geschäft eröffnen darf.
Doch schon 1884 steigen die Geschwister aus der Gemeinschaftsunternehmung wieder aus, und der Firmenname wird auf Rudolph Karstadt geändert. Entgegen der üblichen Zahlungspraxis verlangt der neue Tuchhändler Karstadt von allen Kunden Barzahlung, läßt nichts anschreiben und macht keine

Tauschgeschäfte. Dafür sind seine Waren ein gutes Stück billiger als die der Konkurrenz. Mit dem Konzept »bar aber billig« hat der Jungunternehmer sofort Erfolg. Bereits 1884 richtet er eine Filiale in Lübeck ein, vier Jahre später eine weitere in Neumünster (Holstein) und 1890 eine dritte in Braunschweig. Von 1882 bis 1890 verzwölffacht sich der Umsatz.

In seinen Einzelhandelsläden verkauft Karstadt zunächst nur Stofferzeugnisse – Textilien, Teppiche und Gardinen. Da er aber aus einem Produktionsbetrieb kommt, geht er von Anfang an im Einkauf unmittelbar auf die Hersteller zu. Damit umgeht Karstadt den Zwischenhändler und streicht dessen Gewinnmarge mit ein. Frühzeitig erkennt er die Vorteile, die aus der vereinigten Einkaufskraft seines Filialunternehmens zu ziehen wären. Der Schritt zum Zentraleinkauf schafft ihm fortan günstige Einstandspreise. Aus diesem Grund zieht Karstadt von Lübeck nach Berlin um. Denn Berlin ist das Zentrum der deutschen Damen- und Herrenkonfektion. Von hier aus organisiert er nun den Zentraleinkauf.

Bis zur Jahrhundertwende fügt er seinem Unternehmen fünf weitere Kaufhäuser in Norddeutschland hinzu, so 1893 in Kiel, 1895 in Mölln und 1896 in Eutin. Einen Rückschlag erleidet das Unternehmen, als der 1898 eröffnete Neubau des Braunschweiger Hauses im Mai 1899 völlig ausbrennt. Karstadt läßt sich von hohen Kreditrisiken nicht entmutigen, baut neu und expandiert weiter. Trotz mancher Unkenrufe, der Aufsteiger im Einzelhandel übernehme sich, übernimmt Rudolph Karstadt im Jahre 1901 sogar die Ladenkette aus 13 Einzelgeschäften seines Bruders Ernst. Dieser hat zeitgleich mit Rudolph in Mecklenburg und Pommern kleine Kaufhäuser errichtet, letztlich aber finanziellen Schiffbruch erlitten.

Nach französischen und amerikanischen Vorbildern

wagt Karstadt 1912 den Sprung vom Kleinladenfilialisten zum Warenhausunternehmen. In der Hamburger Mönckebergstraße eröffnet er sein erstes Kaufhaus, das sämtliche Artikel des täglichen Bedarfs – mit Ausnahme von Lebensmitteln – führt. Karstadt ist überzeugt, daß die Zukunft nicht dem Krämerladen, sondern dem Großkaufhaus gehört. Selbst die Warenhaussteuer vermag die Richtigkeit dieser Einschätzung nicht zu schmälern. Bereits im ersten Jahr erreicht der Umsatz im neuartigen Kaufhaus knapp sieben Millionen Mark. Ein Erfolg, der Karstadt anspornt, bald darauf auch in Stettin ein großes Warenhaus einzurichten.

Bei allem Expansionsdrang bleiben Rudolph Karstadt und seine Frau persönlich unglaublich sparsame, ja geizige Leute. Sie gönnten sich keinen Urlaub und keinen Luxus. Jeder Pfennig wurde mehrfach umgedreht, ehe er ausgegeben wurde. Nach der Einstellung des Ersten Geschäftsführers für das Hamburger Kaufhaus zum Beispiel ging Karstadt mit diesem und seinem Bürovorsteher in eine Gaststätte und bestellte drei Glas Bier zu je 10 Pfennigen. Am Schluß bezahlte er die 30 Pfennige. Als seine Frau Auguste davon freilich Wind bekam, machte sie ihm erhebliche Vorwürfe. Der einsichtige Karstadt bereute. Der Bürovorsteher mußte seine 10 Pfennig zurückzahlen, dem Geschäftsführer wurden sie vom Gehalt abgezogen.

Mit dem Ausbruch des Ersten Weltkrieges läßt Karstadt in Windeseile sämtliche Textilien aufkaufen, deren er habhaft werden kann. Zugleich schließt er in weiser Vorausahnung langfristige Lieferverträge mit Textilfabrikanten, so daß sein Unternehmen die Kriegsjahre ohne Substanzverlust überstehen kann.

Im Krieg reift auch die Idee heran, das Unternehmen mit eigenen Produktionsbetrieben unabhängiger zu machen. So wird zunächst ein großes Waren- und

Stofflager eingerichtet, in dem einfache Teile der Damenkonfektion gefertigt werden. Dann errichtet Karstadt in Berlin auch eine Wäschefabrik und schließlich eine Herrenbekleidungsfabrik in Stettin.
Kurz vor dem Kriegsende nimmt er Verhandlungen mit der Firma Theodor Althoff auf, die in Westdeutschland ebenfalls eine Kette von Kauf- und Warenhäusern unterhält. Karstadts Ziel ist es, durch eine enge Kooperation neue Wettbewerbsvorteile zu erreichen. Anfang 1918 wird tatsächlich die offene Handelsgesellschaft Karstadts in eine Kommanditgesellschaft unter Beteiligung der Theodor Althoff KG umgewandelt. Wenige Monate später gelingt es Karstadt, die Einkaufsorganisationen beider Unternehmen zu verschmelzen, was zu einer bis dahin ungekannten Konzentration von Einkaufsmacht im Einzelhandel führt. Während Karstadt freilich sein Warenhausimperium solide finanziert hat, gerät der neue Partner Althoff zusehends in Schwierigkeiten mit den Banken.
Die Kooperation von Karstadt und Althoff führt schließlich zur völligen Vereinigung der beiden Unternehmen in der Aktiengesellschaft Rudolph Karstadt, die mit einem Kapital von 40 Millionen Mark ausgestattet wird – 39 Millionen hält Karstadt selbst, jeweils 333 333 Mark übernehmen die Commerzbank, der Barmer Bankverein und die Darmstädter- und Nationalbank. Damit hat Karstadt die Althoff-Gruppe praktisch übernommen. Althoff und dessen Schwiegervater Rudolf Schmitz erhalten gleichwohl Vorstandsposten in der neuen Aktiengesellschaft, die nunmehr über insgesamt 46 Kauf- und Warenhäuser verfügt.
1929 besitzt die Karstadt AG bereits 89 Filialen in ganz Deutschland. In Berlin-Neukölln wird das bis dahin größte Kaufhaus mit 72 000 Quadratmetern

Karstadt-Kaufhäuser sind Meilensteine der deutschen Kaufhausgeschichte. Karstadt ge als erstem die systematische Entwicklung des Krämerladens zum Großkaufhaus. 1912 erö er in der Hamburger Mönckebergstraße (Mitte) sein erstes Kaufhaus, das sämtliche Artike

Nutzfläche eröffnet, dessen Hochhausarchitektur amerikanischen Vorbildern folgt. Stolz verkündet Karstadt, daß Berlin nun über »Europas modernstes Warenhaus« verfüge. Die Belegschaft des Konzerns, die 1920 schon 8250 umfaßt hat, ist bis Juli 1929 auf knapp 30 000 Beschäftigte angewachsen. Große Einkaufszentralen im In- und Ausland (Paris, Lyon) und mittlerweile 27 eigene Fabrikationsstätten, in denen vom Damenstrumpf bis zur Schokolade vieles selbst hergestellt wird, runden das Karstadt-Imperium ab. Aus Amerika importiert er die Idee, Geschäfte mit

hen Bedarfs führt. In Berlin-Neukölln wird 1928 das bis dahin größte Kaufhaus Deutsch- (rechts) mit 72 000 Quadratmetern Nutzfläche eröffnet. Ein Jahr später besitzt die adt AG bereits 89 Filialen in ganz Deutschland.

einheitlichen Niedrigstpreisen zu eröffnen. So entsteht die Gesellschaft »Epa« – Einheitspreis AG. In diesem Unternehmen, das bis 1932 52 Filialen einrichtet, werden nur Dinge des täglichen Bedarfs zu Preisen von 0,10, 0,20, 0,50, 0,75 und 1 Reichsmark verkauft.

Die Weltwirtschaftskrise bringt den Karstadt-Konzern dann plötzlich in eine schwere Existenzkrise. Der Umsatz bricht ein, Verluste häufen sich, ein Drittel aller Geschäftsfilialen muß binnen weniger Monate schließen, sämtliche Produktionsbetriebe werden

verkauft und die Banken verlangen vorzeitige Kreditrückzahlungen. Verhängnisvoll wird für Karstadt, daß er einer Aktionärsgruppe aus der Fusion mit der Lindemann-Gruppe Kursgarantien für seine Aktie abgegeben hat. Dafür muß er nun persönlich gerade stehen. Sämtliche Mitglieder des Vorstandes bringen ihr persönliches Vermögen dazu in die Sanierungsmasse ein. Besonders hart trifft es die Gründer Karstadt und Althoff. Im August 1931 stirbt der langjährige Weggefährte Althoff im völligen Vermögensverfall. Auch Karstadt verliert sein ganzes privates Vermögen, darunter die Güter Stellmoor bei Hamburg, Bütow bei Röbel in Vorpommern und Lemkühl. 1932 scheidet Karstadt unter Zuwahl zum Aufsichtsrat aus dem Vorstand seines Unternehmens aus und zieht sich enttäuscht nach Schwerin zurück.
Sein Unternehmen wird nach einem Kapitalschnitt durch ein Bankenkonsortium gerettet. Den atemberaubenden Wiederaufstieg der Karstadt AG nach dem Zweiten Weltkrieg erlebt der Unternehmensgründer nicht mehr. Er stirbt am 19. Dezember 1944 in Schwerin.

Fundament des Erfolgs: Das Warenhausgeschäft in eigenen Gebäuden

Von 1881, dem Jahr, in dem Rudolph Karstadt mit seinen Geschwistern ein »Tuch-, Manufactur- und Confectionsgeschäft« in Wismar gründete, bis zur Gegenwart hat das Warenhausunternehmen Karstadt einen langen, mitunter steinigen Weg durchschritten. Den Namen des Gründers tragen wir gleichwohl bis heute mit Stolz. Am Anfang seines Erfolges standen zwei wesentliche Innovationen: Er hat die damalige Usance des Feilschens und Anschreibenlassens durch den Verkauf zu festen, aber knapp kalkulierten Preisen mit sofortiger Barzahlung abgelöst. Als dieses Prinzip von der Kundschaft angenommen und das vierte Geschäft eröffnet war, begann er – wiederum Neuland betretend – am Großhandel vorbei unmittelbar bei den Herstellern einzukaufen. Zwei weitere Prinzipien hielt er hoch: Er betrieb seine Warenhäuser auf eigenen Grundstücken, die er nach Möglichkeit nicht belastete, und er wußte, daß Mitarbeiter nur dann mit Freude an ihre Arbeit gehen, wenn ihnen die Möglichkeit gegeben wird, ihren Verantwortungsbereich selbständig, sozusagen als Mitunternehmer, auszufüllen.

Rudolph Karstadt war – es klingt seltsam – in seinem Herzen ein romantischer Mann: Mit jedem neu eröffneten Geschäft, so meinte er, werde seine Arbeit immer technokratischer. Er spürte den Verlust der Unmittelbarkeit, den das Wachstum seines Unternehmens für die Beziehungen zu seinen Mitarbeitern zur Folge hatte. Trotz aller Phantasie, Ideenreichtums und Romantik blieb er aber ein kalkulierender Unternehmer, der – wie es ein Zeitgenosse ausdrückte – niemals abhob.

Von seinen Grundsätzen hat bis heute überdauert, daß wir bei Karstadt versuchen, das Warenhausgeschäft in eigenen Gebäuden zu betreiben. Die Freiheit, die der Einzelhändler aus dem Eigentum an seinen Betriebsimmobilien gewinnt, ist ein Fundament des Erfolges. Sie erleichtert die Anpassung der Geschäftsräume an die Anforderungen des Marktes, und sie erlaubt den schnellen kalkulierbaren Rückzug, wenn ein Standort seine Tragfähigkeit verloren haben sollte. Und schließlich kommt die Eigentümerposition langfristig auch billiger, weil für die in Anspruch genommenen Nutzflächen keine steigenden Mieten zu entrichten sind.

Ohne Innovationsfähigkeit kann sich kein Unternehmen auf die schnellen Veränderungen seiner Märkte einstellen. Dabei gilt es allerdings, Karstadtsche Disziplin zu üben, um nur solche Neuerungen umzusetzen, die zu einer echten Verbesserung der Wettbewerbsposition führen. In der Übersichtlichkeit unserer Konzernstruktur und der Vermeidung von Scharmützeln auf Nebenkriegsschauplätzen folgen wir noch heute dem geradlinigen Denken Rudolph Karstadts. Die hohe Wertschätzung, die er seinen Mitarbeitern entgegenbrachte, empfinden wir als Verpflichtung; sie findet nicht zuletzt ihren Ausdruck in unseren beispielhaften freiwilligen sozialen Leistungen.

Walter Deuss
Vorstandsvorsitzender der
Karstadt AG

FRIEDRICH KRUPP

Der eisenharte Pechvogel

Etwas Göttliches gehört schon dazu. Die alte, reiche und liberale Familie Krupp vermittelt dem jungen Friedrich eine Lebensauffassung, die Reichtum und Erfolg nicht bloß als Früchte der Arbeit ansieht, sondern auch als Beweis überirdischer Gnade. Verzicht auf Genuß wird gefordert um der Ansammlung des Kapitals willen. Und so wundert es nicht, daß die erste Eintragung im Tagebuch des Knaben um das Problem der Armut kreist:

»Ach mein Loß ist jetzt zu darben,
Lieben Kinder! seht mich an,
Jammer, Elend sind die Garben,
die die Thorheit erndten kann.«

Nach dem frühen Tod des Vaters ist es vor allem die Großmutter, eine resolute und kluge Geschäftsfrau, die den achtjährigen Jungen in ihre Obhut nimmt und ihn aus dem Zwiespalt herausführt. Während die Mutter und die schon 12jährige Schwester Helene das Kolonialwarengeschäft führen, weckt die ehrgeizige Unternehmerin in dem Enkel den Gedanken, aus dem Familienunternehmen etwas Besonderes, etwas Großes zu machen. Die Heimatstadt werde stolz zu ihm empor blicken, wenn er erst einmal im industriellen Sektor Fuß gefaßt habe.

Doch das ist leichter gesagt als getan, hat er doch noch nicht einmal die Lateinschule in Essen bis zum Ende durchlaufen. Bezeichnend, daß von dieser Zeit an das

Reiten bis ins hohe Alter sein Hobby ist. Dauernde Ermahnung und ständiger Druck der Großmutter erreichen wenigstens auf diesem Gebiet durch ungestüme Versuche wie durch planvolles, konsequentes Training die »vollständige Beherrschung und Gebrauchsfähigkeit des Pferdes«. Das verschafft ihm nicht nur in Familie und Nachbarschaft Ansehen und Anerkennung, sondern der gutaussehende Bürgerssohn verdreht auch den Mädchen aus den sogenannten guten Familien die Köpfe. Die sechzehnjährige Therese Wilhelmi, Tochter eines angesehenen Kaufmanns und spätere Ehefrau Friedrich Krupps, schreibt: »Liebe Schwester! Wie ich am Donnerstag abend nach Hause kam gab mir Ludewich den brief mit Freiden und in der geschwindigkeit flohe ich die Treppe herauf und brag ihn offen aber wie schlug ich die augen nieder als ich keinen von K. (Krupp) dabey fand und seit der zeit bin ich auch immer nicht munter gewesen wüßte ich doch jetzt ob er meinen brief hette oder nicht ich treume fast alle nacht von ihm o sehe ich ihn doch recht bald wieder wie würde ich mich freuen ...«
Ihr Traum geht in Erfüllung, und schon zwei Jahre später wird sie, mit einer Puppe auf dem Arm, auf die Straße springen und jubelnd ausrufen: »Ik sin Brut, ik sin Brut.« Stolz gibt Friedrich Krupp (1808) in der Heiratsanzeige als Wohnorte Essen und die ihm gerade von der Großmutter geschenkte Gutehoffnungs-Eisenhütte zu Starkrath an. Das weist den gerade Einundzwanzigjährigen nicht nur als Mitglied einer alten Patrizierfamilie aus, sondern auch als Eigentümer einer aufstrebenden Fabrik, die sich dem neuen Gebiet des Maschinenzeitalters geöffnet hat.
Mögen Mißerfolge und Rückschläge in dem Unternehmen den Mann der lebensklugen Theresia und den Vater der vier Kinder auch manchmal an den Rand

Eine fruchtbare Verbindung: Theresia (1790-1850) und Friedrich Krupp (1787-1826) begründen im frühen 19. Jahrhundert die Stahl-Dynastie der Familie. Generationen von Krupps werden ihnen folgen.

der Verzweiflung treiben, sie können Verstand, Kraft und ausgeprägtes Selbstwertgefühl nicht zerstören. Die Hartnäckigkeit, mit der Friedrich Krupp das von der Großmutter eingeimpfte Bewußtsein vom Auserwähltsein in sich verteidigt, weist auf eine Art persönlicher Religiosität hin, die mit unwürdiger Aufrechterhaltung einer strahlenden Fassade nicht das geringste zu tun hat. Die ganze Familie, besonders die beiden Buben, werden in diese »Berufung« miteinbezogen. Und so ist es nur konsequent, wenn er Angriffe auf sie leidenschaftlich und in aller Schärfe zurückweist. In einem Brief an den Direktor des Essener Gymnasiums fordert er mehr Gerechtigkeit für seinen Sohn Hermann: ». . . Durch Hermann habe ich freilich erfahren, daß bei Ihrer gefälligen Untersuchung seine Mitschüler erklärt hätten, er wäre von selbst gefallen, da er aber fest behauptet, gestoßen worden zu sein und kein Lügner ist, so muß ich Sie dringendst ersuchen, diesen Gegenstand strenger zu untersuchen, damit ähnlichem Unfug hierdurch vorgebeugt wird. Übrigens habe ich in Erfahrung gebracht, daß der Herr Lehrer Wilberg meinen Sohn Hermann kürzlich unverschuldet an den Ohren aufgezogen hat, ohnerachtet er nicht zu seiner Klasse gehört, welches äußerst Unrecht ist, und wenn ich bei dem letzten Freudenfest in der Societaet mit H. Wilberg einen Wortwechsel gehabt habe, so erdulde ich es durchaus nicht, daß meine Kinder hierdurch leiden sollen ...«

Besonders ungehalten wird Friedrich Krupp immer dann, wenn es um seinen ältesten Sohn Alfr(i)ed geht. Er ist nicht nur von den genialen Fähigkeiten des Jungen überzeugt, sondern er traut ihm auch zu, das begonnene Werk erfolgreicher als der Vater zu vollenden.

Das Sendungsbewußtsein, das Friedrich Krupp sein ganzes Leben lang beherrscht, wirkt sich aber nicht nur in der Familie, sondern auch in der Öffentlichkeit aus. Die in der Vergangenheit geistlich regierte Stadt Essen ist schon etliche Jahre säkularisiert, hat sich unter den Schutz Napoleons gestellt und steht nun unter französischer Verwaltung. Der Preis für die relative Sicherheit ist groß: Kriegskontributionen müssen entrichtet und Soldaten für die Kriege Napoleons gestellt und unterhalten werden.

Doch mit der Besatzung sind auch die Forderungen der Französischen Revolution nach Essen gekommen und haben Hoffnung auf eine bessere Welt geweckt. Während in Preußen weitsichtige Männer den Staat durch Reformen erneuern und vor allem das Bildungswesen umgestalten, wirbt der 24jährige Friedrich Krupp als einfacher Bürger der Stadt um eine

»Collecte für die Schule«, damit auch in Essen die Zahl derer, die lesen und schreiben lernen, rasch ansteige: »Schon längst war es bekanntlich ein dringendes Bedürfnis, die Schulzimmer gehörig zu erweitern, damit sie unsere so zahlreiche Jugend bequem fassen könnten ... Was für die Jugend und zum Besten derselben unter uns getan wird, ist unstreitig die edelste und folgenreichste Wohltätigkeit, die der Menschenfreund nur üben kann.«

Ein Jahr später wird er vom Maire (Bürgermeister) zum »conseiller municipal« (Stadtrat) vorgeschlagen. Während andere wohlhabende und angesehene Patrizier, unter ihnen auch sein Schwager von Müller, es ablehnen, den französischen Verwaltungsrat in Essen zu unterstützen, wird Friedrich Krupp am 9. November 1812 zum »Munizipalrat« ernannt und bestellt. Er leistet den Beamteneid und organisiert als erste Amtshandlung die Unterbringung durchziehender französischer Soldaten in Bürgerhäusern. Ob überstelgertes Geltungsstreben, Geschäftsgeist, Verantwortungsgefühl oder ganz einfach Dummheit ihn bewogen haben, sozusagen in letzter Minute ein solches Amt anzunehmen, sei dahingestellt. Jedenfalls entscheidet sich in den Tagen, an denen Friedrich Krupp in sein neues Amt eingeführt wird, in Rußland das Schicksal der »Großen Armee«, der Feldzug scheitert, Napoleon verläßt das sich auflösende Heer und eilt bei Nacht und Nebel in einem Schlitten nach Paris.

Es wäre verständlich, wenn einzelne Bürger auch in Essen aus diesem Zusammenbruch Folgerungen gezogen und sich den Befreiungsbewegungen angeschlossen hätten. Aber in dieser Stadt sieht man in den Franzosen keine Feinde, und der eifrige Munizipalrat kann seine Aufgaben erfüllen, ohne bei der Bevölkerung in Mißkredit zu kommen. Die Bürger schätzen nach wie vor seine offene und praktische

Art, die Dinge anzugehen, bewundern seine Hilfsbereitschaft und belächeln, daß ein Wort zur rechten Zeit sich einstellt, wenn ihm der Sachverstand fehlt.
Pastor Bohnstedt charakterisiert seinen Schwippschwager und die Gesellschaft, in der er sich bewegt, so: »Du, lieber Krupp, hast – ich beziehe mich im voraus auf vorstehende Bemerkung über die Offenherzigkeit! – Du hast den Fehler an Dir, daß Du, besonders in Gesellschaften, Deiner heiteren Laune allzu-freien Lauf lässest, die Verhältnisse der Gesellschaft – Alter, Geschlecht, Familienverbindungen usw. – nicht berücksichtigest, und so manchmal Worte redest, die die Gesellschaft in eine peinliche Lage versetzen, indem sie nicht recht weiß, ob sie schweigen, oder Dich verlassen, oder Dir Deine Unanständigkeit vorwerfen soll ... Übrigens freilich sind Deine strenge, freimütige Rede in Dingen, wo es auf das Recht ankommt, und Deine heitere Laune in gesellschaftlicher Unterhaltung und manche andere gute Eigenschaft, achtungswert und angenehm.«
Und um das Recht in der Stadt bemüht sich Friedrich Krupp auch nach 1815 noch, als aus dem »Maire« wieder der Bürgermeister, aus den »Adjoints« die Beigeordneten und aus den »Conseillers municipaux« wieder die Stadträte geworden sind. Vor allem treibt er den Straßenbau in der Stadt und der Umgebung voran, und als verantwortlicher Brandoffizier setzt er eine »Neuorganisation der Feuerwehr in Essen« durch. In beiden Fällen appelliert er, um der Stadt Kosten zu ersparen, an die Eigeninitiative der Bürger und erreicht, daß aus den Wegen, die »so wenig von Menschen als noch weniger von Fuhrwerken ohne Gefahr passiert werden« können, ordentlich gepflasterte Straßen werden, auf denen die Bürger »beim Ausbruch eines Brandes, das in ihren Häusern vorrä-

Die erste Kruppsche Gußstahlfabrik sieht noch aus wie ein friedlicher Bauernhof. Der rauchende Schlot freilich wird zum Symbol für den Aufstieg des Stahl-Imperiums.

tige Wasser schleunigst nach der Brandstelle« befördern können.

Erst im Herbst 1824, nachdem er, an Leib und Seele krank, aus der Stadt in das Aufseherhäuschen bei der Fabrik gezogen ist, sucht Friedrich Krupp um Entlassung aus allen städtischen Ehrenämtern nach, weil es ihm nicht mehr möglich sei, »für die Stadt nützlich zu würken«.

Friedrich Krupps Verhältnis zum Staat, der über die Stadtgrenze hinausreicht, wird geprägt durch eine Preisaufgabe Napoleons, der während der Kontinentalsperre dem Hersteller von Gußeisen englischer Qualität eine Belohnung von 4000 Franken ausgesetzt hat. Für einen Kolonialwarenhändler ist das viel Geld, zumal er »bei den mißlichen Handlungsverhältnissen keinen Gefallen mehr im Spezereigeschäft« findet und in der Gußstahlfabrikation die Möglichkeit sieht, den Traum der Großmutter zu verwirklichen, etwas ganz Großes zu schaffen. Der Staat bietet ihm die Chance, sein Vermögen und seine Existenz zu wagen. »Ich werde übrigens jederzeit beweisen, so lange mich Gott bei Gesundheit und Kräften erhält, daß ich ein nützlicher Staatsbürger bin, der eher für das Wohl, als für den Nachteil des Staates sorgen wird. Die Ausführung zur Vergrößerung und Verbesserung meiner Fabrik ist nicht allein für mich, sondern auch für das Allgemeine zu wichtig, als daß ich damit zögern dürfte, und ich bin gewiß, dies auch vollkommen auszuführen, wenn ich auf angemessene Unterstützung des Staats rechnen darf.« Wenn allerdings die Staatsverwaltung in Notsituationen »das erforderliche Kapital nur unter lästigen Bedingungen oder Kontrollen« zugestehen will, dann muß er »als Mann von Ehrgefühl darauf verzichten«, auch wenn das »ein bedeutender Verlust für die Fabrikanten und auch für den Staat selbst« ist.

Doch bis dahin ist noch ein weiter Weg. Zunächst ist Friedrich Krupp auf keine Hilfe von außen angewiesen. Die Großmutter hat die drei Kinder ihres bereits verstorbenen Sohnes als Erben eingesetzt. Nach ihrem Tod am 9. Mai 1810 bekommt Friedrich, als der

Älteste, nicht nur das Geschäft am Flachsmarkt, sondern er ist mit einem Schlag durch die vielen Grundstücke und zweihunderttausend Taler in bar auch in der Lage, besondere und eigene Wege zu gehen. Das Vermächtnis der Großmutter verpflichtet ihn, und er will das in vielen Köpfen spukende Geheimnis des Stahlgießens ergründen. Was in England, das soll auch in Deutschland, vor allem im Ruhrgebiet möglich sein. Hier gibt es zwar viele kleine Werkstätten, in denen geringe Mengen »Englischen Stahls« nach familienüberlieferten Rezepten erzeugt wird. Die einzelnen Schmelzer und Schmiede können aber weder quantitativ noch qualitativ so viel kohlenstoffarmes Eisen (Stahl) herstellen, wie das heraufziehende Maschinenzeitalter benötigt. Friedrich Krupp erkennt, daß es zeitgemäß wäre, die in den einzelnen Schmieden stehenden Kuppelöfen als Zulieferer für eine zentrale Gußform in einer großen Fabrik zusammenzustellen. Dort könnte man nach einem einmal gefundenen Verfahren und nicht nach tausend überlieferten Geheimrezepten die Luft aus dem Eisen vertreiben und es so lange bearbeiten, bis es sich gut walzen und schmieden ließe. Glücklicherweise besitzt der Vierundzwanzigjährige nach dem Tod der Großmutter genügend Kapital, die hochfliegenden Pläne auch in die Tat umzusetzen. Als dann noch zwei ehemalige Offiziere, die Brüder von Kechel, beide »Stahl Fabrikanten« auftauchen und ihm versichern, profunde Kenntnisse für die Herstellung von Stahl zu besitzen, da gründet Friedrich Krupp am 20. 11. 1811 kurzerhand eine Gesellschaft »wegen Etablierung einer Stahl Fabrik«. Im Gesellschaftsvertrag wird festgehalten: »Das Kapital oder der nötige Fond zur Betreibung dieser Fabrik wird von dem Herrn Kaufmann Friedrich Krupp gegen vier vom Hundert Zinsen vorgeschossen ... Die Herren von Kechel versprechen ...

Die
GUSSSTAHL - FABRIK
von
FR. KRUPP
bei
ESSEN
in Rhein - Preussen
liefert GUSSSTAHL in Stangen käntig und rund von allen Dimensionen, geschmiedete Stampfen und Gesenke von ein halb bis 300 Pfund per Stück, Münzstempel und Gärberwerkzeuge.
Ferner werden verfertigt:
gehärtete und polirte Gussstahlwalzen
von jeder Dimension bis zu 24 Zoll Bahnlänge. Die Vollkommenheit derselben zu jeder Verwendung wird garantirt.
Bestellungen auf
HANDWALZEN ODER AUF GRÖSSERE WALZWERKE
für Münzanstalten, Gold-, Silber-, Plattir-, Bronce- und dergleichen Fabriken, nebst der zur Leitung der Betriebskraft erforderlichen Maschinerie können in kurzer Frist ausgeführt werden
Bei Bedarf einer Dampfmaschine zum Betriebe übernimmt die Fabrik die Anlieferung derselben und die Aufstellung des Ganzen.
Endlich liefert die Fabrik auch, namentlich für Kirchen,
DIE NEU ERFUNDENEN GUSSSTAHL - GELÄUTE
vollständig harmonisch gestimmt, mit Resonanz-Boden und der mechanischen Vorrichtung zum Läuten versehen.
Ueberreicht durch

Mit dieser Geschäftskarte wirbt die Firma Krupp in den Jahren 1840-1845 für ihre Produkte.

all jene zu Betreibung dieser Fabrik erforderlichen Kenntnisse und Wissenschaften zu samt allen Handgriffen, die zur praktischen Kenntnis der Fabrik zu wissen nötig sind, dem Herrn Friedrich Krupp gründlich beizubringen und zu lehren ...«
Doch die beiden abgehalfterten Offiziere haben außer ihrer Uniform, auf die der obrigkeitstreue Kaufmann hereinfällt, nichts zu bieten, weder Wissen noch Können. Bis aber Friedrich, der den beiden in der neuen Fabrik freie Hand läßt, hinter die Scharlatanerie schaut, ist es zu spät. Da hilft es auch nicht mehr, daß die Fabrik »unter dem Namen Friedrich Krupp in Essen« geführt wird, die Zulieferfirmen stellen ihre Sendungen ein, das Unternehmen kann die angenommenen Aufträge nicht ordnungsgemäß erfüllen. Mah-

nungen und Forderungen machen aus dem liebenswerten Kaufmann einen verbitterten Grobian. »Um Ihnen zu zeigen, wie sehr ich Ihre Dummheit zu würdigen weiß, erlaube ich Ihnen, die für den Betrag Ihrer Rechnung erhaltenen Waren sämtlich mir gleich zurück zu erstatten, sonst aber den Betrag derselben mir gleich ohne irgend einen Abzug bar zu entrichten. Wenn Sie ein Mann wären, der die geringsten Handlungskenntnisse besäße, dann würden Sie gewiß eine so großmütige Antwort von mir nicht haben gewärtigen können. Dies nehmen Sie zum Maßstab Ihrer künftigen Handlungen von mir an.« Solch ungehöriges Geschäftsgebaren steht im krassen Widerspruch zum Umgangston, den der Fabrikherr mit seinen Arbeitern und Angestellten pflegt. Gerade im Jahr 1813, als die Schuldenlast ihn zu erdrücken droht und er Geld beim Bruder und Schwiegervater aufnehmen muß, gewährt er einzelnen Arbeitern nicht nur Krankengeld, sondern zahlt auch, was ganz unüblich ist, ihre Arztrechnungen. Doch diese großzügigen Gesten verhindern das Desaster nicht, in das die Fabrik gerät, zumal die politischen Verhältnisse sich auch gegen den jungen Unternehmer richten. Die Kontinentalsperre, auf der sein Unternehmen aufgebaut ist, wird nach dem Sturz Napoleons aufgehoben, und englischer Stahl ist auf dem europäischen Markt wieder in ausgezeichneter Qualität und preiswerter zu haben, als er in Essen hergestellt wird. Aber erst als die nächsten Verwandten ihre weitere Hilfe versagen und auf die Entlassung der unfähigen Gebrüder von Kechel drängen, kündigt er den beiden Offizieren am 6. 11. 1814: »Ich zeige Ihnen hiermit an, daß ich von nun an meine Fabrik, so gut ich kann, für mich selbst ohne Ihre Beihilfe zu vervollkommen und zu betreiben suchen werde; und da ich Ihnen alle Vertragspflichten treu geleistet, Sie die Ihrigen aber nicht erfüllt, so behalte ich mir meine Schadloshaltung ausdrücklich vor ...«

Trotz einer Schuldenlast von 20 000 Reichstalern und trotz der gutgemeinten Ratschläge des Bruders, die Stahlfabrikation ganz aufzugeben, verpflichtet Friedrich Krupp, knapp ein Jahr später, den »Stahl-Fabrikanten« Nicolai, dem das Königl. Brandenb. Preuß. Oberbergamt ein Patent erteilt hat, den »besten bis jetzt gefundenen englischen Gußstahl« gefunden zu haben, »der den Vorzug hat, daß er schweißbar sowohl, als unschweißbar geliefert werden kann.« Wieder läßt sich Friedrich Krupp von dem Titel eines preußischen Rittmeisters und von einem staatlichen Dokument blenden. Die Folgen dieser Leichtgläubigkeit sind schlimm, ja katastrophal. Nur über eine gerichtliche Schließung und Versiegelung der Fabrik kann Friedrich Krupp den Mann wieder loswerden, der weder von der Stahlerzeugung noch von Menschenführung etwas versteht. Mit mehr als 30 000 Reichstalern Schulden verläßt er sich fortan nur auf sich selbst. Geschäftsverbindungen, die er mit den preußischen Münzämtern zwecks Stahllieferung für Prägestempel aufnimmt, machen ihn zuversichtlich und übermütig. Anstatt das Vorhandene erst einmal auf sicheren Boden zu stellen, wie ihm Freunde und Verwandte raten, will er den sofortigen Umschwung, das »ganz Große« schaffen. Obwohl er noch immer nicht in der Lage ist, Stahl von gleichmäßiger Güte herzustellen – eine Voraussetzung für dauernde Belieferung der preußischen Münzämter – drängt er unruhig weiter: Eine größere Fabrik muß her, damit er die Münzanstalten aller deutschen, ja aller europäischen Staaten beliefern kann. Ohne auf die hohen Schulden zu achten, beschäftigt er sich von 1818 an »ganz allein mit dem technischen Fach und dem fast immer fortwährenden Bauwesen«. Am Ufer der

Qualität kennt keine Grenzen: Diese von Friedrich Krupp nach Portugal gelieferte Goldwalze arbeitet noch heute einwandfrei.

Berne, die das Antriebsrad des 360 kg schweren Hammers in Betrieb setzen soll, entsteht die neue Fabrik, ein für die damaligen Verhältnisse riesengroßes Gebäude mit zehn Toren, vierundachtzig Fenstern, elf Schornsteinen und mit einer möglichen Tageskapazität von 45 Kilogramm Stahl. Aus einem Brief an seinen Freund Goedeking spricht Stolz auf die eigene Leistung und Verärgerung über das verwehrte Darlehen des preußischen Staates: »Ich habe also auch den großen schönen kostspieligen Bau rasch vollendet, ohne Trost und Unterstützung vom Staate zu finden.« Doch auch dieses Mal sollten aus den Blütenträumen keine Früchte hervorgehen. Nicht nur die Berne macht ihm einen Strich durch die Rechnung, als sie schon im ersten Sommer aus Wassermangel das Antriebsrad nicht dreht und so die ganze

Fabrik still legt. Da der Bau nicht nur die letzten flüssigen Mittel verschlungen und die Schuldenlast noch unerträglicher gemacht hat, muß Friedrich Krupp vor allem die Eisenlieferungen auf Pump bestellen. Der geringe Verdienst reicht nicht aus, die aufgelaufenen Verpflichtungen und Zinsen zu bezahlen. »Schon längst haben wir erwartet, daß Sie den Rückstand von 1818 an uns bezahlen würden, allein noch immer vergebens, und es scheint, daß wir unsere Befriedigung in der Güte nicht erhalten sollen ... daß wenn wir vor dem 15. Dezember dieses Jahres (1820) keine Zahlung erhalten, wir Ihnen am hiesigen Stadt- und Landgericht belangen werden.«

Als dann der eigene Schwiegervater, der in Geldangelegenheiten auch über die Bitten seiner Tochter hinweggeht, Friedrich Krupp durch Gerichtsbeschluß zwingt, umgehend 14 500 Taler an Kapital und Zinsen zu zahlen, da muß der mittellose Fabrikant sein Wohnhaus am Flachsmarkt und weitere Grundstücke an den Großvater seiner vier Kinder abtreten und mit der Familie hinaus in das armselige Aufseherhäuschen bei der Fabrik umziehen. Auch wenn Friedrich Krupp sich von diesem Tag an ganz der Aufsicht der Fabrik widmet, die Auseinandersetzung mit der eigenen Familie hat seinen Lebensnerv getroffen. Nur mühsam schleppt er sich durch die fast leere Fabrikhalle, spricht hier mit den fünf Schmelzern, ermuntert dort die beiden letzten Schmiede und überläßt dem ältesten Sohn, der gerade zwölf Jahre alt ist, die Ausführung der wenigen Aufträge. Aber er weckt in dem aufgeweckten Jungen die Hoffnung und den Willen, eines Tages etwas »ganz Großes« aus der Fabrik zu schaffen. Daß er selbst diesen Glauben nie verloren hat, zeigt der letzte Brief Friedrich Krupps, den er am 7. 10. 1826, also einen Tag vor seinem Tod, schreibt: »Mit meiner Gußstahlfabrik ist wohl in der Art eine

Schmelzbau und Aufseherhaus (»Stammhaus«) der neuen Fabrikbauten von 1819.

Veränderung vorgegangen, daß sie jetzt besser im Stande ist wie früher, so daß ich kaum genug produzieren kann.«

Von Alfred, seinem vierzehn Jahre alten Sohn und Nachfolger, ist überliefert, daß er kaum die Zeremonien der Beerdigung hat abwarten können, so sehr habe es ihn vom Friedhof in die Fabrik getrieben, um den so früh verstorbenen Vater »zu rächen« und das begonnene Werk zu vollenden. Alfred Krupp ist der erste gewesen, der sich ein Bild von dem geliebten Vater gemacht hat. Für ihn ist er der geniale Firmengründer, der allen Widerwärtigkeiten zum Trotz mit kühnem Mut und verwegenem Charakter das einmal begonnene Werk nicht aufgegeben hat. Seiner Familie, der Heimatstadt, ja der ganzen Welt will er demonstrieren, daß der Vater den richtigen Weg eingeschlagen hat. Und der Sohn bleibt mit seiner Einschätzung nicht allein. Schon bald nach dem Tod

des Neununddreißigjährigen sieht man in Friedrich Krupp den Prototyp des deutschen Unternehmers am Beginn der Industrialisierung.
Er hatte pläneschmiedendes Temperament, unternehmerischen Weitblick und die Witterung für das Zeitgemäße. Vor allem aber beeindruckt der unermüdliche Einsatz Friedrich Krupps für Familie und Fabrik, die unerhörte Beharrlichkeit und nicht zuletzt die aufopfernde Tätigkeit zum Wohle seiner Heimatstadt und der Allgemeinheit.
Und doch ist Friedrich Krupp ein sonderbares Unikum in der Familiendynastie der Krupps, einer der Unfähigsten. Seine Gegner tadeln die ungezähmte, immer weiterstrebende Ehrsucht, mokieren sich über das von Frauen verwöhnte Patriziersöhnchen, das, nach billigem und raschem Ruhm haschend, die sozialen Probleme der Zeit gar nicht zur Kenntnis genommen habe. Sie betonen seine handwerkliche und kaufmännische Unfähigkeit und finden Genugtuung darüber, daß der hochstilisierte Firmengründer schließlich im selbstverschuldeten Bankrott untergegangen sei.
Friedrich Krupp ist beides gewesen: ein ehrgeiziger Träumer und Versager mit Hang zur Selbstüberschätzung und ein vorwärtsdrängender Geist, der mit der Gründung der Gußstahlfabrik im September 1811 den Anstoß dazu gibt, daß sich das Familienunternehmen, die Heimatstadt Essen, ja das ganze Ruhrgebiet in einen industriellen Giganten verwandelt.

Alois Weimer

Friedrich Krupps Lieblingssohn Alfred macht's möglich: Er entwirft den als »Weltw der« gepriesenen Dampfhammer »Fritz« (Bild oben). Fortan können auch beson große Werkstücke aus Gußstahl ausgeschmiedet werden. Dieser Hammer mit ei Fallgewicht von 1000 Zentner bleibt 50 Jahre lang in Betrieb. Unten: Fertige Rads für die Eisenbahnen werden ein Großauftrag für Friedrich Krupp.

Lebensweg

Friedrich Krupp wird am 17. Juli 1787 in Essen geboren. Sein Vater Friedrich Wilhelm Krupp ist zwar Kaufmann wie die anderen Vorfahren auch, das umfangreiche Familienerbe und das Handelsgeschäft wird aber von der Großmutter Amalie Krupp-Ascherfeld verwaltet. Die Mutter stammt ebenfalls aus einer begüterten und angesehenen Familie vom Forsthof bei Ratingen.

Über die Schulbildung Friedrichs ist nichts überliefert, dagegen finden sich schon Eintragungen des Zwölfjährigen in den Geschäftsbüchern der Gemischtwarenhandlung; wahrscheinlich ist der Junge nach kurzem Besuch der Schule von der Großmutter im eigenen Betrieb als Kaufmann ausgebildet worden. Nach der Lehrzeit wird er unter Anleitung tüchtiger Geschäftsleiter in die Arbeit der Gutehoffnungshütte eingeführt.

Damit er ein »ordentliches Auskommen« hat, schenkt die Großmutter dem Zwanzigjährigen zur Hochzeit die Gutehoffnungshütte. Friedrich heiratet Theresia Wilhelmi, die Tochter eines reichen und angesehenen Kaufmanns, die vier Kindern das Leben schenkt.

Mit den Brüdern von Kechel gründet er am 20. November 1811 die Firma Friedrich Krupp »zur Verfertigung des Englischen Gußstahls und aller daraus resultierenden Fabrikaten.« Die Erfolge bleiben weit hinter den Erwartungen zurück, und schon nach zwei Jahren muß die Arbeit in der Fabrik fast ganz eingestellt werden. Am 6. November 1814 trennt sich Krupp mit einer Schuldenlast von 20 000 Reichstalern von seinen Gesellschaftern.

Gegen den Rat von Freunden und Verwandten arbeitet er weiter an einem brauchbaren Verfahren zur Stahlgewinnung und schließt im Sommer 1815 einen neuen »Gesellschafts-Gußstahl-Fabriquen und Handelsvertrag« mit Friedrich Nicolai ab, einem preußischen Rittmeister und »Stahl-Fabricanten«. Wieder ist Friedrich Krupp an einen Scharlatan geraten, der das Unternehmen weiter ins Verderben führt.

1817 tritt er mit den preußischen Münzämtern in Kontakt und erhält über den Generalmünzdirektor Goedeking Aufträge zur Lieferung von Prägestempeln. Obwohl die Schulden noch lange nicht getilgt sind, baut Krupp 1818/19 eine neue kostspielige Fabrik. Die Baukosten übersteigen die Möglichkeiten, und Krupp kann die notwendigen Lieferungen an Eisen und Kohlen nicht mehr bezahlen. Hinzu kommt, daß die Aufträge des preußischen Staates in Stahl und Münzstempeln zurückgehen und Friedrich im Dienste der städtischen Verwaltung seine Kräfte verzettelt. Als er dann im Frühjahr 1823 auch noch krank wird und die Fabrik wochenlang meiden muß, gehen die Geschäfte noch einmal zurück, so daß nicht einmal die Zinsen für das aufgenommene Kapital bezahlt werden können. Ein Gerichtsurteil zwingt Krupp, das Wohnhaus am Flachsmarkt und weitere Grundstücke zu verkaufen und mit der Familie in das ärmliche Aufseherhäuschen bei der neuen Fabrik zu ziehen. Doch die Krankheit hindert ihn, die Aufsicht über die wenigen noch verbliebenen Arbeiter zu führen. Mehr und mehr überläßt er die Geschäftsführung dem zwölfjährigen Sohn Alfred.

Am 8. Oktober 1826 erliegt Friedrich Krupp, erst neununddreißig Jahre alt, einer Brustwassersucht.

CARL VON LINDE

Der coole Pfarrerssohn

Carl Linde ist der Sohn eines evangelischen Pfarrers. Das prägt. Eine ganze Gemeinde schaut auf das Pfarrhaus und erwartet, daß dort, den Sonntagspredigten gemäß, christliches und bürgerliches Leben beispielhaft gelebt wird. Vor allem stehen die Kinder immer auf dem Präsentierteller, und mit und an ihnen kann der Pfarrer zeigen, daß sein Tun mit der evangelischen Verkündigung in Einklang steht. Besonders an Carl will der Vater die innere Stimmigkeit zwischen Lehre und Erziehungsmethode demonstrieren. Getreu dem Lutherwort, daß Frau Musica die beste Verkünderin des Gotteswortes sei, bildet der Vater aus seiner Familie einen kleinen singenden und musizierenden Kreis, der an hohen Festtagen die Gemeinde im Kirchenlied eint. Carl spielt die Violine, und es ist kein Zufall, daß es in seinem Leben immer wieder die Musik gewesen ist, die einen »Kreis von bald enger befreundeten Kollegen zusammenführte«.

Von ähnlicher Bedeutung für die Entwicklung Carl Lindes ist die Literatur. Wie in anderen Pfarrhäusern, so gilt auch in seinem Elternhaus die Sprache als die Seele der Dinge. Sie wird durch abendliches Vorlesen der Bibel im Kreise der Familie gepflegt. Schwierige Perikopen werden analysiert und gedeutet, damit sich aus dieser Wortkultur Glaube und christliches Handeln entwickeln. Aber nicht nur auf die Frohe Botschaft richtet der junge Carl Linde sein Interesse. »Der Inhalt der klassischen deutschen und der französischen Literatur soweit ich ihrer habhaft werden konnte, hielt mich fest in seinem Bann. Die Welt des ›höheren Menschentums‹ und ihre Darstellung zogen mich so unwiderstehlich an, daß ich zeitweise ernstlich daran dachte, mein Leben solcher Darstellung zu widmen.« Kein Wunder, daß Carl Linde nicht nur während seiner Studienzeit in Zürich literarische Vorlesungen von Friedrich Theodor Vischer über Goethes Faust und Shakespeares Dramen hört, sondern sein ganzes Leben hindurch der Dichtung und der Kunst verbunden bleibt.

Noch mehr als Literatur interessiert den jungen Carl freilich die Natur und ihre Erforschung. Den von »den Eltern ererbten und besonders gepflegten Sinn für Bewegung in der freien Natur und für bewußten Genuß ihrer Schönheiten« entwickelt er systematisch durch ausgedehnte Wanderungen, auf Bergtouren »im Winter unter tagelangem Kampf mit dem tiefen Schnee der dortigen Hochlage« und in stundenlangen Dauerläufen. Für den Pfarrerssohn ist die Natur der Raum, in dem er sich bewähren, in dem er seine Herrschaft über die Dinge und über sich selbst errichten kann. Es erfüllt ihn mit Genugtuung, wenn er »bis an das äußerste Ende der Kräfte ging – bis zu heftigen Schmerzen«, und er empfindet es gleichzeitig als eine Art Gottesdienst, wenn er die Natur besiegt, sie sich untertan macht und über sie triumphiert.

Mit zunehmenden Jahren genügt die sportliche Eroberung der Natur nicht mehr, und Carl Linde ahnt, daß auch die Naturerkenntnis Befriedigung verschaffen kann. Ausgelöst wird diese Wende durch den wiederholten Besuch einer großen Baumwollspinnerei in Kempten. »Insbesondere die großen Kraftmaschinen – Turbinen und Dampfmaschinen – zogen

Linde wächst im Schatten der Kirche auf: Das elterliche Pfarrhaus steht neben der St.-Mang-Kirche in Kempten.

mich mächtig an und übten eine Wirkung aus, die für meine Berufswahl entscheidend geworden ist.« Für den Vater ist der Entschluß seines Sohnes, Maschinenbauer zu werden, eine große Enttäuschung, hätte er doch lieber gesehen, wenn dieser den »theologischen Beruf« gewählt hätte. Andererseits versteht er aber den Jungen, hat er ihm doch selbst vermittelt, daß es die Aufgabe des Menschen sei, die in der Natur liegenden Potenzen zu erkennen, sie zu nutzen und zu bewahren.

Vor allem fasziniert Carl Linde sein ganzes Leben hindurch, wie die »mächtigen Naturkräfte« verwendet werden können, »um eine große Zahl von Arbeitsmaschinen zu betreiben«. Nach dem Studium ist es deshalb unerläßlich, in Berlin »die Handarbeiten des Maschinenbaues in längerer Werkstättenpraxis zu

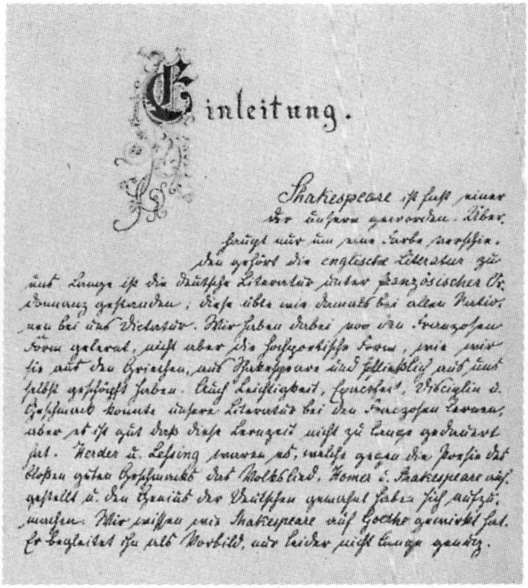

Einleitung.

Carl Linde hat mehr als nur Maschinen im Kopf. Seine Liebe zur Literatur zeigt sich in dieser Abschrift einer Shakespeare-Vorlesung, die er – kunstvoll verziert – seinen Schwiegereltern schenkt.

erlernen« und das Gelernte in München in der Lokomotivfabrik Krauß und Co. anzuwenden. Dabei lernt er sehr schnell, was er später an der Hochschule lehrt: Die Natur als Objekt der rechnenden Vernunft anzusehen und zu berechnen, was berechenbar gemacht werden kann. Zum erstenmal führt ihn diese Grundhaltung zum Erfolg, als er »die Biegungsmomente und Massendrücke bei Trieb- und Kuppelstangen« studiert und dabei erkennt, daß der doppel-T-förmige Querschnitt stabiler und ökonomischer ist als der bis dahin übliche rechteckige. Der einmal eingeschlagene Weg führt den Naturwissenschaftler und Professor zur Theorie der Kältemaschinen. Auf ihrer Grundlage konstruiert und verbessert Carl Linde Maschinen nach dem Kompressionsverfahren, dringt in das Gebiet der Tieftemperaturtechnik ein, verflüssigt Luft,

gewinnt Sauerstoff aus Luft, baut einen Stickstoffapparat und ist schließlich maßgebend beteiligt an der Herstellung von Wasserstoff aus Wassergas.
Mit einer erkenntnisbedingten Entfremdung von der Natur, die sich bei der streng wissenschaftlich-technischen Arbeit normalerweise einstellt, muß Carl Linde sich nie auseinandersetzen. Zu fest hatte das Elternhaus in ihm das Wissen verankert, daß die Wahrheiten der Natur von ehrfurchtsgebietender Schönheit seien. Und je tiefer er in Einzelheiten und Besonderheiten seines Spezialgebietes eindringt, um so nachhaltiger wird er von der Harmonie des Ganzen bewegt. So wird es für ihn ein Bedürfnis, in bestimmten Abständen die Arbeit stehen und liegen zu lassen und hinauszufahren in das Haus auf dem Salzberg bei Berchtesgaden, um sich im Gebirge dem Gleichgewicht und dem Frieden der Natur hinzugeben.
Ebenfalls auf seine Herkunft aus dem Pfarrhaus ist es zurückzuführen, wenn Carl Linde in einer Zeit, in der von Fortschrittskrise und von Verantwortung für die Natur noch keine Rede ist, wenn er damals schon darauf hinweist, daß es die Aufgabe des Menschen sei, die Natur als Schöpfung und Geschenk Gottes zu bewahren und zu erhalten. Das waren für ihn keine leeren Worte. Aus Prinzip weigert er sich beispielsweise, in München ein Auto zu benutzen, weil es die Umwelt mit Abgasen verpeste. Statt dessen kutschiert er mit einem eigens für ihn gebauten Elektromobil durch die Stadt.
Doch die Natur als Verantwortungsraum des Menschen hätte nicht die Bedeutung im Leben Carl Lindes gewinnen können, wenn nicht der Vater in dem Jungen auch ein Arbeitsethos gepflanzt und entwickelt hätte, das diesen bis ins hohe Alter bestimmt. Für Carl Linde hat die Arbeit eine religiöse und eine humanisierende Bedeutung. Wer die Last des Berufes gehor-

Premiere 1875: Das von Carl Linde errichtete »Laboratorium für Theoretische Maschinenlehre« ist das erste dieser Art an einer Technischen Hochschule.

sam annimmt, der erfüllt Gottes Gebot, hilft damit immer auch den Mitmenschen und überwindet in seinem Herzen den Hochmut und die Selbstsucht. Beschämt bekennt der Student dem Vater in einem Brief, daß er viele Jahre lang ohne inneren Trieb zur Arbeit die Zeit vertändelt habe. »Jetzt, da ich endlich das Beglückende des ›bete und arbeite‹ empfinde, verstehe ich erst den tiefen Widerwillen, den es in Dir erwecken mußte, mich kaum das Unumgängliche tun zu sehen ... In der Lust, die ich zu meinen Studien habe, sehe ich auch einen Beweis dafür, daß ich bei der Wahl meines Berufes keinen Fehlgriff getan habe, daß im Gegenteil diese konkreteren Wissenschaften, denen ich nun obzuliegen habe, konzentrierend auf mich gewirkt haben, während die ›gelehrten u. schönen Disziplinen‹ wahrscheinlich eher zerstreuende Momente für mich geworden wären. Dies habe ich

auch immer gefühlt, und nun ist mir die Wahrheit des Goetheschen Satzes ›Der Mensch muß ein Handwerk haben‹ ganz klar geworden. Für mich lag der richtige Weg nicht da, wo reine Gedankenarbeit allein geistige Spekulation ist, ich brauche einen Körper für die Gegenstände meiner Bestrebungen und Arbeiten, und nun ich in meinen Fachstudien mein Hauptgericht gefunden, sind mir die köstlichen Früchte jener Disziplinen wohlschmeckend und gesund.«
Unermüdlicher Arbeitseinsatz und Sachtreue in der Forschung sind damit ausreichend erklärt, nicht aber der Wechsel des Wissenschaftlers Carl Linde zum Unternehmer. Zu der Zeit, da die Fachwelt seine Theorie akzeptiert, das Reichspatentamt die Kältemaschine patentiert und der Konstrukteur über die Grenzen Deutschlands hinaus als die Kapazität in der Kältetechnik gilt, da quittiert er seinen Dienst an der Hochschule und gründet 1879 in Wiesbaden die »Gesellschaft für Linde's Eismaschinen«. Carl Linde empfindet zunächst diese Entscheidung als ein »schweres Opfer, ja als eine Treulosigkeit gegen meine bisherigen Berufsziele«. Vor Freunden und Familie muß er diesen Schritt immer wieder rechtfertigen, denn als Alleinvorstand des neuen Unternehmens hat er seinen Bekanntenkreis in München zurückgelassen und ist mit Kind und Kegel nach Wiesbaden übersiedelt. Von Freunden bekommt er zu hören, »daß weitgehende pekuniäre Anerbietungen ihn zu dem Schritt veranlaßt hätten«. Er aber weist solche Verdächtigungen entrüstet zurück, zumal die Bedingungen, unter denen er das Neue beginnt, gar nicht so rosig sind. Selbst die materielle Sicherheit der Familie im Falle seines Todes kann nur gesichert werden, indem er auf die Einkünfte aus seinem Patentbesitz verzichtet. Er erhält auch als Vorstand zehn Jahre lang kein Gehalt, und ein Anteil am Reingewinn steht ihm

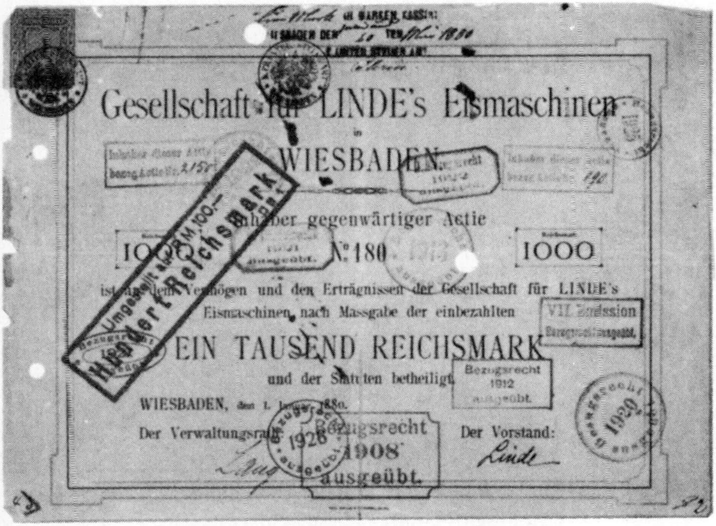
Gesellschaft für LINDE's Eismaschinen
in
WIESBADEN.
ber gegenwärtiger Actie
1000 №180 1000
Vermögen und den Erträgnissen der Gesellschaft für LINDE's Eismaschinen, nach Massgabe der einbezahlten
EIN TAUSEND REICHSMARK
und der Statuten betheiligt.
WIESBADEN, den 1. 1880.
Der Verwaltungsrath: Der Vorstand:
Linde
Umgestellt auf RM 100.—
Hundert Reichsmark
Bezugsrecht 1908 ausgeübt
Bezugsrecht 1912 ausgeübt
VII. Emission

1880 werden die ersten Linde-Aktien ausgegeben, 1882 zahlt das Unternehmen die erste Dividende.

nur zu, »soweit derselbe die Verzinsung des jeweiligen eingelegten Gesellschaftskapitals überschreiten werde. Bliebe solche Überschreitung aus, so stellte demnach mein Amtswechsel einen schlimmen Rückschritt in finanzieller Hinsicht dar.«
Trotzdem gehorcht er der »inneren Notwendigkeit« und läßt »die wertvollen Beziehungen zurücktreten, welche während eines dreizehnjährigen Aufenthaltes in München für die Familie erworben waren«. Die Freunde rätseln weiter, was sie wohl unter der inneren Notwendigkeit zu verstehen hätten. Aber Carl Linde stimmt auch den Erklärungen nicht zu, die ihm unterstellen, er wolle verständlicherweise die entwikkelte Technik industriell verwerten. Zu gut weiß der unbestechliche Beobachter, daß die Entwicklung

auch ohne ihn fortschreitet. Seine Maschinen, die in verschiedenen Fabriken des In- und Auslandes gebaut werden, stehen bereits in Brauereien, Molkereien und Schlachthöfen, und die Aufträge für neue Maschinen füllen täglich die Bücher der Hersteller. Und Carl Linde verdient über die Patentrechte mehr, als er sich je erträumt hat.

Warum also das Risiko eines Neuanfangs? Die auf die Gründung folgende Geschäftsführung zeigt sehr bald, daß das Verhalten des Mannes, der Forschung, Konstruktion und Unternehmertum zusammenführt, nicht immer von Rationalität und Ökonomie allein bestimmt wird. So lehnt Carl Linde beispielsweise jede Reklame in seinem Unternehmen ab, weil er glaubt, daß die Qualität der Maschinen und Anlagen und die »Geschäftsführung nach dem Grundsatz absoluter Wahrheit« für sich sprächen und dem Unternehmen im stürmischen Wettbewerb »die erste Stelle unter den deutschen Lieferanten von Kälteanlagen« verschaffen würden. Als er nach elfjähriger Amtstätigkeit als Vorstand zurücktritt, sind rund tausend Kältemaschinen verkauft worden, ohne daß es auch nur einen Rechtsstreit gegeben hätte. Carl Linde ist darauf besonders stolz, nicht weil er darin ein eigenes Verdienst sieht, sondern ein Geschenk Gottes.

Im Elternhaus hatte er oft gehört, daß die Guten an ihren Früchten zu erkennen seien und daß redliche Arbeit vom Erfolg gesegnet werde. Wenn aber andere seine Erkenntnisse in sichtbare Werke umsetzen, wie kann er wissen, daß er der Erwählte ist, daß Gott für ihn und nicht für die anderen sorgt. Deshalb will Carl Linde unter allen Umständen seine »sehr schwachen Kräfte ungeteilt denjenigen Unternehmungen« widmen, die er selbst veranlaßt hat. »Das eigene Produzieren im eigenen Berufsgebiete«, der Wille, »nach eigener Überlegung ein neues technisches Gebiet zu

Im Jahr 1883 liefert Linde die erste deutsche Fleischkühlanlage für den Schlachthof in Wiesbaden.

gestalten«, und die Lust am geschaffenen Werk treiben ihn aus dem akademischen und rein wissenschaftlichen Amt. Er will wissen, ob er zu den Auserwählten gehört und ob sein Leben mit Sinn erfüllt ist. Gott ist freundlich und bestätigt die Vermutung. »Fast ohne jedes Zutun von unserer Seite haben die Lindeschen Kältemaschinen ihren Weg weit über die deutschen Grenzen hinaus gefunden und sind heute wohl in jedem Lande der Erde zu finden, in welches europäische Kultur gedrungen ist.« Fortan jedenfalls braucht Carl Linde auf sichtbare Werke nichts mehr zu geben, und er setzt doch all seine Kraft für sein Werk ein. Es paßt gut ins Bild, daß er dem Kaiser und der Reichsregierung in einem Vortrag über seine Erfindung der Luftverflüssigung berichtet, ohne das Wort »ich« auch nur einmal einzusetzen. So distan-

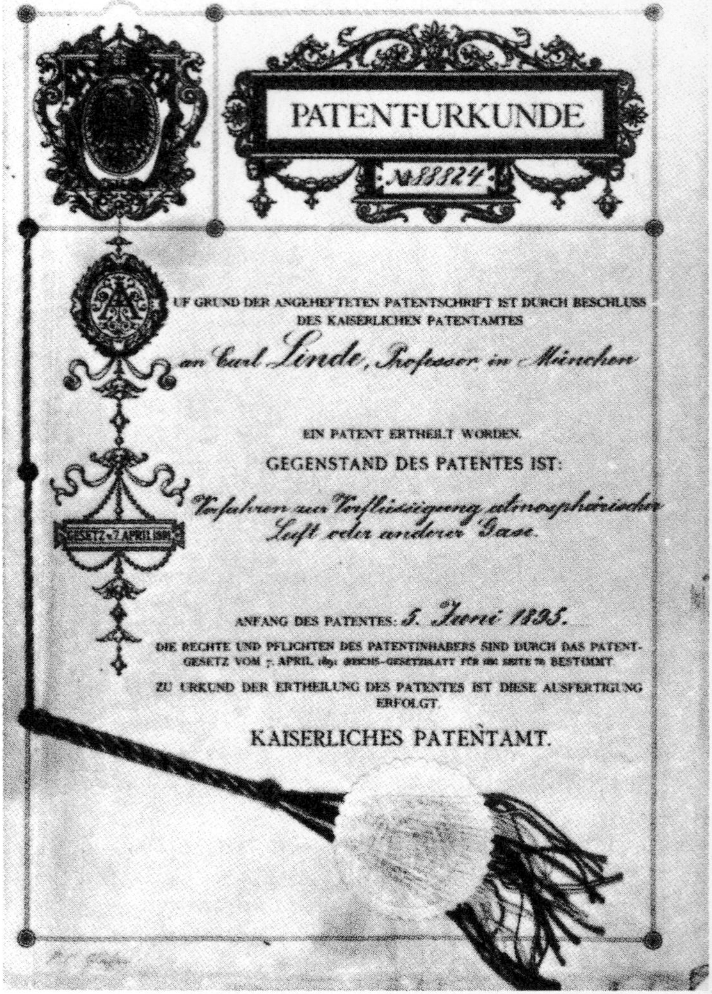
PATENT-URKUNDE

№ 88824

AUF GRUND DER ANGEHEFTETEN PATENTSCHRIFT IST DURCH BESCHLUSS DES KAISERLICHEN PATENTAMTES

an Carl Linde, Professor in München

EIN PATENT ERTHEILT WORDEN.

GEGENSTAND DES PATENTES IST:

Verfahren zur Verflüssigung atmosphärischer Luft oder anderer Gase.

GESETZ v. 7. APRIL 1891

ANFANG DES PATENTES: 5. Juni 1895.

DIE RECHTE UND PFLICHTEN DES PATENTINHABERS SIND DURCH DAS PATENT-GESETZ VOM 7. APRIL [illegible] (REICHS-GESETZBLATT FÜR [illegible] SEITE [illegible]) BESTIMMT.

ZU URKUND DER ERTHEILUNG DES PATENTES IST DIESE AUSFERTIGUNG ERFOLGT.

KAISERLICHES PATENTAMT.

Im Jahr 1895 erhält Linde das Patent für »Verfahren zur Verflüssigung atmosphärischer Luft oder anderer Gase«.

ziert er sich vom Selbstgenuß der eigenen Kraftentfaltung und konzentriert sich auf die Sache.
Und ein anderes wird ihm wichtig. Als Unternehmer treten die Mitarbeiter, vor allem die Arbeiter mehr und mehr ins Blickfeld. Schon im Elternhaus ist ihm die Verantwortung für die Zukurzgekommenen vorgelebt worden. Der Vater hat nach dem Grundsatz gelebt: »Wer aber keinen Umgang mit gemeinen Leuten haben mag, bei dem hilft alles Predigen nicht.« Und so ist das Pfarrhaus zur Stätte der Diakonie im täglichen Elend geworden. Das Beispiel wirkt nach, und in dem Unternehmer Carl Linde regt sich das politisch-soziale Verantwortungsgefühl. Die Fabriken werden sein »Haus«, und sie gelten ihm neben vielem anderen als ein Ort des sozialen Ausgleichs. Schon 1886 sorgt er dafür, daß die Firmengewinne auch den Arbeitern zugute kommen. Werkswohnungen werden gebaut und zusätzliche Betriebsrenten gewährt. Andrerseits verbietet ihm die Verpflichtung zur unmittelbaren Hilfe, die soziale Frage mit »spekulativen Sozialwissenschaften« und Ideologien zu lösen. Deshalb unterstützt er beispielsweise die »Vereinigung für exakte Wirtschaftsforschung« und erhofft sich von der »Tatsachenfeststellung«, Mißbräuche des Unternehmertums gegenüber der Arbeiterschaft in den Griff zu bekommen. Von den Sozialisten angegriffen wegen seines lediglich punktuellen Einsatzes, verteidigt er sich mit dem Hinweis, er selbst »habe viele harte Kämpfe gegen Dividendenjäger für die Dotierung von Wohlfahrtseinrichtungen geführt« und es verbittere ihn zu sehen, wie positive Errungenschaften leichtfertig aufs Spiel gesetzt würden. Den Ideologen wirft er seinerseits vor, die »erfreulichsten und einfachsten menschlichen Beziehungen zwischen Arbeitgebern und Arbeitnehmern durch solche Spekulationen« zu vergiften und zu zerstören. Wenn Carl

Linde trotz dieser Einsicht nicht in die politische Diskussion um die soziale Frage eingreift, dann hat auch das mit seiner Herkunft zu tun. Das evangelische Pfarrhaus begegnet der Armut bewußt mit privaten Formen christlicher Liebestätigkeit. Selbst wenn sich die sozial-karitative Tätigkeit zur Zeit Lindes zum Teil weg vom Pfarrhaus und hin zu Stiftungen und privaten Vereinen entwickelt, so gilt doch auch in dieser Heim- und Anstaltdiakonie immer der Grundsatz der unmittelbaren Begegnung mit dem Nächsten in Not. Das gilt auch für das Internat für die bessere Ausbildung von Pfarrerstöchtern und für ein Zufluchtsheim für Frauen und Mädchen, die er aus eigenen Mitteln einrichten läßt. Anders die »Spekulativen«; sie kommen aufgrund ihrer ideologiedurchtränkten Analysen zu abstrakten und allgemeinen Forderungen nach Hilfe und Gerechtigkeit, und sie schrecken um dieser Ziele willen auch nicht vor Kampf und Gewalt zurück. So sieht der Pfarrerssohn in der Politik keine Möglichkeit, »sich der Verfolgung bestimmter Ziele anzuschließen, ohne dadurch in eine negative Konflikt-Stellung zu Anderen zu geraten«.
Angriffe gegen Richtungen und Männer mit ehrlicher Überzeugung will er aber nicht vortragen, deshalb zieht er sich lieber in die Forschung und ins Private zurück, wo er, wie einst im Elternhaus, die Normen des bürgerlichen, aber auch des christlichen Lebens verwirklichen kann. Vor allem in der ehrenamtlichen Vereinstätigkeit leistet Carl Linde Außergewöhnliches. Als Mitglied des Vereins deutscher Ingenieure unterstützt er beispielsweise den Grafen Zeppelin bei den Flugversuchen der Luftschiffe; in der Göttinger Vereinigung für angewandte Physik und Mathematik fördert er nicht nur die Zusammenarbeit zwischen Technik und Wissenschaft, sondern vermittelt auch zwischen den technischen Hochschulen und den Uni-

versitäten. Bei der Gründung und Verwaltung des Deutschen Museums sorgt er für Gelder aus Industrie und Wirtschaft.
Doch erst in der Familie kann er die in der Politik vermißte Konfliktfreiheit so richtig leben und genießen. Seine Frau, vertrauensvoll abhängig, und die sechs Kinder sehen in ihm den Herrn, ohne den nichts läuft, den pater familiaris. Den äußeren Rahmen steckt er ab, indem er in der Villenkolonie Prinz Ludwigshöhe ein großes Haus baut. »Es steht am Steilrande des Isartals mitten in Hochwald, der nach Süden mit der Aussicht talwärts bis zur Alpenkette sich öffnet. Hier empfangen die alten Großeltern die Gesellschaft der Kinder und Kindeskinder besonders an Sonntagen, wobei es an erfreulicher Hausmusik nicht fehlt, da die Violine und das Cello der Söhne mit dem Klavier von Friedrichs Frau gut eingespielt sind.« In den Sommermonaten trifft sich die große Familie auf dem Obersalzberger Landsitz bei Berchtesgaden, der »neben der landschaftlichen Schönheit auch die Möglichkeiten der Hochtouren« bietet. Carl Linde gibt auf diese Weise das zurück, was seine Eltern ihm geboten hatten: Nestwärme, heile Welt und Vaterhaus. Gewissenhaft sucht er für die vier Töchter die Männer aus, und nicht nur zufällig sind zwei Pfarrer unter ihnen. Die Söhne und Enkel werden, dem Vorbild entsprechend, so erzogen, daß sie die Arbeit des Hausvaters in ihrer Vielfältigkeit weiterführen können. Bis zu seinem Tod am 16. November 1934 sorgt die dreifache Autorität des Professors, Unternehmers und Hausvaters dafür, daß es in seinem Haus wie in den Pfarrhäusern seiner Zeit, zumindest nach außen, keine Konflikte gibt. Harmonie, wohin man schaut. Deshalb kann Carl Linde rückblickend sein Leben im Sinne des Psalmisten auch uneingeschränkt »köstlich« nennen.

Alois Weimer

Carl von Linde, inzwischen geadelt, in hohem Alter.
Er stirbt 1934 mit 92 Jahren.

Lebensweg

Carl Paul Gottfried Linde wird am 11. Juni 1842 in Berndorf bei Kulmbach (Oberfranken) geboren. Der Vater, evangelischer Pfarrer, läßt die neun Kinder nicht nur von klein auf Französisch lernen, sondern er übersiedelt 1849 auch nach Kempten, um ihnen bessere Ausbildungsmöglichkeiten zu bieten. Grundschule und humanistisches Gymnasium absolviert Linde in Kempten, danach studiert er am Züricher Polytechnikum ab 1861 Maschinenbau.
Obwohl Carl Linde in Zürich auf bedeutende Forscher trifft, muß er wegen Studentenunruhen ohne Abschlußexamen die Schweiz verlassen und kommt 1865 nach Berlin.
Hier nimmt er zuerst eine unbezahlte Volontärstelle in der Borsigschen Lokomotivfabrik an, avanciert aber schnell in Borsigs Zeichenbüro. Trotzdem ist auch diese Stelle nicht so gut honoriert, daß Linde eine Familie hätte unterhalten können. Deshalb tritt er 1866 in München in die von Georg Krauß neugegründete Lokomotivfabrik ein und verbessert in kurzer Zeit das Antriebs- und Bremssystem an Lokomotiven. Nun kann er seine Kusine Helene heiraten.
Nicht nur um seiner Frau ein besseres Leben bieten zu können, sondern vor allem, weil sein Interesse der Wissenschaft gilt, wird er – erst 26 Jahre alt und ohne Abschlußexamen – außerordentlicher Professor für Maschinenbau am Münchener Polytechnikum. Da zu seinem Lehrgebiet auch die Theorie der Kältemaschinen gehört, ist er 1870 an einem Preisausschreiben für Kühlanlagen brennend interessiert. Er erarbeitet die theoretischen Grundlagen für die Verbesserung des Wirkungsgrades von Eismaschinen. Aber Linde bleibt, wie auch in seinen Vorlesungen, nicht bei der Theorie stehen, sondern in Maschinenlaboratorien

Seit 1901 hat Linde auch in Höllriegelskreuth bei München eine Fabrik. Hier nimmt die »Abteilung B für Gasverflüssigung« ihren Sitz. Auch Linde selbst zieht es im Alter wieder nach Bayern.

setzt er das Gedachte in die Wirklichkeit um. Darüber hinaus nimmt er Kontakt zu Geldgebern und Maschinenfabriken auf, und 1875 kann die Augsburger Maschinenfabrik die erste Kompressions-Kaltdampfmaschine bauen, die zunächst mit Methyläther, danach mit Ammoniak als Arbeitsflüssigkeit arbeitet. Erfolg und Nachfrage sind so groß, daß Linde die Professur aufgibt und sich ganz der Produktion von Kältemaschinen widmet.

In Wiesbaden gründet er 1879 die »Gesellschaft für Lindes Eismaschinen«, die er als Vorstandsvorsitzender bis 1890 leitet. In diesem Zeitraum werden vor allem an Brauereien, Eisfabriken, Fleisch- und Kühlhäuser und an chemische Fabriken im In- und Ausland rund 750 Anlagen verkauft.

In der 1888 gebauten Kälteversuchsstation widmet sich Linde, nachdem er 1890 als Vorstandsvorsitzender zurückgetreten und wieder nach München gezogen ist, mehr und mehr der Verflüssigung von Gasen und der Herstellung von flüssiger Luft. Nach erfolgreichen Versuchen geht er mit Hilfe seiner Gesellschaft an die technische Verwertung sowohl der Luftverflüssigung als auch der Sauer- und Stickstoffgewinnung. Die Abteilung B in Höllriegelskreuth bei München wird errichtet, wo Linde 1906 mit anderen Technikern zusammen herausfindet, wie man Wasserstoff gewinnen kann.

Bis kurz vor seinem Tod am 16. November 1934 in München kämpft Linde um die Anerkennung von Industrie und Technik. Er gehört nicht nur vielen physikalisch-technischen Vereinen an, sondern er ist auch Mitglied der Bayerischen Akademie der Wissenschaften und Mitbegründer des Deutschen Museums in München.

Der Erfinder und das Unternehmen

Der Erfolg des Firmengründers Carl von Linde beruhte auf seiner Fähigkeit, Wissensdrang, Erfindergeist und Unternehmertum so in Einklang zu bringen, daß bereits unter seiner Führung erfolgreiche internationale Aktivitäten entwickelt wurden, die das Unternehmen weltweit bekannt machten. Auf den Gebieten der Kältetechnik und später der Tiefsttemperaturtechnik gelangen Carl von Linde bahnbrechende Erfindungen, so die erste industriell einsetzbare Kältemaschine, die Luftverflüssigung in technischem Maßstab, die Luftzerlegung durch Rektifikation.

Diese Erfindungen wurden in das Unternehmen eingebracht, weiterentwickelt und pragmatisch in marktfähige Produkte umgesetzt. Denn der Firmengründer war nicht nur Wissenschaftler und Forscher, sondern auch weitblickender Unternehmer, der für seine Anlagen und Produkte eine weltumspannende

Vertriebsorganisation aufzog. Noch heute basieren drei der vier Arbeitsgebiete des Linde-Konzerns auf den Erfindungen und der unternehmerischen Tätigkeit Carl von Lindes: der Anlagenbau, die Kältetechnik sowie Technische Gase.
Mit seinen Erfahrungen und Kenntnissen hat Carl von Linde die Entwicklung des Unternehmens bis ins hohe Alter als Aufsichtsratsmitglied und Aufsichtsratsvorsitzender begleitet. Er war eine Persönlichkeit voll technischem Spürsinn, Tatkraft, Kreativität, Integrität und Organisationstalent und ging – auch Auseinandersetzungen nicht scheuend, wenn er sich auf dem richtigen Weg und im Recht glaubte – ohne Umwege seinem Ziel entgegen. Dabei soll nicht unerwähnt bleiben, daß er sich auch der sozialen Verantwortung seinen Mitarbeitern gegenüber bewußt war, für die er bereits 1886 eine betriebliche Altersversorgung einführte.
Diese unternehmerischen Tugenden Carl von Lindes sind heute Beispiel und Ansporn, die Position des Linde-Konzerns auf dem Markt weiter auszubauen, erfolgversprechende Entwicklungen zu initiieren und den Kunden ein verläßlicher Partner zu sein.

Hans Meinhardt
Vorstandsvorsitzender
der Linde AG

REINHARD MANNESMANN

Der öko-soziale Teamworker

Sie nennen ihn »Ohm«. Die Arbeiter der Remscheider Feilenfabrik mögen ihren Chef. Ungewöhnlich für damalige Verhältnisse. Aber Reinhard Mannesmann genießt bei seiner Belegschaft Respekt und Zuneigung zugleich. Gewiß, er ist streng und fordernd, aber immer auch sorgend und verständig. Sein klares Gesicht – schmale Lippen, hohe Stirn, breite Wangen, kurzes Kinn und ein hellwacher Blick unter buschigen Brauen –, dieses Gesicht strahlt Ehrlichkeit und Bodenständigkeit, Fleiß und Fairneß aus. Keine Frage: Reinhard Mannesmann trägt eine ehrliche Haut.

Selbst als das Unternehmen längst kein Handwerksbetrieb mehr ist, läßt er es sich nicht nehmen, seine Arbeiter persönlich anzulernen. Er bleibt in der Rolle des Handwerksmeisters auch als Großunternehmer. Das imponiert und verschafft ihm Sympathien in seiner Belegschaft. Er, der große Kapitalist, greift zum Hammer wie sie, die kleinen Arbeiter. Er spricht ihre Sprache und macht sich mit ihnen schmutzig. So wird er ihr »Ohm«.

Ohm verlangt zwar außerordentliche Arbeit, ist aber immer bereit, auch hohe Löhne zu zahlen. Die höchsten in ganz Remscheid und Umgebung sogar. Doch nicht nur das. In den sechziger Jahren baut Reinhard Mannesmann – lange vor vielen anderen Unternehmen – eine eigene Fabrik-Krankenkasse und eine

Reinhard Mannesmann der Ältere (1814-1894).

Sterbekasse auf. Unter dem Dach des »Mannesmannschen Fabrik-Vereins« gewährt er Sozialleistungen, von denen selbst visionäre Gewerkschafter noch nicht zu träumen wagten. Selbst eine firmeneigene Ziegelei läßt Mannesmann bauen, um für Arbeiterhäuser Dachpfannen bereitzustellen.

Kein Wunder also, daß Reinhard Mannesmann das Vertrauen der Arbeiterschaft genießt. Deshalb akzeptieren sie ihn auch als ständigen Schiedsmann in einer von Arbeitern und Fabrikanten gebildeten Kommission, die die Haulöhne festzustellen hat. Kein anderer als er kann es denn auch 1873 sein, der einen dreimonatigen, bitteren Arbeitskampf friedlich beilegt. Als die rund 6000 Arbeiter des Remscheider Gebiets und die Unternehmer nach drei Monaten Streik vor Verbitterung nicht mehr miteinander reden können, da bricht Reinhard Mannesmann das Eis und fällt einen Schiedspruch, der bis 1914 Grundlage der Akkordlöhne bleibt.

Keinen Spaß versteht der ausgleichende Mannesmann aber, wenn Arbeiter gewalttätig werden. In den Jahren 1848/49 zum Beispiel, da greift er als Hauptmann der Bürgerwehr gegen rebellierende Arbeiterbanden sogar zur Waffe. Die Maschinenstürmer aus dem Burgtal treffen in Remscheid – zu ihrer Verblüffung – auf einen bewaffneten Mannesmann mit zahlreichen Bürgersleuten im Gefolge. Die Lokalrevoluzzer machen kehrt, und Remscheid bleibt friedlich.

In Remscheid ist Ohm Mannesmann so etwas wie ein heimlicher Fürst. Dreißig Jahre lang engagiert er sich als Stadtverordneter, kümmert sich um jeden und alles, wie ein Gemeindepatron. Die Remscheider Volksbank zum Beispiel wird auf seine Initiative hin gegründet. Er selbst wird jahrelanger Vorsitzender des Genossenschaftsinstituts und betrachtet das als soziale Tat. Verdienten Meistern gibt »seine« Bank zinslose Darlehen.

Aber Reinhard Mannesmann hat nicht bloß eine paternalistisch-soziale Ader. Völlig ungewöhnlich für die damalige Zeit denkt der Unternehmer auch

Der Erfolg hat viele Väter: Die Mannesmann-Belegschaft des Röhrenwerkes Remscheid im Jahr 1896.

in ökologischen Kategorien. Mit flammenden Reden wettert er gegen die unkontrollierte Abholzung der Wälder für Haus- und Fabrikbrand. Mit grünen Plädoyers überzeugt er seine Mitbürger, Bäume zu pflanzen, die Gewässer sauber zu halten und Fische zu züchten. So mancher Remscheider traut seinen Ohren kaum, aber Reinhard Mannesmann, der Feilenhauer, Stahlbrenner und Röhrenverkäufer startet die Bürgerinitiative »Remscheider Stadtwald« und er wäre nicht Reinhard Mannesmann, hätte er damit nicht Erfolg.

Der Öko-Ohm geht selbst mit gutem Beispiel voran. Einmal in der Woche öffnet er seinen Privatgarten für jedermann und unterweist Naturfreunde in der Pflege von Obstbäumen. Ein früher Bio-Workshop sozusagen. In seiner Schrift »Gedanken über die Erziehung eines gesunden Menschengeschlechts« macht er sich

Im Jahr 1901 ist Mannesmann schon ein international anerkannter Konzern. Stolz präsentiert sich die Belegschaft des Röhrenwerkes in Rath.

außerdem Gedanken zur Gesundheitsvorsorge. Und als er 1860/61 seine Feilenfabrik auf Dampfbetrieb umstellt, da wagt er etwas gänzlich Neues. Er will die Energie in der Fabrik recyclen: Die Abwärme der Gußstahlöfen soll zur Dampfentwicklung benutzt werden. Gesagt, getan. Mittels einer Sonderkonstruktion wird die Hitze der Hochöfen zur Dampferzeugung umgeleitet. Das in Deutschland bis dahin einmalige Energieverwertungskonzept ist aufgegangen.
Bei alledem ist der trockene Reinhard Mannesmann weder von missionarischem Eifer beseelt noch auf Ruhm und Lob bedacht. Dazu bleibt er viel zu nüchtern und pragmatisch. Er denkt und handelt ökosozial, ganz einfach, weil er das für sinnvoll und richtig hält. Es geht ihm nicht um Weltanschauung oder Moral – mit Leib und Seele ist er Unternehmer und denkt in Nutzenkategorien.

Auch ein drittes Element seines Unternehmer-Psychogramms ist ihm bare Selbstverständlichkeit: Reinhard Mannesmann ist ein ausgeprägter Teamworker. Trotz aller Autorität in der Familie, im Unternehmen und der Gemeinde – er verkörpert weit weniger den wilhelminischen Autokraten als die meisten seiner Kapitalistenkollegen. Schon die Familientradition bewahrt ihn davor. Der ausgeprägte Familiensinn und die verblüffend harmonische Zusammenarbeit aller Familienmitglieder sind über Jahrzehnte hinweg Geheimnis des Mannesmann-Erfolgs gewesen.

So gehören Reinhard Mannesmann bis zur Ausgründung des Röhrengeschäfts 1888 nur 25 Prozent des Familienstammwerks. Gewiß, er ist unter den vier Brüdern der unumstrittene Kopf und Lenker des Unternehmens. Aber er bleibt ein Primus inter pares. Es kommt ihm auch nicht in den Sinn, seine Brüder auszustechen und die ganze Macht an sich zu reißen. In der Mannesmann-Familie hat es ein jeder eben gelernt, in der Gruppe zu arbeiten, sich zu bescheiden und gerade daraus gemeinsam größtmöglichen Nutzen zu ziehen.

Das Erfolgsgeheimnis der gruppenharmonischen Arbeitsteilung überträgt Reinhard Mannesmann später auch auf die Feilenfabrik, als er frühzeitig alle Produktionsabläufe unter einem Dach zusammenfaßt. Und auch als es in den achtziger Jahren darum geht, die nahtlose Röhre zu erfinden, ist es für Reinhard Mannesmann und seine Familie selbstverständlich, daß alle mitanpacken.

Zur Geheimhaltung schleichen alle Mannesmänner, Frauen, Männer und Kinder, nächtens in die Fabrik um zu experimentieren, was die vielen Köpfe und Hände hergeben. Die Söhne Reinhards unterbrechen monatelang ihr Studium, um daheim zu helfen. Von Generationenkonflikt keine Spur. Jeder gibt sein

Bestes für das Gemeinschaftswerk, und alle haben schließlich Anteil an der großen Erfinderleistung. Alle verzichten sie auf Schlaf. Auch die Frauen, die um Mitternacht die Tüftler an der Walze mit warmem Essen versorgen.

Nie wäre es einem einzelnen Mannesmann gelungen, den Röhrenkonzern zu schmieden. Das weiß Reinhard Mannesmann, und das wissen auch seine brillanten Söhne Max und Reinhard. Diese Einsicht macht sie bescheiden und stark zugleich. Wie postmoderne Gruppenarbeiter in der »lean production« arbeiten sie sich empor. Ein Mann ist des anderen Mann – ein Mannesmann eben. *Wolfram Weimer*

Lebensweg

Die Familie Mannesmann stammt aus Westfalen. Mit Johannes Heinrich Mannesmann taucht Mitte des 18. Jahrhunderts der erste Schmied in der Familienchronik auf. Um dem preußischen Heeresdienst zu entgehen, zieht dieser Heinrich nach Remscheid und findet dort 1770 Arbeit und Unterkunft bei einem wohlhabenden Feilenschmied, dessen Tochter er schon ein Jahr später heiratet. Damit gewinnt er nicht nur Heimatrecht in Remscheid, sondern zugleich auch ein kleines Vermögen. Kurz nach der Hochzeit beginnt Heinrich Mannesmann, von der Mitgift seiner Frau Grundstücke im Ortsteil Bliedinghausen aufzukaufen, auf denen er dann 1776 eine eigene, kleine Feilenschmiede errichtet. Dies ist die Keimzelle des heutigen Mannesmann-Konzerns.

Die Feilenschmiede entwickelt sich langsam, aber sicher zu einem ansehnlichen Unternehmen. Heinrich steigt frühzeitig auch ins Handelsgeschäft mit Metallwaren ein und knüpft so wichtige Geschäftskontakte für die Zukunft. Im Jahr 1796 kommt es zum Generationswechsel in der jungen Firma. Die Söhne

Arnold und Peter übernehmen die Geschäfte gemeinschaftlich und begründen damit die ganz spezielle Mannesmann-Kultur dieses Familienunternehmens. Ohne Gerangel um Kompetenzen und Anteile übernimmt in dieser und den folgenden Generationen jeder Mannesmann eine Aufgabe, die ihm Talent und Ausbildung wie selbstverständlich zuweisen.
Dies bleibt auch so, als die Enkel von Heinrich Mannesmann in der Mitte des 19. Jahrhunderts die Feilenfabrik übernehmen. Vier Brüder sind es, die in den vierziger Jahren das Familienunternehmen erheblich erweitern. Während der älteste und die beiden jüngsten sich vornehmlich dem Absatz der Produkte widmen und regelmäßig die Kundschaft zwischen Lissabon und Riga besuchen, kümmert sich der zweite, Reinhard Mannesmann, bereits mit 26 Jahren um die technische Leitung des Unternehmens.
Ohne mit seinen Brüdern in Streit zu geraten, avanciert Reinhard Mannesmann zum ersten Konzernschmied im Familienunternehmen. 1814 in Remscheid geboren, hatte er nach der mittleren Reife eine Lehre im Bankhaus Pescatore in Luxemburg absolviert und dort auch seinen Wehrdienst bei einem Infanterie-Regiment abgeleistet. Danach ist er ins elterliche Unternehmen eingetreten.
Mit jugendlichem Elan läßt er rasch ein neues, langgestrecktes Werksgebäude errichten, in dem alle Arbeitsgänge bei der Herstellung von Feilen industriell zusammengefaßt werden. Sein Ziel ist die perfekte und billige Serienproduktion. Dadurch verkürzen sich nicht nur die Lieferzeiten; vor allem die Qualität der Feilen kann fortan auf gleichbleibend hohem Niveau gehalten werden. Das Unterfangen wird belohnt, als die Mannesmann-Feilen auf den Weltausstellungen 1851 in London und 1856 in Paris mit Preismedaillen ausgezeichnet werden. Reinhard Mannesmann per-

PATENT-URKUNDE

№ 34617.

[illegible]UF GRUND DER ANGEHEFTETEN BESCHREIBUNG UND ZEICHNUNG IST
DURCH BESCHLUSS DES KAISERLICHEN PATENTAMTES

Dr. F. Kögel in Staßfurt

EIN PATENT ERTHEILT WORDEN.

GEGENSTAND DES PATENTES IST:

Schrägwalzverfahren nebst zugehörigem Walzwerk.

GESETZ v. 25. MAI 1877

ANFANG DES PATENTES: 27. Januar 1885.

DIE RECHTE UND PFLICHTEN DES PATENTINHABERS SIND DURCH DAS PATENT-GESETZ
VOM 25. MAI 1877 (REICHSGESETZBLATT FÜR 1877 SEITE [illegible]) BESTIMMT.

ZUR URKUND DER ERTHEILUNG DES PATENTES IST DIESE AUSFERTIGUNG
ERFOLGT.

Berlin, den 15. März 1886.

KAISERLICHES PATENTAMT.

Beglaubigt durch [illegible]

Sekretär des Kaiserlichen Patentamtes.

Wegen der Patentgebühr [illegible] zweite und letzte Seite dieser Urkunde zu beachten!

Die Patenturkunde für das Mannesmann-Schrägwalzverfahren (1886) ist Gold wert.

fektioniert nun sein »Alles-unter-einem-Dach-Konzept«, kauft englische Haumaschinen und läßt gar ein kleines Stahlwerk bauen. Mit Hilfe eines englischen Meisters kann er schon nach wenigen Jahren den gesamten Stahlbedarf für die Feilenproduktion selbst decken. Dieser Tiegel-Gußstahl von Mannesmann wird als »Diamantstahl« in ganz Deutschland berühmt. Reinhard Mannesmann erkennt die Zeichen der Stahlzeit und firmiert das Unternehmen in »Feilen- und Guß-Stahl-Fabrik A. Mannesmann« um.
Binnen weniger Jahre macht Reinhard Mannesmann aus einem soliden Handwerksbetrieb eine moderne Großfabrik. Dabei setzt er konsequent auf technischen Fortschritt. Zum Betrieb der Hämmer, der Schleifmaschinen und der Pumpen kauft er neuartige Hochdruck-Dampfmaschinen und läßt die Hitze der Gußstahlöfen zur Dampferzeugung nutzen. Der Diamantstahl wird zum Verkaufsschlager und der Name Mannesmann zu einem Synonym für »Qualität britischen Niveaus«.
Die Mannesmann-Öfen stellen alsbald mehr Stahl her, als für die eigene Feilenfertigung benötigt wird. Reinhard Mannesmann macht sich daher auf die Suche nach gewinnversprechenden Verarbeitungsmöglichkeiten. In Röhren und Gewehrläufen vermutet er einen zukunftsträchtigen Markt. So beginnt er mit hauseigenen Versuchen, aus hohl gegossenen oder hohl gebohrten Blöcken durch Walzen nahtlose Röhren herzustellen. Die Experimente führen freilich nicht zum gewünschten Ziel, wohl aber zu viel Schrott. Nun ermuntert Reinhard Mannesmann seine beiden studierten Söhne Reinhard und Max, die Versuche mit Hilfe ihrer speziellen Kenntnisse fortzusetzen. Während der nächtlichen Arbeitsruhen im Betrieb machen die drei sich über viele Monate hinweg unter konspirativer Geheimhaltung an die Walz-

Mannesmann vermarktet seine Röhre, wo er nur kann. Im Jahr 1900 wirbt er für die »nahtlose Fahrradröhre« (links). Das reicht ihm freilich nicht: Ein Prospekt aus dem Jahr 1916 zeigt, wie nahtlose Röhren auch im Auto- und Flugzeugbau genutzt werden können.

anlagen und experimentieren an der Rohfertigung herum. Endlich, 1884, ist es soweit: Den Mannesmännern gelingt es, erste nahtlose Stahlhohlkörper zu walzen. Richtige Rohre sind das freilich noch nicht – dazu braucht es noch einige Versuchsjahre. Der Durchbruch aber ist geschafft. Um ihre revolutionäre Erfindung noch geheimzuhalten, melden sie das Patent »Schrägwalzverfahren mit zugehörigem Walzwerk« 1885 auf den Namen des entfernten Verwandten und Philosophen Fritz Koegel an.
Reinhard Mannesmann und seine Söhne sind davon überzeugt, daß ihre Idee, mit der Schrägwalze nahtlose Röhren zu fertigen, einer Sensation gleichkommt. Zu Recht: Ende der achtziger Jahre berichten alle deutschen Illustrierten und die Fachmagazine vom

»technischen Wunderwerk aus Remscheid«. Nun setzen sie alles daran, die Erfindung auch zu einem Geschäft zu machen. Das Risiko und der Finanzbedarf sind enorm. Die Mitinhaber des alten Familienunternehmens Mannesmann sehen in den Röhren allzu große Risiken und wollen sich auf das Feilengeschäft beschränken. So schlägt Reinhard Mannesmann kurzerhand die Teilung des Unternehmens vor und wagt 1888 in hohem Alter noch einmal einen Neubeginn mit seinen Söhnen.
Schon 1886 wird die »Mannesmannröhren-Walzwerk-Aktien-Gesellschaft« in Saarbrücken gegründet. Auf diese Weise mit Kapital ausgestattet, bauen die mutigen Erfinder gleich vier Röhren-Werke in Komotau (Böhmen), Bous (Saarland), Landore (Wales) und in Remscheid. Plötzlich ergeben sich jedoch technische Schwierigkeiten bei der Umsetzung der Versuchsapparate in ausgereifte Produktionsanlagen. Die Schrägwalztechnik produziert viel zu viel Ausschuß für die industrielle Fertigung. Es droht ein Desaster. In dieser Situation erfindet Max Mannesmann in Komotau das sogenannte Pilgerwalzwerk, womit die Ausschußhohlkörper aus dem Schrägwalzapparat doch noch zu nahtlosen Röhren ausgeweitet werden können. Blocken und Pilgern zusammen bilden seither das »Mannesmann-Verfahren«. Mit dieser Technik ausgestattet, werden 1890 die Werke unter dem neuen Dach der »Deutsch-Österreichischen Mannesmannröhren-Werke AG« zusammengefaßt. Ein phänomenaler Aufstieg beginnt. Die Mannesmann-Röhren werden zum Verkaufsschlager in aller Welt.
Der »Kladderadatsch« dichtet den Mannesmännern am 27. April 1890 die Verse:

Das ist fürwahr ein Wundermann,
Wie packt er Stahl und Eisen an!

Er walzt es schräg, er zieht es quer,
Er formt es, als ob es Butter wär;
Trotz Widerstreben und Verdruß,
Wenn es nicht folgen will – es muß!
Drum steht ihm wohl der Name an,
Der kräftig klingende »Mannesmann«!

Reinhard Mannesmann erlebt den Erfolg seines Unternehmens und seiner tüchtigen Söhne noch vier Jahre lang. 1894 stirbt er, zufrieden mit seiner Lebensleistung, am 27. April in Remscheid.

Was uns mit den Gründern verbindet

Geschichte wird von Menschen gemacht und die Geschichte eines Unternehmens ist vornehmlich das Werk seiner Mitarbeiter. Seit mehr als hundert Jahren setzen Tausende von Frauen und Männern ihr Können und Wissen für Mannesmann ein. Ihnen und ihrer Arbeit fühle ich mich als Vorstandsvorsitzender verbunden. Dies schließt die Unternehmensgründer Reinhard und Max Mannesmann ein.

Die Geschichte von Mannesmann, die von Beginn an eine Geschichte der erfolgreichen Überwindung von Schwierigkeiten und Problemen war, vermittelt Zuversicht und Standfestigkeit. Beides zeichnete auch die Brüder Mannesmann aus. Daher, aber auch als Ingenieure, stehen sie mir nahe.

Sie machten eine Erfindung, die die Welt veränderte. So sah Auguste Renoir, der Maler des Lichtes und der Freude, in dieser Erfindung den Beginn der modernen Zivilisation.

Die Mannesmänner waren von ihrer Erfindung und von sich selbst überzeugt. Weder die Unzulänglichkeiten des Einsatzmaterials noch die Rückständigkeit der damaligen Maschinenbauindustrie vermochten

Sogar Laternenmasten, wie hier in Wien um 1900, werden aus den nahtlosen Mannesmann-Röhren hergestellt.

sie zu entmutigen. Was sich als unzureichend erwies, wurde verbessert. Was fehlte, wurde hinzuerfunden. Neben der überragenden technischen Begabung der Brüder Mannesmann bedurfte es eines eisernen Fleißes. Mit der ihnen eigenen Initiative und Gründlichkeit entwarfen sie ein großes, weitgespanntes Versuchsprogramm. Sie zogen dies trotz aller Widrigkeiten durch, bis sie die Schrägwalzmethode ausgebildet hatten und damit aus dem vollen Stahlblock nahtlose Hohlkörper hergestellt werden konnten. Als sie dann an der technischen Unmöglichkeit scheiterten, allein auf der Schrägwalze fertige Stahlrohre mit handelsüblicher Wand und Länge zu produzieren, gaben sie nicht auf. Sie begnügten sich auch nicht mit der Anwendung bekannter, jedoch teurer Verfahren. In dieser Situation, in der nicht nur die beiden Erfinder sich längst am Ziel geglaubt hatten und die Kapitalgeber schon unruhig geworden waren, galt es einen neuen Weg zu suchen. Er wurde in einer weiteren großen Erfindung, dem Pilgerschrittverfahren, gefunden. Gerade diese Leistung bestätigte die große kreative Begabung der Mannesmänner.

Eine erste wesentliche Erfindung mag dem Zufall, dem günstigen Umfeld und dem Zusammenspiel mehrerer an der Erfindung beteiligter Personen zu verdanken sein. Eine zweite originäre Idee, die die notwendige Ergänzung der ersten Erfindung liefert, ist dagegen schon Beweis für Genialität, zumal die zweite Erfindung unter einem ungeheuren Erfolgsdruck, dem die Erfinder und ihr Unternehmen unterlagen, gemacht werden mußte.

Die schöpferische Potenz und die optimistische »Besessenheit« sind uns heute Vorbild bei der Bewältigung unserer Probleme. Ich wünsche sie mir und den Mannesmann-Mitarbeitern. Allerdings, auch das lehrt die Besinnung auf die ersten Jahre der Unter-

nehmensgeschichte, darf Problemlösung nicht um ihrer selbst willen betrieben werden. Im verständlichen Bemühen, das Verfahren weiter zu verbessern, haben die Brüder Mannesmann zu Lasten eines ungestörten Produktionsablaufes und ohne Rücksicht auf die Kosten ihre Versuche weiterbetrieben. Sie setzten die Ingenieursarbeit absolut und entzogen sie der Kontrolle durch den Kaufmann. Dies war ein Fehler.
Unser Unternehmen zählte bereits bei seiner Gründung zu den zehn größten im Deutschen Reich. Es hätte trotz der genialen Erfindung von Reinhard und Max Mannesmann beinahe nicht das dritte Jahr seines Bestehens überlebt. Eine Unterbilanz von zwanzig Millionen Goldmark mußte ausgewiesen werden. Der Verlust wurde nicht durch eine Kapitalzusammenlegung, sondern durch jahrelange Gewinneinbehaltung abgetragen, wozu alle Mitarbeiter ihren Teil beitrugen. Wie diese schwierige, die Existenz des Unternehmens bedrohende Lage bewältigt wurde, half, das zu Beginn verlorengegangene Ansehen wiederzugewinnen. Der schließlich aus eigener Kraft bewirkte Erfolg ist uns beispielgebend für Gegenwart und Zukunft.

Werner H. Dieter
Vorstandsvorsitzender
der Mannesmann AG

JOSEF NECKERMANN

Neckermann macht's möglich

Josef Neckermann hat zwei Gesichter – ein buntes und ein braunes. Den bunten Neckermann kennt jeder: Versandhauskönig, Verkaufsgenie und Vierbeinfanatiker, Dressurreiter und Dressman, Mäzen und Mildtäter. Die Inkarnation des deutschen Wirtschaftswunders, der Neckermann, der's möglich macht, der Olympiasieger und Übervater der Deutschen Sporthilfe, familienväterlich, großzügig, edel, bescheiden und treu – so kennt man ihn und so ist er (auch) gewesen.

Doch bleibt der bunte nur der halbe Neckermann. Wer den anderen, den braunen und deshalb unbekannten Neckermann kennenlernen will, muß 1928 in Würzburg beginnen. In diesem Jahr verliert der sechzehnjährige Josef seinen Vater und zugleich seine Jugend. Schlagartig bricht der Ernst des Lebens über den verwöhnten Bürgerssohn herein. Sein heißgeliebtes Reiterhobby muß er gegen ein kaltes Berufsleben tauschen. Die resolute Mutter holt den pubertären Buben sofort von der Schule und schickt ihn in die Banklehre, dann zu langmonatigen Praktika nach Stettin, nach England und Lüttich. »Ich mußte im Schweinsgalopp erwachsen werden und hatte doch keinen, der mir sagen konnte, wie das eigentlich geht.«

Der frühe Tod des Vaters macht ihn orientierungslos. In seinen Memoiren schreibt er: »Nur raus hier.

Die Eltern: Julia und Josef Carl Neckermann im Jahr 1928.

Nichts wie weg. Jetzt einfach abhauen, mit dem Fahrrad schnell zum Stall, das erstbeste Pferd aufzäumen und weg ... In meiner Erinnerung schnurren die Monate nach Vaters Tod zu einer großen Pein zusammen.« Der jugendliche Neckermann kämpft mit Ängsten, ist zutiefst verunsichert und verletzt. Die Trauer um den Vater mischt sich angesichts der hereinbrechenden Weltwirtschaftskrise mit Furcht vor der eigenen Zukunft: »Das Gespenst der Deklassierung stand wie eine schwarze Wand vor mir«, bekennt Neckermann später. Kein Wunder, daß er die »Flucht nach vorn« – eine Lieblingswendung des Vaterlosen – an-

tritt. In dieser Flucht nach vorn liegt die Wurzel für Neckermanns Ehrgeiz – ein Geheimnis seines Erfolges. Als wolle er die verlorengegangene Lebensleistung seines Vaters mit der seinen aufholen, wirft er sich ins Zeug. Schon damals sagt er sich, muß er sich sagen: »Neckermann macht's möglich« – und er macht es möglich.
Auf der Suche nach dem verlorenen Vater kennt Neckermann kaum Grenzen. So wird dem Vaterlosen die vaterländische Bewegung zur Sublimation. Im Nationalsozialismus erblickt Neckermann ein neues Identitätsangebot und zugleich eine ganz persönliche Karriere-Chance. Sie nimmt er zielstrebig wahr. Schon 1933 wird er Mitglied der Reiter-SA. Von seinem völkisch denkenden Schwiegervater und Autohändler Brückner angespornt – eine enge, allzu enge Bindung, die sich auch nur mit dem frühen Tod des Vaters erklärt (»Je länger, je mehr entwickelte sich zwischen uns eine solide Vater-Sohn-Verbindung«) – kauft er sich das Kaufhaus eines unter Druck gesetzten Juden und wird ohne große Gewissensbisse zum »Arisierer«. Obwohl seine Frau im Krankenhaus liegt und den ersten Sohn erwartet, verhandelt Neckermann mit Nazis und Bankenvertretern über den Besitz des in die Schweiz geflüchteten Juden Ruschkewitz. »Hätte ich an jenem 25. Oktober 1935 geahnt, worauf ich mich einließ, hätte ich den Termin in der Dresdner Bank vielleicht noch in allerletzter Minute abgesagt. Schließlich hatte ich die beste aller Ausreden: meine Frau lag im Kreißsaal. In den frühen Morgenstunden wurde unser Sohn Peter geboren. Oder ich hätte mein Täßchen Kaffee getrunken, hätte das Angebot höflich angehört und wäre dann wieder gegangen. Ohne Kaufhaus. Aber ich blieb, rührte die Milch im Kaffee sorgfältig um und wurde so zum Ariseur.« Lakonisch resümiert er später: »Ich wollte etwas ganz Großes.

Keine Frage: Ich mußte einen Betrieb kaufen. Und die Zeiten waren günstig.« Gewiß, Neckermann bezahlt für das Kaufhaus, doch den Umständen entsprechend wenig. Die Zeiten waren günstig – für ihn.
Der aufstrebende Neckermann ist ganze 23 Jahre jung, frisch verheiratet, noch frischerer Vater, als er von Nazi-Gnaden auf diese Weise zum Würzburger Kaufhauskönig gekrönt wird. Er wandelt sich dabei durchaus nicht zum überzeugten Nazi, vielmehr ist er katholisch und von daher mit einem gesunden Ressentiment gegen »die Bewegung« ausgestattet. Seine Verwurzelung in der Kirche geht so weit, daß er mit seiner evangelischen Frau Annemi persönlich zu einer Audienz bei Papst Pius XI. vorspricht und sich die Hochzeit genehmigen läßt. Die kirchliche Hochzeit in Würzburg wird schließlich sogar von antikirchlichen Nazibanden gestört. In Partei-Protokollen wird festgehalten: »Neckermann-Familie auf Seiten staatsfeindlicher Kleriker«.
Neckermann zieht das braune Hemd nicht aus Begeisterung, sondern aus Kalkül an. Er ist kein Nazi, aber er arrangiert sich, und das nicht schlecht. Als Mittzwanziger Aufsteiger verdient er noch in Würzburg seine erste Million. Er kauft sich das Textilfachgeschäft Vetter – ebenfalls kurz vorher von jüdischen Besitzern »arisiert« – und wird zum Großunternehmer. Behilflich ist ihm bei alledem, daß er der NSDAP beitritt – Mitgliedsnummer: 4 516 510. Den bequemen Weg, sich am Besitz verfolgter Juden zu bereichern, geht Neckermann ein drittes Mal – und diesmal langt er kräftig zu. Es ist im Sommer 1938, Hitler hat gerade Österreich »heim ins Reich geholt«, da vermittelt wieder Neckermanns Schwiegervater ein zweifelhaftes Geschäft: Das Versandhaus des Karl Amson Joel steht zum Verkauf. Der jüdische Firmenchef Joel ist vor den Nationalsozialisten in die Schweiz geflüch-

tet. Neckermann zögert nicht, greift zu und wird schlagartig ein großer Versandhausunternehmer. In Berlin kauft er sich das damals drittgrößte Versandhaus des Deutschen Reichs.

Genau zehn Jahre nach dem Tod des Vaters hat Josef Neckermann es endgültig geschafft. Er ist erst 26 Jahre alt und schon ein Unternehmensfürst – im braunen Gewand allerdings. Zu früh, zu rasch auf eigene Beine gezwungen, wirft er die Moral über Bord, um sich und allen zu beweisen: »Neckermann macht's möglich.« Immer wirkt er dabei wie jemand, der zu schnell zu viel will, immer hastig, eben wie einer, der etwas zu kompensieren hat.

Wo seine Konkurrenten sich zu fein sind, kennt Neckermann keine Skrupel. Er ist kein feinsinniger Intellektueller, kein politisch Empfindsamer, er ist ein Macher geworden. Als der Krieg das Versandgeschäft zum Erliegen bringt, steigt Neckermann erst richtig ein: als großer Organisator der textilen Versorgung des Hitlerreiches. Sein Kommentar: »Abstinenz hätte den Ruin bedeutet.« Für die Arbeiter am Westwall liefert er Wolldecken, für die Soldaten an der Ostfront Winteruniformen und für Zwangsarbeiter Arbeitsanzüge. Er wird Initiator der »Zentrallagergemeinschaft für Bekleidung« und Leiter der Reichsstelle Kleidung. Im Wirtschaftsministerium gelingt ihm eine Karriere. Die braune Verstrickung wird tiefer. Neckermann scheut sich nicht, Kleider von Juden aus den Konzentrationslagern in polnischen Gettos umnähen zu lassen: »Ich hatte Nähmaschinen ins Getto stellen lassen und war stolz darauf und überzeugt, etwas Gutes zu tun. Wir gaben den Juden Arbeit, halfen ihnen damit zu überleben, es herrschten entsetzliche Zustände im Getto.« Neckermann sieht, wie seine polnischen Textil-Arbeiterinnen in Bialystok bei schlechter Arbeit gehängt werden, er sieht, unter welchen menschen-

unwürdigen Zuständen jüdische Frauen im Getto von Lodz Kinder zur Welt bringen, und er sieht, wie sich seine Mitarbeiter an den im Kleidersaum eingenähten Schmuckstücken jüdischer Familien bereichern.
Aber Neckermann macht keinen Rückzieher, er macht es seinem Führer auch weiter möglich. Am 20. April 1942 begegnet er Hitler persönlich, gratuliert ihm zum Geburtstag und diniert mit dem Stabschef im trauten Kreis. In der Wolfsschanze darf Neckermann seine neuen Winteruniformen für die Ostfront präsentieren: »Hitler näherte sich mit seinem Troß. Er trug Spuren von Make-up im Gesicht. Speer stellte uns vor. Die acht SS-Männer salutierten. Während ich mit großer Gestik die Vorzüge der Kordel- und Knebelverschlüsse demonstrierte, passierte das einzige, worauf ich nicht vorbereitet war: Mein Armband, das ich fast bis zum Ellenbogen hochgeschoben hatte, rutschte vor. Mir stockte der Atem. Aber nichts geschah. Die Präsentation verlief reibungslos. Hitler hörte interessiert zu, und Himmler nutzte die Informationen, die ich ihm gegeben hatte, zu geschickten Zwischenfragen und Einwürfen, die mir sehr gelegen kamen. Die Militärs hielten sich zurück. Unsere Winterausrüstung hatte überzeugt. Nun mußten wir nur noch das Wunder vollbringen und drei Millionen Uniformen bis August 1942 produzieren und ausliefern.«
Neckermann macht auch das möglich. Hinter der Ostfront in Rußland reist er umher und organisiert in den vier Monaten Textilien, wo er sie nur kriegen kann. Das logistische Meisterstück gelingt. Er bekommt das Kriegsverdienstkreuz erster Klasse und wird zum »Reichsbeauftragten für Kleidung und verwandte Gebiete« bestellt.
Im Osten kommt Neckermann in engen Kontakt mit den Männern, die den Völkermord an Juden organisieren, er sieht und erfährt vieles über das Grauen des

Nationalsozialismus. Und auch jetzt wendet er sich nicht ab. Bis zu den allerletzten Kriegstagen organisiert er statt dessen im Berliner Bombenhagel, was es noch zu organisieren gibt. Ganz am Ende, als die Russen den Belagerungsring um die Stadt fast schließen, flieht Neckermann mit dem Diamantenschatz der Reichsregierung – immerhin 9000 Karat – nach Bayern, zurück in die Heimat. Die Amerikaner verhaften ihn, nehmen ihm nach langer Suche den Schatz ab und stecken ihn für ein knappes Jahr ins Gefängnis: »Bei der Einlieferung war ich nach meinem Beruf gefragt worden. Kaufmann – Textilkaufmann. Also kam ich in die Näherei. Nie im Leben hatte ich an einer Nähmaschine gesessen. Es war der reine Hohn: Die Bettlaken, Kissen und Handtücher, die ich säumen mußte, waren für die Firma Wäsche- und Kleider-Fabrik Josef Neckermann bestimmt, wie ich anhand der Laufzettel feststellte.«
Der braune Neckermann ist 33 Jahre jung, als das Hitlerreich in Schutt und Asche versinkt. Jung genug, um neu zu beginnen. »Ich empfand eine sonderbare Mischung aus Erleichterung, Niedergeschlagenheit und grenzenloser Leere«, schreibt er rückblickend. Eine Situation wie 1928 also, als sein Vater starb. Wieder hat er etwas zu kompensieren. Und wieder tritt Neckermann die Flucht nach vorne an und macht es ein zweites Mal möglich. Reifer allerdings, bunt und vor allem menschlich. *Wolfram Weimer*

Lebensweg

Josef Carl Neckermann wird am 5. Juni 1912 in Würzburg als Sohn wohlhabender Eltern geboren. Sein Vater, ein renommierter Kohlen-Großhändler, stirbt schon 1928. Daraufhin muß der sechzehnjährige Josef die Schule verlassen und eine Lehre bei der Bayerischen Hypotheken- und Wechselbank antreten. Da-

Ein quirliges Trio: Die Neckermann-Geschwister Mady, Walter und Josef (von links).

nach folgt ein achtzehnmonatiges Praktikum bei der Hedwigs-Hütte AG in Stettin und ein Aufenthalt bei einer englischen Firma in Newcastle. Letzte Station seiner Lehr- und Wanderjahre wird ein dem elterlichen Geschäft eng verbundenes Unternehmen in Lüttich.

Im deutschen Schicksalsjahr 1933 kehrt Neckermann mit der festen Absicht nach Würzburg zurück, selbständiger Unternehmer zu werden. Er heiratet und beginnt das väterliche Kohlengeschäft wiederzubeleben. Durch die Vermittlung seines Schwiegervaters erhält Neckermann von der Dresdner Bank das Angebot, im Zuge der »Arisierung« das Würzburger Textilkaufhaus Ruschkewitz und das dazugehörige Kleinpreisgeschäft Merkur zu übernehmen. Neckermann

wittert seine Chance und greift zu. Mit nur 25 Jahren verdient er seine erste Million im Einzelhandel.
Anfang 1938 kauft er sich mit dem Berliner Versandhaus »Carl Joel« – ebenfalls ein von den Nazis unter Druck gesetzter Jude – neben Witt in Weiden und Quelle in Nürnberg das drittgrößte Unternehmen seiner Art im Deutschen Reich. Die neue »Wäsche- und Kleiderfabrik Josef Neckermann« entwickelt sich rasch zu einem florierenden Großunternehmen.
Während des Zweiten Weltkrieges gründet das Organisationsgenie die »Zentrallagergemeinschaft für Bekleidung GmbH«. Unter ihrem Alleingeschäftsführer Neckermann organisiert diese in staatlichem Auftrag arbeitende Privatfirma zahlreiche Kriegs-Sonderprogramme (zum Beispiel Winteruniformen für die Ostfront). Neckermann wird schließlich zum »Reichsbeauftragten für Kleidung und verwandte Gebiete« bestellt.
Nach Kriegsende verurteilt ein amerikanisches Militärgericht Neckermann zu einem Jahr »hard labor«, weil er versucht hat, entgegen dem Kontrollratsgesetz seine Würzburger Geschäfte wieder in Betrieb zu nehmen. Kaum freigelassen, gründet Neckermann schon 1948 in Frankfurt ein neues Unternehmen auf den Namen seiner Frau Annemi, da er selbst noch mit Arbeitsverbot belegt ist – die Großhandlung »Textilgeschäft Neckermann KG«. Obwohl Neckermann mit langwierigen Wiedergutmachungsprozessen überzogen wird, läuft sein neues Geschäft rasch sehr gut.
Im Oktober 1951 entsteht die »Neckermann Versand KG«, und sein Name erscheint wieder im Handelsregister. Mit einem guten Gespür für Massenfertigung und Massenverkauf erlebt das Versandhaus Neckermann einen phänomenalen Aufstieg. 1953 bietet der Neckermann-Versand erstmals Rundfunkgeräte zu

Versandhauskönig vor und nach dem Weltkrieg – Neckermann macht's möglich. Einer der letzten Kataloge seines Berliner Versandhauses vor dem Krieg und einer der ersten danach; im Frühjahr 1950 hat er nicht mehr als 12 Seiten.

sensationell niedrigen Preisen an, ab 1954 liefert er auch Kühlschränke zu Dumping-Preisen, ab 1955 Waschmaschinen, ein Jahr später auch Mopeds. Der Name Neckermann avanciert für Millionen Deutsche zum Synonym des Wirtschaftswunders. Und der Werbeslogan »Neckermann machts möglich« (1961) wird rasch zum geflügelten Wort und zur volkstümlichen Umschreibung der Erhardschen Forderung nach »Wohlstand für alle«.

Im Jahr 1962 steigt der Großindustrielle Friedrich Flick, der Neckermann finanzielle Starthilfe gewährt hatte, bei Neckermann wieder aus. Von diesem hohen Kapitalverlust kann sich das Unternehmen nur mühsam wieder erholen. An der neuen Neckermann KGaA (85 Millionen DM Grundkapital) behält die Familie Neckermann zunächst noch die Mehrheit von

Neckermann und Reisen (NUR): Mit dem ersten Ferienangebot von 1963 eröffnet Neckermann das Zeitalter des Massentourismus in Deutschland.

51,8 Prozent. Spätere Anteilsverkäufe reduzieren den Anteil der Familie freilich rasch auf knapp 25 Prozent.
Einen letzten Geschäftserfolg verbucht die umgestaltete Neckermanngruppe mit dem Einstieg ins Flugreisegeschäft 1963. Auch hier überträgt Neckermann das Prinzip »Großer Umsatz – kleine Gewinnmarge« auf den Tourismus. Innerhalb von nur fünf Jahren steigt das als »NUR« (Neckermann und Reisen GmbH) firmierende Unternehmen zum damals größten Veranstalter von Flugreisen auf und markiert den Start des deutschen Massentourismus.
Neckermanns Erfolge im Tourismus- und Fertighausmarkt können in den folgenden Jahren freilich die immer deutlicheren Schwächen im Warengeschäft nicht mehr ausgleichen. Schon 1958 wird Necker-

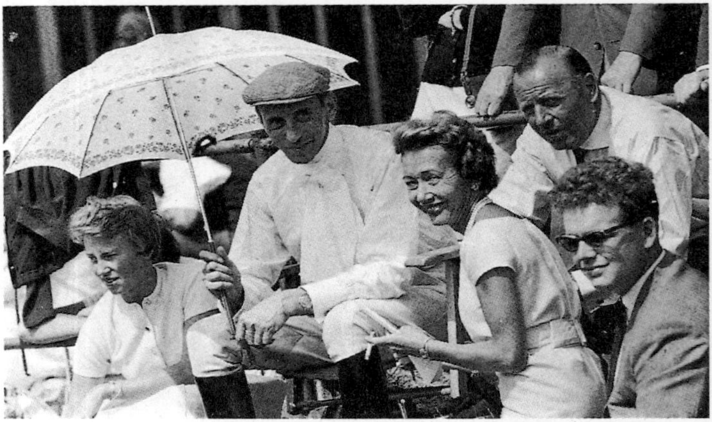

Gestiefelt und gespornt: Josef Neckermann beim Hamburger Dressur-Derby mit Frau Annemi, Tochter Evi und Chauffeur Walter Bauer.

mann von Quelle überrundet, 1966 fällt er im Versandhausgeschäft auf den dritten Platz hinter Otto zurück. Auch Supermärkte liefern ihm zusehends Konkurrenz. Trotz sprunghaft steigender Umsatzzahlen werden die Gewinnmargen immer kleiner. 1975 schrumpft der Ertrag auf magere 4,2 Millionen DM, nur noch 0,12 Prozent vom Umsatz. Ein Jahr darauf werden rote Zahlen geschrieben.

Die rapide Abwärtsentwicklung in den siebziger Jahren veranlaßt die kreditgebenden Banken 1976, nach neuen Lösungen für das einstige Familienunternehmen Ausschau zu halten. So wird das Versandhaus in eine AG umgewandelt, und Karstadt übernimmt die Aktienmehrheit. Neckermann und sein Sohn Peter verlassen 1977 die Geschäftsführung. Die unternehmerische Karriere des Firmengründers ist beendet.

Der 65 Jahre alte Neckermann wendet sich nun seiner »zweiten Karriere« zu – dem Reitsport. Nahezu zwei Jahrzehnte gehört er zu den besten Dressurrei-

Olympiasieger unter sich. Neckermann mit Sergej Filatow in Rom 1960.

tern der Welt, wird zweifacher Olympiasieger, zweifacher Weltmeister und vierfacher Europameister. 1972 startet er bei den Olympischen Spielen in München nach einem Reitunfall mit Wirbelbruch im Stahlkorsett und gewinnt dank eiserner Disziplin Bronze und Silber. Große Meriten verdient er sich schließlich als Initiator der Deutschen Sporthilfe. Im Januar 1992 stirbt »Necko« – wie er am Ende von deutschen Sportlern nur noch liebevoll genannt wird – im Alter von 79 Jahren.

»Es ging mir gut«

Die Geschäfte liefen zu meiner Zufriedenheit, ich trug Verantwortung für viele hundert Mitarbeiter, hatte zwei kleine, gesunde Kinder, wohnte in einem wunderschönen Haus, und meine Frau nörgelte nicht. Sie gab sich mit der wenigen Zeit zufrieden, die ich für die Familie zu erübrigen vermochte. Ja, ich *war* in dieser Zeit glücklich. Ich liebte die Stadt, in der ich lebte, genoß den Trubel der Metropole um mich herum, auch wenn ich kaum Gelegenheit fand, viel ins Kino, in Bars oder Tanzlokale zu gehen. Aber die Möglichkeiten waren da, in erreichbarer Nähe, und das genügte schon.

Wenn ich sage: »Ich war glücklich zu dieser Zeit«, mutet mich das heute selbst bedenklich an. Naiv oder zynisch, mit heutigen Maßstäben gemessen. Erklärungsbedürftig. *Ja, habt ihr denn nicht gewußt, was ihr tut? Wo hattet ihr bloß eure Augen, eure Ohren?*

Auch ich habe diese Fragen seit Kriegsende immer wieder gehört, öfter vielleicht sogar als andere »Mitläufer«, und nicht nur in den Wiedergutmachungsprozessen, die gegen mich geführt wurden.

Für meinen Sohn Peter war über viele Jahre hinweg alles klar: Er hatte kein Verständnis für die Schwächen, Verirrungen oder gar Verbrechen der Menschen, die den Nationalsozialismus als »Erwachsene« erlebten.

Es stimmt. Auf die bohrenden Fragen der Nachgeborenen hat meine Generation nichts Zufriedenstellendes anzubieten. *Das kann nur einer verstehen, der dabeigewesen ist*, so lautet die von uns am häufigsten

vorgebrachte Entgegnung. Die schwächste, aber unter Umständen doch die ehrlichste.
Ich war Zeitzeuge des Reichstagsbrandes, des Röhmputsches, der abenteuerlichen außenpolitischen Interventionen bereits vor Kriegsausbruch. Gewiß. Ich habe auch die sogenannte Reichskristallnacht miterlebt.
Als ich am 10. November 1938 zusammen mit meinem Schwiegervater durch die Leipziger Straße fuhr, sah ich noch, wie ein Klavier aus dem ersten Stock einer jüdischen Musikinstrumentenhandlung flog. Meinen Sie wirklich, ich hätte nicht gewußt, welches entschiedenen Zerstörungswillens es bedurfte, um ein Klavier aus einem Fenster im ersten Stock zu werfen? Das Märchen von »spontanen Kundgebungen der Bevölkerung« war doch nicht glaubwürdiger als der Klapperstorch. Ich habe auch das Geräusch gehört, mit dem eine Schaufensterscheibe dem Druck einer Mülltonne nachgab. Natürlich war ich darüber erschüttert, entsetzt – all die Werte, die da sinnlos zerstört wurden ... Aber am nächsten Tag konnten andere Dinge schon wieder zwingender sein. Es gab vielleicht Ärger mit Lieferanten, ein wichtiger Mitarbeiter bekam zum denkbar unpassendsten Zeitpunkt die Grippe ... Wir haben schließlich nicht im Geschichtsbuch gelebt, alles fein säuberlich sortiert und analysiert, das war doch ein Alltag, den wir geführt haben.
Gelegentlich hatte ich ungute Gefühle, gewiß. Ich ahnte auch, daß nicht alles mit rechten Dingen zuging, aber genau wissen ... Ich hatte nicht das geringste Bedürfnis, in Schwierigkeiten zu kommen. In politischen Dingen liegt mir keine tätige Opposition. Ich tauge nicht zum Märtyrer. *Josef Neckermann*

HEINRICH NESTLE

Der gutmütige Unruhegeist

Madame Wanner strahlt. Soeben noch sorgenvoll wie nie zuvor im Leben, fühlt sie sich nun überglücklich und dankbar: Ihr Baby Jules wird überleben! Keine Nahrung hatte ihr zwei Wochen alter Knabe vertragen können, alles, aber auch alles hatte sie ausprobiert, und doch war der Säugling zusehends nur noch schwächer geworden. Da versucht sie in ihrer Not ein letztes und reicht dem Kleinen den Brei eines Mannes aus Vevey – Jules ißt und gedeiht. Und soll schließlich 61 Jahre alt werden.

Der Mann aus Vevey ist Henri Nestlé. So wie er zum Lebensretter des kleinen Jules wird, markiert das arme Baby einen Wendepunkt auch seines Lebens: Nestlé steht am Beginn einer großartigen, einer Weltkarriere. Sieben Monate später beschreibt Nestlé das beglückende Erfolgserlebnis so: »Infolge einer schweren Krankheit seiner Mutter kam der kleine Jules Wanner einen Monat zu früh zur Welt. Er war ein schwächliches Kind, das weder Muttermilch noch andere Nahrung annahm. Man hatte bereits alle Hoffnung aufgegeben, als Professor Schnetzler mir den Fall darlegte und mich bat, einen Versuch mit meinem Kindermehl zu machen. Von dem Tag an nahm das Kind nur noch meine Kindernahrung. Er war bis jetzt noch nie krank und ist heute ein strammer Junge.«

Die Kunde vom Erfolg des Kindermehls verbreitet sich in Windeseile durch die Dörfer am Genfersee.

Immer mehr Mütter bringen nun ihre Kinder zu Nestlé und kaufen seinen Mehlbrei. Ärzte und Gelehrte interessieren sich für das neue Nährmittel, schon spinnt sich um den Namen Nestlé eine Wunderheilerlegende. Anfragen kommen nicht länger nur aus der Schweiz. Nestlés Kindermehl wird zum Selbstläufer. Die Büchsen mit dem Pulver tragen das Bild eines fröhlichen Vogelnestes in alle Welt.
Der Durchbruch kam freilich nicht über Nacht. Was hatte Heinrich nicht alles versucht, wie hatte er gewerkelt, geprüft und gemischt, neu begonnen und wieder aufgegeben, Ideen gesponnen und wieder verworfen und war doch nie müde geworden im tüchtigen Erfinderdrang. Henri Nestlé ist ein Unruhegeist. Die Konstante seines Lebens heißt Veränderung. Weder Heimat, Beruf, Lebenswerk, ja nicht einmal seinem Namen bleibt er treu. Aus dem gebürtigen Frankfurter wird ein Schweizer, aus dem gelernten Apotheker ein Chemiefabrikant, aus dem Erfolgsunternehmer ein Berufsaussteiger, aus Heinrich ein Henri.
Nestlé wird von Zeitgenossen in seinen ersten Schweizer Jahren als liebenswürdiger, aber vom Pech verfolgter Erfinder beschrieben. In seiner kleinen Fabrikscheune am Dorfrand von Vevey über dem Genfersee stellt er so ziemlich alles her, was nach Chemie riecht und vermeintlich einen Käufer findet: Kunstdünger, Likör, Essig, Zement, Senfpulver, Tafelsenf, ja Limonade und Mineralwasser. Von überall her besorgt sich Nestlé technische Neuheiten und sprüht vor immer neuen Einfällen. Keine Aufgabe ist ihm knifflig genug. Hilfsbereit löst er auch die kleinen technischen Problemchen seiner Nachbarn. Wer immer in Vevey eine kaputte Maschine hat oder eine Arznei braucht, er kommt zu Nestlé. Nur das Geschäft läuft eher schlecht als recht. Rund um den Genfersee

kennt man Nestlé bald als einen, der alles kann, geschäftlich aber nichts zuwege bringt.
In seinem häuslichen Minilabor werkelt der neugierige Chemiker unermüdlich an allen möglichen und unmöglichen Experimenten herum. Dem Gemeinderat des gemütlich-verschlafenen Städtchens allerdings geht der Wissensdurst des Jungbürgers aus Deutschland so manches Mal zu weit. Am 21. Juli 1851 zum Beispiel wird Nestlé mit einer Buße von sechs Franken bestraft, weil infolge eines chemischen Experiments aus dem Fenster seiner Wohnung Feuerwerksfunken knallten. Die erschrockenen Behörden erteilen dem Forscher einen Verweis. Die Explosion hätte schwere Folgen haben können, ängstigen sich die Gemeindevertreter. Aber Henri Nestlé läßt sich nicht entmutigen – und experimentiert weiter.
So sieht man den Unruhegeist kurz darauf durch die Weinberge des örtlichen Krankenhauses stapfen, weil er die Wirkung von Knochenmehl als Düngemittel erforschen will. Ein anderes Mal schleppt er riesige Teile einer neumodischen Dampfheizung in seine Ölmühle, um Heizverfahren zu testen. Dann wieder verblüfft Nestlé den Gemeinderat mit dem Vorschlag, die Stadtbeleuchtung zu revolutionieren. Anstatt herkömmlicher Kerzen und Rapsöl-Lampen erfindet er eine neuartige Brennflüssigkeit und nennt sie »gaz liquide«. Und der Stadt »geht ein Licht auf«: Bald brennen nachts in Vevey Straßenlampen mit Nestlés »flüssigem Gas«. Der Gemeinderat zeigt sich beeindruckt und beauftragt Nestlé, sein neues Beleuchtungssystem auch in einigen Räumen eines Gemeindehauses einzurichten. Stolz übernimmt er die Wartung der Lampen und erhält dafür von der Gemeinde sogar eine bescheidene Entlohnung. Ein lukratives Geschäft aber ist auch das nicht.

**Heinrich Nestle –
Der kinderlose Kinderretter.**

Da besinnt er sich wieder auf seine Fähigkeiten als gelernter Apotheker und selbsternannter Chemiker: Die Herstellung von Stärkungsmitteln und Kinderpräparaten fesselt jetzt seine Aufmerksamkeit. Das ist kein Zufall, sind fünf seiner eigenen Geschwister doch der hohen Kindersterblichkeit zum Opfer gefallen. Zu oft hat der kinderliebe Mann, der zeitlebens eine glückliche Ehe führte, ohne daß ihm Kinder vergönnt gewesen wären, es miterlebt, daß Säuglinge einfach deshalb starben, weil es außer der Muttermilch keine zweckmäßige Ersatznahrung gab. In einer Schrift »Über die Ernährung der Kinder« schreibt Nestlé selbst: »Niemals wird es Frauenmilch genug geben für alle neugeborenen Kinder; die Verweichlichung unserer Sitten ist Schuld daran; wir müssen also einen Ersatz der fehlenden Muttermilch haben.« So sucht er nach einer Säuglingsnahrung, die sich aus den Grundnährstoffen Milch, Zucker und Weizenmehl maschinell herstellen und in luftdicht verschlossenen Metalldosen verschicken läßt. Er testet zahlreiche Zusammensetzungen und steckt all sein Geld in die Idee, ein Kindermehl herzustellen, das, mit reinem Wasser warm zubereitet, eine bekömmliche und hochwertige Säuglingsnahrung ergeben soll.

Nestlé beschreibt sein Verfahren so: »Die Grundlage meines Kindermehls ist die gute Schweizer Milch, die mittels einer mit Luftdruck arbeitenden Pumpe bei niedriger Temperatur konzentriert wird, wobei die ganze Frische der warmen Milch erhalten bleibt. Das Brot wird nach einer neuen, von mir erfundenen Methode gebacken und nach wissenschaftlich genau ausgewogenen Verhältnissen beigemischt und stellt somit eine Nahrung dar, die nichts mehr zu wünschen übrig läßt.« Obwohl Nestlé fest an die Wirksamkeit seines Kindermehls glaubt, ist er damit wieder einmal ziemlich allein. Nur mühsam kaufen ihm ein-

Nestle revolutioniert die Babynahrung. Sein Kindermehl kann Muttermilch ersetzen. In luftdicht verschlossenen Pulverdosen wird das Bild eines fröhlichen Vogelnestes in alle Welt getragen.

zelne Mütter oder Ärzte das neuartige Pulvergemisch ab, bis im Jahr 1867 für den liebenswerten Nestlé – er zählt 53 Jahre – dann die Stunde seines Lebenserfolges schlägt. Sein Freund Schnetzler, der an der Oberschule Naturkunde unterrichtet, erzählt ihm von dem zwei Wochen alten Säugling Jules Wanner, der keine ihm gereichte Nahrung verträgt und zusehends schwächer wird. Nestlé zögert nicht, macht Brei aus seinem Mehl und läßt es dem kleinen Jules Wanner geben.

Mit dem großen Erfolg wachsen auch die Ansprüche an seine kaufmännischen Fähigkeiten: Ein Unternehmen muß aufgebaut und zu einer glücklichen Entfaltung gebracht werden. Damit beginnt für den Kindermehlerfinder die große Wandlung. Er war ein Chemiker, ein Wissenschaftler, ein Pröbler gewesen und wurde von vielen als unpraktischer Mensch, als Träumer, ja sogar als Pechvogel betrachtet, der es mit seinen vielen Ideen und Kenntnissen doch nie auf einen grünen Zweig bringen werde. Nun aber sollte er plötzlich Industrieller, Unternehmer und Kaufmann werden, der vorteilhaft einkauft, Maschinen einrichtet und Personal anleitet und beaufsichtigt. Es zeigt sich bald, daß dem Unruhegeist seine über lange Jahre erlernte Flexibilität zugute kommt. Der Sprung ins Managertum gelingt.

Seine Wärme und Güte verliert er darüber nicht. Der Geschäftssinn hat den Blick auf menschliche Werte nicht verstellt. Als er wieder einmal an eine Vergrößerung seines Unternehmens denkt und nach finanziellen Geschäftsverbindungen Ausschau hält, meldet sich schriftlich ein Unbekannter und beruft sich auf einen gemeinsamen Freund. Nestlé wendet sich an diesen Freund umgehend mit drei Fragen: Erstens: »Hat derselbe einen lieben, freundlichen Charakter?« Zweitens: »Ist er verheiratet und hat er Familie?« Drittens: »Könnte er Kapital einsetzen und wieviel ungefähr?« Nestlé interessiert kein Werdegang, keine Ausbildung, kein gesellschaftlicher Rang. Ihn interessiert an erster Stelle der liebe und freundliche Charakter. Erst zuletzt und fast notgedrungen fragt er nach dem geschäftlich Notwendigen, nach den finanziellen Gegebenheiten der anvisierten Teilhaberschaft.

Und doch wäre Nestlé nicht Nestlé, hätte er sich bis ans Lebensende mit dem Aufbau seines Konzernimperiums abgegeben. Mitten im Expansionsdrang verkauft der Aufsteiger und mittlerweile weltbekannte Erfolgsunternehmer 1874 plötzlich. Mit seiner Frau will er den Lebensabend privat genießen. Sie war zeitlebens die einzige Konstante in seinem wechselvollen Leben gewesen. Ihr will er seine Zeit schenken, nicht dem beruflichen Ehrgeiz. Ihr kauft er auch eine schöne zweispännige Kutsche, mit der die beiden im Gebiet von Montreux zahlreiche Ausflugsfahrten unternehmen. Bei einer dieser Fahrten beobachtet Nestlé, wie die Bauersfrauen und Einkäuferinnen auf dem Markt in Montreux ihre Geschäfte bei strömendem Regen abwickeln müssen. Kurzerhand läßt er auf eigene Kosten eine eiserne Markthalle für 80 000 Franken bauen. Sie steht noch heute.

Christiane Götz

Lebensweg

Heinrich Nestle wird 1814 in Frankfurt am Main als elftes Kind eines Handwerksmeisters geboren. Als Sechzehnjähriger verliert er den Vater. Nach einer Apotheker-Lehre kehrt Nestle Deutschland den Rükken und wandert in die Schweiz nach Vevey aus. Dort arbeitet er ab 1839 als selbständiger Unternehmer und vertreibt mit bescheidenem Erfolg zunächst Likör, Mineralwasser, Essig und Senf. Der umtriebige Einwanderer versucht sich auch mit einem Sägewerk sowie einer Öl- und Steinmühle. 1857 tut er sich mit anderen Kaufleuten der Stadt zusammen und gründet eine kleine Firma, die Kunstdünger produziert und zudem noch flüssiges Gas für die insgesamt zwölf Laternen von Vevey herstellt. Fortan nennt der Neuschweizer sich französisch Henri Nestlé und gibt als Beruf Chemiker an.

Da fünf von Nestlés eigenen Geschwistern der hohen Kindersterblichkeit zum Opfer gefallen waren, ist es kein Zufall, daß der gelernte Apotheker und selbster-

Schon 1874 beläuft sich der Jahresumsatz auf eine halbe Million Büchsen Kindermehl. Die Massenfertigung hat begonnen.

nannte Chemiker beginnt, im Labor mit der Herstellung von Stärkungsmitteln und Kinderpräparaten zu experimentieren. Im Jahr 1867 gelingt ihm damit der Durchbruch. Er entwickelt ein Nährmehl für Säuglinge, das als vollwertige Ersatznahrung anstelle von Muttermilch gegeben werden kann. Die »Farine lac-

tée« besteht aus Weizenmehl, Milch und Zucker und rettet einem schon totgesagten Säugling sensationell das Leben.
Das Kindermehl Henri Nestlés findet rasch wachsenden Zuspruch. Schon 1868 kommen Bestellungen aus Frankfurt, London und Paris ins schweizerische Vevey. Ende 1869 liegt die Tagesproduktion für Kindermehl bei einer halben Tonne. Auf der Weltausstellung 1872 in Paris erhält sein Produkt die erste goldene Medaille. 1874 beläuft sich der Jahresumsatz schon auf eine halbe Million Büchsen Kindermehl. Seine Erfindung ist zum Massenprodukt geworden. Henri Nestlé, inzwischen 61 Jahre alt, will seine Lebensleistung genießen und verkauft 1875 das florierende Unternehmen für eine Million Schweizer Franken an drei Bekannte. Der Müller, der Bürgermeister und der Neffe des Müllers von Vevey gründen die Aktiengesellschaft »Farine Lactée Henri Nestlé«. Nestlé selbst zieht sich ganz aus dem Geschäft zurück und genießt mit seiner Frau in der Umgebung von Montreux die letzten Jahre seines Lebens. Dort stirbt er im Jahre 1890 – kinderlos.

Auf gesunder, wissenschaftlicher Basis

Aus Paris erhalte ich sehr erfreuliche Nachrichten, ein dortiger Arzt hofft, in einem großen Kinderspitale die Sterblichkeit durch mein Mehl von 80 Prozent auf 10 Prozent herabzubringen. In New York erzielte Dr. Hull ebenfalls in einem der größten Kinderspitäler, welche es gibt, ebenfalls die glänzendsten Resultate, und er verwendet das Mehl zentnerweise. Ich werde mir offizielle Berichte darüber zu verschaffen versuchen, was jedenfalls besser wirken wird, wenn es bekanntgemacht wird, als alle Marktschreiereien. Ich werde mein Geschäft auf gesunder, wissenschaftlicher Basis zu erhalten suchen und mich auf keine Schwindeleien einlassen. Ich werde mich daher nur mit solchen Männern halten, die mich verstehen. Die Idee, so vielen Kindern das Leben gerettet zu haben, ist auch ein Faktor, welcher mitzählt, der bloße Geldgewinn gab mir nicht allein den Anlaß zu meiner Erfindung. *Heinrich Nestle*

Vorreiter des Markenprodukts

Als Heinrich Nestle 1875 sein Unternehmen verkaufte und sich vollständig daraus zurückzog, hinterließ er uns ein reiches Vermächtnis: seinen Namen, eine einzigartige Marke und die Überzeugung, daß diese in einem Unternehmen wie dem unseren einen ganz zentralen Erfolgsfaktor darstellt.
Der Apotheker Henri Nestlé war einer jener Pioniere der Gründerzeit, die mit rastloser Hingabe und unternehmerischem Schwung ihre Firmen aus dem Nichts entstehen ließen. Als sich 1867 sein Produkt, ein Kindernährmittel aus Milch und gemälztem Getreide, nach kurzer Zeit schon in der Schweiz durchsetzte, drängte er sofort auf die Märkte des benachbarten Auslandes, und schon 1873 war sein Kindermehl in 17 Ländern Europas und in Übersee erhältlich. Der Erfolg von »Henri Nestlé's Kindermehl« erklärt sich ganz einfach: Es entsprach einem wirklichen Bedürfnis, es bot klare Vorteile gegenüber anderen Lösungen oder Produkten, und das günstige Preis-Nutzen-Verhältnis war offensichtlich. Dazu kamen Qualität und ein überlegtes Marketing ... alles Überlegungen, die heute noch über Erfolg oder Mißerfolg entscheiden. Auch das »zweite Bein« des Unternehmens, die »Anglo-Swiss Condensed Milk Company«, wurde von Nicht-Schweizern, dem amerikanischen Brüderpaar

Page in Cham, am Zugersee, gegründet und eröffnete schon 1867, ein Jahr nach der Gründung, ein Zweigbüro in London. Diese internationale Ausrichtung ist uns erhalten geblieben, und wir sind sicher das »multinationalste aller multinationalen Unternehmen«. Nestlé ist heute in praktisch allen Ländern der Welt vertreten; wir besitzen Fabriken in über 60 Ländern, im Zentrum in Vevey arbeiten Menschen 62 verschiedener Nationalitäten, und allein im Top-Management sitzen Leute mit sechs verschiedenen Pässen. Henri Nestlé vererbte uns seinen Namen und damit sein Familienwappen, das Nest mit der Vogelmutter, die ihre Kleinen ernährt. Wenige Unternehmen haben das Glück, in ihrem historischen Firmenlogo eine so klare Aussage zu ihrer Aufgabe zu finden. Das Symbol ist allen Kulturkreisen, allen Sprachen und allen Altersklassen verständlich und gibt einen unmittelbaren, emotionalen Bezug zum Produkt. Henri Nestlé war sich dessen wohl bewußt, und in einem Brief an einen Agenten, der ihm empfahl, statt des Nestes ein Schweizer Kreuz auf sein Produkt zu setzen, schrieb er: »... man muß mein Erzeugnis auf den ersten Blick erkennen können. Das Nest ist nicht nur meine Marke, sondern es ist zugleich auch mein Familienwappen ... Jeder hat das Recht, das Kreuz zu benutzen, aber niemand darf sich meines Familienwappens bedienen.«

Als ich die Führung des Konzerns übernahm, habe ich dafür gesorgt, daß dieses einzigartige Logo wieder die ihm gebührende Wichtigkeit bekam. So wird es heute als Nestlé-Qualitätssiegel auf praktisch allen Produkten der Gruppe angewandt und als Werbeträger vom Briefpapier bis zum Geschäftssitz, weltweit eingesetzt.

Ich bin überzeugt, daß das »corporate image« und die Marke noch an Bedeutung gewinnen werden. In einer

Zeit immer differenzierterer und anonymerer Märkte, immer rascherer Veränderungen und wachsender Unsicherheit ist die Marke als Orientierungsmerkmal und als Element des Vertrauens unersetzlich. Henri Nestlé hat dies sehr früh erkannt, und seine Nachfolger haben über die Jahre eine Reihe von international bekannten, sehr starken und zugkräftigen Marken aufgebaut. Dies ist eine der Stärken unseres Unternehmens und erklärt, warum, wie bei Henri Nestlé, ein sorgfältiger Umgang mit der Marke, ihrem Einsatz und ihrem Erscheinungsbild, auch weiterhin eine Aufgabe für die Unternehmensspitze bleibt.

Helmut O. Maucher
Präsident der Nestlé AG

HEINZ NIXDORF

Der knorrige Patriarch der Elektronik

Heinz Nixdorf ist ein Westfale, wie er im Buche steht – groß, eckig, blond, spröde. Anders als ein Hans L. Merkle, ein Eberhard von Kuenheim, ein Wilfried Guth überglänzt er keinen Aufsichtsrat, brilliert er nicht auf internationalen Symposien und im Fernsehen, schmückt er auch nicht die Parties der Wirtschaftsprominenz an Ruhr, Rhein, Neckar und Isar. Ihm genügt es, seinen Einfluß in der eigenen Firma geltend zu machen – sie liegt an der Pader.
Von anderen Wirtschaftsbossen unterscheidet ihn, daß er nicht Angestellter einer Kapitalgesellschaft ist, sondern Eigentümer-Unternehmer. Herr im eigenen Hause.

Heinz Nixdorf macht sich nichts aus Rummel. Selbstbewußtsein bedarf keiner zusätzlichen Pflege. Am liebsten lebt er zurückgezogen in seiner Geburtsstadt Paderborn, dieser abseits der großen Verkehrsströme gelegenen, soliden, schwarzen Bischofsstadt. In unmittelbarer Nähe des unauffälligen Flachdach-Bungalows mit Swimming-pool, den er mit seiner Familie bewohnt, liegt auch die Hauptverwaltung des Konzerns am Fürstenweg. Der Besuch auf »Libori«, der riesigen Kirmes in der Katholikenstadt, und der Skatabend mit alten Klassenkameraden sind ihm gesellschaftliche Abwechslung genug. Auf den ersten Blick ist er ein Mann ohne Ausstrahlung, ein Schicksal aus der deutschen Provinz. Wie daraus ein fulminanter internationaler Erfolg wurde, ist eine Geschichte, die auf postindustrielle Ruhe versessenen Leuten den Schlaf rauben kann.

Zu erzählen ist von einem Technokraten, der sich nicht scheut, Patriarch zu sein; von einem Unternehmer, der sich nicht durch seinen Gewinn legitimiert fühlt, sondern erst durch die Zahl der Arbeitsplätze, die er damit schafft; von einer genialen Begabung, in der sich ein herausfordernder, mitreißender Führungsstil mit innovativer Autorität verbindet. Sein Technologie-Konzern wuchs durch den Erfolg, den Nixdorf beim Kunden hatte, nicht durch staatliche Unterstützung. Karl Hohmann, Ludwig Erhards treuer Nachlaßhüter, schreckte nicht davor zurück, bei der Verleihung der Ludwig-Erhard-Medaille an Heinz Nixdorf von einer »Sensation des Positiven« zu sprechen.

An Superlative ist der Computer-Industrielle gewöhnt. Wilhelm Christians, Vorstandssprecher der Deutschen Bank, nannte ihn einmal »eine Rarität«. Der Banker wußte, wovon er sprach. Mit unendlicher Geduld hatte er fünfzehn Jahre lang Überzeugungsarbeit bei Nixdorf geleistet – von Westfale zu Westfale, beide sind in Paderborn geboren –, ehe sein Gesprächspartner bereit war, die Aktie emotionslos als Finanzierungsinstrument zu betrachten und einen Anteil von zwanzig Prozent seiner Gesellschaft an der Börse zu verkaufen. Das schönste Geld ist für Nixdorf heute noch »das selbstgebildete Kapital aus dem Gewinn der erfolgreichen Jahre«. Doch für das stürmische Wachstum seines Konzerns brauchte er mehr. Er mußte Kapital von außen zuführen.

»Erst Nixdorf gibt der Wiederentdeckung der Aktie den richtigen Glanz«, kommentierte die *ZEIT*. Für Heinz Nixdorf war aber vor allem wichtig, daß der

Anteil, den er herausgerückt hatte, nur aus stimmrechtlosen Vorzugsaktien bestand: Er bleibt Herr im Hause, er behält das Recht aufs letzte Wort.
Wie entscheidend das für ihn ist, erfuhr vor einigen Jahren der VW-Konzern. Er hatte eine Partnerschaft mit dem Technologie-Unternehmen ins Auge gefaßt. Kurz vor der Unterzeichnung des Vertrages, der zu einer Kapitalbeteiligung der Wolfsburger in Paderborn führen sollte, sprang Nixdorf ab. Sein Rückzug galt damals als kurios. Inzwischen kann er sich dazu gratulieren, daß sein Instinkt über die scheinbare Logik siegte. Vor wenigen Tagen erst wurde über die Spannungen zwischen VW und dem Nürnberger Elektronik-Unternehmen Triumph-Adler berichtet, jener Firma, die die Wolfsburger statt Nixdorf kauften. VW mit seiner Monostruktur, hieß die Klage, habe »das ständig wechselnde Marktgeschehen in der Elektronikbranche nie verstanden«. Der »Behördenapparat« des Volkswagenwerkes mit seinen Stabsabteilungen, vor allem seiner Revision, habe ständig »mehr bremsend als beflügelnd« gewirkt.
Nixdorf haßt alle Verwaltungen, auch die eigene. In seiner Sicht sind sie der unproduktive Rest, dessen Schwerfälligkeit ihn bis zur Weißglut reizt. »Scheißrepublik« rief er vor ein paar Jahren bei einem Firmenbesuch des damals noch designierten nordrhein-westfälischen Ministerpräsidenten Johannes Rau voller Zorn aus, weil er sich von bürokratischen Vorschriften eingeengt fühlte. Er erwartet, daß über seine privaten Initiativen in freier Konkurrenz auf dem Markt entschieden wird und nicht in den Amtsstuben der Bürokraten. »Mein Dank«, schnappte er einmal bissig, »gilt allen, die mich durch ihr Nichtstun haben gewähren lassen«.
Heinz Nixdorf kann aggressiv werden wie ein einsamer Wolf. Dafür gehört er nicht zu jenen Unterneh-

mern, die im Jammern ihr Heil suchen. Er schafft, er leistet, reibt sich an Widerständen und mißt sich an Stärkeren. Von Anfang an setzte er darauf, daß unser Land zwei Dinge braucht, um der Zukunft standhalten zu können: den Computer und den deutschen Facharbeiter.

Heinz Nixdorf ist nicht schüchtern, wenn es zu beweisen gilt, daß die Qualität seiner Produkte diejenigen seiner Konkurrenten in den Schatten stellt. Er demonstriert das gerne an zwei integrierten Schaltkreisen auf Radioröhrenbasis, die er aus dem Wandschrank seines Arbeitszimmers hervorholt. Beide stammen aus dem Jahre 1952 und haben längst Museumsreife erreicht. Der eine ist von der amerikanischen Firma Univac, den anderen bastelte er selber. Auch dem Laien fällt die bestechend klare, optisch ansprechende Struktur des Nixdorf-Produkts ins Auge, wiewohl er nicht zu sagen vermag, wie entscheidend dies für Unterschiede in der Leistungsfähigkeit ist.
Einen Wettbewerbsvorsprung sicherte Nixdorf auch die frühzeitige Erkenntnis, daß es im »High-Tech«-Geschäft nicht nur auf den Gerätebau (*hardware*) ankommt, sondern daß die Programme (*software*), mit denen die Computer betrieben werden, mindestens ebenso entscheidend sind. Sie werden als das A und O der gesamten Computertechnik betrachtet. Der Ehrgeiz der Nixdorfer, ihren Kunden für die Probleme, die sie zu lösen haben, maßgeschneiderte Programme zu liefern, wurde für den Konzern zu einem Schlüssel des Erfolgs.
Er erklärt auch die eindrucksvolle Personalstärke des Unternehmens und die hohe Qualifikation, die Nixdorf von seinen Leuten erwartet: Von den 17 500 Mitarbeitern sind 12 000 im Außendienst. Jung (Durchschnittsalter: 32 Jahre) und hungrig, hart, aber mo-

Heinz Nixdorf –
Ein Selfmademan wie im Bilderbuch.

dern, sind sie darauf gedrillt, dem Gewinner-Image von Nixdorf gerecht zu werden und die Kunden von ihren Sorgen zu befreien. Im Branchenjargon heißen sie die »Ledernacken der Computerwelt«.

Heinz Nixdorf ist oft als technischer Tüftler charakterisiert worden. Er selber hält das für falsch: »Ich habe nur ein Gefühl für Strukturen.« Eigenhändig entwikkelt hat er seine Produkte nur in den ersten sechs Jahren: »Damals war ich der einzige Entwickler in der Firma.« Sobald er es sich – nach dem Umzug von Essen nach Paderborn – leisten konnte, überließ er diese Arbeit jener Spezies Mensch, die er am meisten von allen achtet: dem deutschen Facharbeiter und Meister.

Völlig unbeeindruckt von jenen Soziologen, die seinen Lieblingsmenschen zum Abstieg verurteilt haben – »die haben keine Ahnung« – und von den Sozialdemokraten, die ihrer Traditionsklientel die Treue brachen – »so ein Schwachsinn« – hält Nixdorf den Facharbeiter, den Meister, unbeirrt für das Rückgrat unserer Gesellschaft und für den Garanten eines soliden technischen Fortschritts. Die Kombination von handwerklicher Kreativität und Erfahrung, Akkuratesse und Verantwortungsgefühl, die den Ruf der Handwerksmeister begründet, bringt den trockenen, auf Leistung versessenen Mann, der ungeduldig bis zur Garstigkeit werden kann, fast zum Schwärmen. »Wir Deutschen sind doch ein unglückliches Volk«, befindet er. »Über die Jahrhunderte hinweg können wir eigentlich nur über eines stolz und glücklich sein – über den deutschen Facharbeiter und die Gesamtheit der deutschen Meister, die sich um die Lehrlinge und ihre Ausbildung gekümmert haben.« Fast aggressiv setzt er hinzu: »Oder kennen Sie etwas Besseres?«

Ausgestattet mit dieser Überzeugung ist es für Nixdorf nicht schwer, selbst den Japanern gegenüber, diesen unermüdlichen Kämpfern im technologischen Fronteinsatz, ein Gefühl der Überlegenheit zu bewahren: Haben die etwas vorzuweisen, was dem deutschen Facharbeiter vergleichbar wäre? Die Japaner und die Amerikaner haben qualitativ nichts Ebenbürtiges zu bieten. Daß die Deutschen aus diesem Vorteil nicht mehr Nutzen ziehen, wirft er ihnen vor: in seinen Augen ist das eine Mißachtung, die uns teuer zu stehen kommt.

Der Paderborner Unternehmer gehört nicht zu den Menschen, die den Preis von allem kennen und den Wert von nichts. »Ich bekenne mich zu den Handwerkertugenden, die schon fünfhundert Jahre alt sind«, sagt er: Hans Sachs und seine Meistersinger lassen grüßen, sie gehören dazu. »Bei mir «, sagt der Konzernchef, »brauchen sie für ihre Würde nicht zu streiken«. Er zahlt freiwillig mehr. Ohnehin ist ihm völlig unverständlich, wie ein Facharbeiter mit 2500 Mark und zwei Kindern in dieser Gesellschaft anständig leben kann. Auf seiner Prioritätenliste steht ein solcher Mann, »weil er für uns direkt produziert«, höher im Rang als die Büroangestellten, denen er nur eine Funktion »als Dienstleister für die Arbeiter« zuweist.

Die Vorlage für das Hohelied des deutschen Facharbeiters haben ihm die Ostwestfalen geliefert. Die Solidität dieses Menschenschlages ist unübertroffen. Die Exaktheit, zu der die Hochtechnik zwingt, fiel ihnen nicht schwer; die Pedanterie, die die Produktion der Maschinen verlangt (»Maschinen haben keinen Humor«, sagte Nixdorf einmal), liegt ihnen im Blut. Schließlich versorgen sie den ruhelosen Mann, der bei Null begann und im Laufe von 30 Jahren ein Werk schaffte, zu dem andere zwei, drei Generationen brauchen, auch mit Heimat und Nähe. Sie befriedigen

»sein ausgeprägtes Bedürfnis nach Humusboden«. Schon aus diesem Grund wird die Konzernverwaltung zu seinen Lebzeiten wohl kaum aus Paderborn an besser gelegene Verkehrsplätze verlegt werden. Zwar droht er aus Protest gegen die mangelhafte Verkehrsanbindung immer wieder damit, aber er sagt auch: »Hier bin ich geboren, hier werde ich begraben.«
Vom armen Studenten zum Dollarmillionär: Unter diesem Rubrum ist die Erfolgsgeschichte des Paderborners schon oft nachgezeichnet worden. Der hochkomplizierten Einfachheit von Heinz Nixdorf wird das Etikett nicht gerecht. Privates Vermögen anzusammeln war offensichtlich nicht die Triebfeder seiner Leistung. »Ich habe nie Besitzerstolz gehabt«, sagt er.

Einen Hinweis auf das, was ihn zum Ticken gebracht hat, verraten der Name und das Werk eines Mannes, der ihm während seines betriebswirtschaftlichen Studiums zum Aha-Erlebnis wurde: Silvio Gesell, ein heute längst vergessener Sozialrevolutionär, der 1919 der ersten Räterepublik Bayerns als Volksbeauftragter für Finanzen diente und dessen volkswirtschaftliche Lehre ideologisch zwischen der sozialen Marktwirtschaft und dem liberalen Sozialismus liegt. Aus der Lektüre seines Hauptwerks »Die natürliche Wirtschaftsordnung durch Freiland und Freigeld« (1949 zum letzten Mal erschienen) wurde der Student Nixdorf mit Ideen bekannt, die in der Volkswirtschaftslehre als »interessante Spinnereien« gelten.
Besonders das Postulat Gesells, Geld nicht als Wertaufbewahrungsmittel und persönliches Eigentum zu betrachten, sondern als Verpflichtung, Arbeitsplätze zu schaffen und Leute in Lohn und Brot zu bringen, muß auf Nixdorf einen tiefen Eindruck gemacht ha-

ben. Es berührte ein Schlüsselerlebnis: die Arbeitslosigkeit seines Vaters, eines kleinen Reichsbahnangestellten, im Jahre 1931. Heinz Nixdorf war gerade sechs Jahre alt und hatte noch vier Geschwister, die ernährt werden wollten. In der Erinnerung malt sich auf seinem Gesicht heute noch die »Bestürzung« ab, die er damals empfunden hat: »Ich wußte noch nicht, was Arbeitslosigkeit ist, aber ich habe mich immer gefragt, warum mein Vater nicht zur Arbeit gehen kann.«

Was ihn stolzer macht, ist schwer zu sagen: seine Computer, die auf der ganzen Welt bekannt sind, oder die Arbeitsplätze, die er damit schuf – allein in Paderborn sind es 4500, »sauber und zukunftssicher«. Am Rande des Kohlereviers weiß das jeder zu schätzen. Hier war der Computer immer nur ein Segen, nie ein Fluch. Technikfeindlichkeit, von der Nixdorf grollend sagt, sie habe Tradition in Deutschland, hat unter solchen Bedingungen wenig Ausbreitungsmöglichkeiten. »Vor Nixdorf« konnten junge Leute, die etwas aus sich machen wollten, nur »Bischof oder General« werden – das heißt, sie mußten sich die Arbeit woanders suchen. Heute gehen sie zu Nixdorf, wenn sie einen qualifizierten Beruf lernen wollen.

Zusätzlich zu seinen Arbeitsplätzen hat das Unternehmen noch einmal 1100 Ausbildungsplätze. Auf Nixdorfs Prioritätenliste stehen sie obenan: Wenn er die Facharbeiter als Rückgrat betrachtet, so sind die Lehrlinge – standhaft weigert er sich, sie »Azubis« zu nennen – seine Augäpfel. Es macht ihn stolz, daß von tausend Lehrlingen nur einer die Prüfung wiederholen muß. Und er findet normal, daß Nixdorf-Lehrlinge stets die ersten Plätze in den Landeswettbewerben der Industrie- und Handelskammern belegen. Im technischen Bereich umfaßt die Ausbildung 14 Berufe.

Nach vielem Hin und Her trotzte Nixdorf dem Land Nordrhein-Westfalen sogar eine private Berufsschule für seine Lehrlinge ab. Sie steht auf dem Fabrikgelände. Ihr Eingang ist mit Bedacht so gelegt, daß die Jungen und Mädchen durch die Produktionshallen gehen müssen und Werkluft schnuppern. Auch das gehört mit zu Nixdorfs Ausbildungsziel, »die Lehrlinge stolz auf ihren Beruf zu machen«. Die Berufsschullehrer, die bei Nixdorf arbeiten, haben nicht 13 Wochen Lehrerferien, sondern nur sechs – »genau wie meine Lehrlinge«. Sie sind zu 40 Wochenstunden verpflichtet – »wie meine Lehrlinge«, denn: »Das kann mir doch niemand erklären, warum die Lehrer weniger arbeiten sollen als die Lehrlinge.«

Nixdorf-Lehrlinge haben regelmäßigen Sportunterricht. Der Gedanke, daß ein 17jähriger Lehrling weniger Sport habe als ein gleichaltriger Gymnasiast, sei ihm »unerträglich«, sagt er. Weil ein guter Sportlehrer für ihn die Qualitäten eines Idols haben muß, engagierte er den Zehnkämpfer Kurt Bendlin als Leiter der Sport- und Ausbildungsförderung. Das märchenhafte Sportzentrum, das er gerade auf das Betriebsgelände in Paderborn gesetzt hat, beweist die Ernsthaftigkeit seines Tatendrangs. Während es hochgezogen wurde, stieg die Squash-Mannschaft der Stadt Paderborn überraschend von der Regionalliga zur Bundesliga auf. Nixdorf reagierte als Mäzen: Er ließ umgehend noch zehn Squash-Plätze einbauen, damit die Mannschaft bessere Trainingsmöglichkeiten hat.

Die Jugend ist ihm wichtig, Kinder hat er gern – nicht aus sentimentalen Gründen, höchstens aus vernünftigen: Sie schaffen die Märkte von morgen. Jede verheiratete Firmenangehörige, die ein Kind bekommt, erhält zur Geburt einen Scheck. Alleinstehende Frauen erhalten ihn in doppelter Höhe. Nixdorfs Begrün-

dung: Für ledige Mütter seien die Belastungen höher.
So kann nur ein Mann denken, der Herr im Hause ist. »Seid tapfer und brav«, rief er seinen Arbeitern in der Betriebsversammlung in einer kritischen Situation einmal zu. Alles klatschte. Aber so kann nur einer sprechen, der sich nicht scheut, Patriarch zu sein, und der selber bestimmt, was vernünftig ist.

Nina Grunenberg

Lebensweg

Heinz Nixdorf wird am 9. April 1925 im westfälischen Paderborn als ältester von fünf Söhnen eines Bahnarbeiters geboren. Er wächst in kleinbürgerlichen Verhältnissen auf. Sein Vater kommt in den Kriegswirren ums Leben. Nach Abschluß seiner Schulausbildung studiert der ungewöhnlich begabte Nixdorf in Frankfurt am Main Physik und Betriebswirtschaft. Nach neun Semestern bricht er 1951 das Studium ab und verdingt sich für sechs Mark Stundenlohn bei Remington-Univac, einem amerikanischen Elektronikunternehmen. Aber auch hier hat er nach sechs Monaten Angestelltendasein schon genug. Er reist kurzerhand nach Essen und bettelt beim Elektrizitätskonzern RWE um Starthilfe zur Gründung einer eigenen Firma. Die verblüfften Manager zeigen sich vom Mut des jungen Mannes beeindruckt und gewähren ihm einen Kredit von 30 000 DM. Heinz Nixdorf beginnt damit am 1. Juli 1952 in einer Kellerwerkstatt ein »Labor für Impulstechnik«. Für die Buchhaltung von RWE bastelt er in Handarbeit erste Rechenmaschinen zusammen – damals noch mit Röhren bestückt.
1958 macht der eigenwillige und ideenreiche Tüftler erstmals von sich reden, als er eine Transistor-Komponente für den Buchungsautomaten »Multitronic«

Nixdorfs Erfolgsgeheimnis: Mit kleinen Computern zum großen Gewinn.

der Wanderer-Werke entwickelt. Nun interessiert sich alle Welt für den Jungunternehmer. Das Geschäft beginnt, und schon Ende der fünfziger Jahre beschäftigt Heinz Nixdorf 40 Angestellte. Der eigentliche unternehmerische Durchbruch gelingt ihm, inzwischen nach Paderborn umgesiedelt, aber erst zehn Jahre später, als er 1968 für 17,5 Millionen DM die kränkelnden Wanderer-Werke aufkauft und damit auf einen Schlag ein komplettes Vertriebs- und Service-Netz erwirbt. Nixdorf hat zu diesem Zeitpunkt schon so viel verdient, daß er die Kaufsumme für die Firmenübernahme bar aufbringen kann.
Mit sicherem Gespür für die Möglichkeiten des Computermarktes konzentriert sich Nixdorf von Anfang an auf die kleine und mittlere Datentechnik. Er erkennt frühzeitig das Marktpotential bei »intelligenten« Rechnern und die Bedeutung anwenderfreundlicher Programme. Mit kleinen Kompakt-Computern gelingt es ihm überraschend schnell, sich gegen die aufwendigen Produkte der Marktführer IBM und Siemens durchzusetzen. Nixdorf wird so zum Vorreiter der dezentralen Datenverarbeitung. Wesentlichen Anteil am Erfolg des Unternehmens hat auch die früh begonnene Internationalisierung des Geschäftes: 1985 umfaßt die Vertriebs- und Dienstleistungsorganisation des Unternehmens nicht weniger als 40 Länder. Neben seiner im engen Kundenkontakt immer wieder überprüften Produktqualität und seiner Wendigkeit verläßt sich Nixdorf ganz besonders auf seinen Facharbeiterstamm und sorgt entsprechend für eine gründliche und praxisnahe Ausbildung seiner Lehrlinge.

Die Entwicklung des Computerunternehmens vollzieht sich in atemberaubenden Sprüngen. 1966 beläuft sich der Umsatz des Unternehmens auf rund 28 Millionen DM, zehn Jahre später wird er bereits mit 686 Millionen DM angegeben. 1978 wird mit 1,013 Milliarden DM erstmals die Milliardengrenze überschritten. 1982 liegt der Weltumsatz bei 2,8 Milliarden DM; im Geschäftsjahr 1985 bleibt der Weltumsatz mit 3,9 Milliarden DM nur knapp unter der Vier-Milliarden-Grenze. Insgesamt 17 000 Mitarbeiter stehen bei Nixdorf in Brot und Arbeit.

Das ebenso zügige wie permanente Wachstum des Unternehmens zwingen Nixdorf bald zur Suche nach finanzkräftigen Partnern. Der Versuch einer Partnerschaft mit AEG-Telefunken findet 1974 mit der Übernahme des verlustreichen Unternehmens durch die Siemens AG wieder ein Ende. Großes Aufsehen erregt im November 1978 ein Angebot des VW-Konzerns, mit rund 500 Millionen DM bei Nixdorf einzusteigen. Nixdorf scheint auf das Angebot zunächst einzugehen, macht dann aber einen Rückzieher, als deutlich wird, daß VW eine Mehrheitsbeteiligung anstrebt. Noch im selben Monat schließt der stolze Westfale statt dessen ein Abkommen mit der Deutschen Bank AG, die Anfang 1979 nominal 35 Millionen DM neue Aktien des auf 140 Millionen DM erhöhten Nixdorf-Grundkapitals übernimmt und damit dem Unternehmen zu einer Kapitalspritze von 200 Millionen DM verhilft. Weitere Mittel verschafft sich Nixdorf, als er 1984 rund 30 Prozent seines Kapitals in Form von Vorzugsaktien an der Börse verkauft. Zwischen 60 und 70 Prozent des Aktienkapitals bleiben nunmehr weiter bei der Familie Nixdorf.

1978 wird Nixdorf mit dem deutschen Marketing-Preis ausgezeichnet. 1984 erhält er als erster deutscher Unternehmer die »Ludwig-Erhard-Medaille für Verdienste um die soziale Marktwirtschaft«. Das amerikanische Wirtschaftsmagazin »Fortune« verleiht ihm die Goldmedaille in der Sparte Unternehmensführung, das Münchner »Industriemagazin«

kürt ihn zum »Manager des Jahres 1985« und die Universität Karlsruhe zum Ehrensenator.
Der Computerunternehmer hinterläßt drei Söhne (Martin, Michael und Matthias), als er am 17. März 1986 auf einer Veranstaltung seines Unternehmens während der CeBIT-Messe in Hannover einem Herzversagen erliegt. Er ist nur 60 Jahre alt geworden.
Ohne den Firmengründer wirkt der Nixdorf-Konzern schlagartig kopflos. Unmittelbar nach Nixdorfs Tod beginnt ein dramatischer Niedergang des Computerriesen. Binnen drei Jahren türmen sich Milliardenverluste auf, so daß 1990 der Verkauf an Siemens die letzte Rettung für Nixdorfs Lebenswerk wird.

Der technologische Wandel und die Gefahr der Arbeitslosigkeit

Die Arbeitslosigkeit des Jahres 1931 habe ich nicht bewußt miterlebt. Aber die Verhältnisse um 1935 – da war ich 10 Jahre alt – sind noch in wesentlichen Punkten in meiner Erinnerung. Mein Vater war damals noch arbeitslos, und ich konnte deshalb als ältestes von fünf Kindern die höhere Schule nicht besuchen. Ich habe geweint, weil ich nicht zur höheren Schule durfte. Um so größer war meine Freude, daß ich 1947 als Erster meines Jahrgangs an der Uni zugelassen wurde und überdies ein Stipendium bekam. Damit hatte ich alle anderen eingeholt und fühlte mich herausgefordert, besonders fleißig zu sein.
Es war eindeutig eine Folge der Arbeitslosigkeit, die meinen Vater – einen außerordentlich fleißigen Mann, der mit 40 im Krieg gefallen ist – daran hinderte, seinen Sohn zur höheren Schule zu schicken. Ich habe also an mir selbst verspürt, was Arbeitslosigkeit ausmachen kann. Noch stärker habe ich es ei-

gentlich an meiner Mutter gesehen. Es gab die Zeit, da bekam eine arbeitslose Familie in Deutschland mit sieben Kindern pro Woche 17 DM. Das muß man ausrechnen, das ist wirklich die blanke Not! Und auch wenn heute ein Arbeitsloser weit mehr Geld bekommt, dann ist die Arbeitslosigkeit für den Betroffenen fast so schlimm wie eine unheilbare Krankheit. Sie gibt wenig Hoffnung; sie muß für manche entsetzlich sein. *Heinz Nixdorf*

ADAM OPEL

Bürger statt Biedermann

Adam ist nicht Opel. Der Unternehmensgründer und das Image der heutigen Autos, die seinen Namen tragen, haben wenig miteinander gemein. Schon gar nicht die Attribute, die von mißliebigen, vielleicht auch neidischen Beobachtern dem angeblich typischen Käufer eines Rüsselsheimer Fahrzeugs nachgesagt werden. Opel-Fahrer gelten vielerorts als betuliche Spießbürger mit Familienanhang und gesicherter Stellung im Beruf, deren Zuneigung zwar grundsoliden, aber doch auch irgendwie langweiligen Fahrzeugen gilt. Selbst eine stark an Sportlichkeit und moderner Technik orientierte Werbekampagne hat dieses Image kaum ankratzen können.

Nein, Adam Opels Lebenswerk gründet weder auf Langeweile und Sicherheitsstreben noch auf demonstrativer Sportlichkeit. Es erwächst vielmehr aus der deutschen Bürgerkultur des 19. Jahrhunderts, ganz so wie sie vom Frankfurter Historiker Lothar Gall in seinem Buch »Bürgertum in Deutschland«, einer Geschichte der Mannheimer Kaufmannsfamilie Bassermann, entworfen worden ist. Das bestimmende Element dieses Bürgertums ist das Streben nach Selbständigkeit gewesen. Selbständigkeit gegenüber dem Herrscher ebenso wie gegenüber den Gilden und Zünften, die das Berufsleben der Vergangenheit lange beherrscht hatten. Selbständig sein zu wollen heißt aber für Opel wie für die Bassermanns eben nicht, ein geruhsames Leben anzustreben. Ihn zieht es in die Selbständigkeit, weg vom sicheren Port des beschaulichen Lebens. Dabei hätte er als ältester Sohn eines Rüsselsheimer Schlossermeisters durchaus ein sicheres, in Grenzen auch selbständiges Leben führen können. Auf dem Werk des in seiner Heimatstadt hochangesehenen Vaters, der mit der Abkehr von dem für die früheren Opels typischen Beruf des Lehrers selbst einmal einen Bruch mit der Familientradition gewagt hat, läßt sich fraglos eine solide Existenz aufbauen.

Adam geht, ebenso wie seine jüngeren Brüder, diesen Weg aber nicht. Statt dessen sucht er rastlos nach neuen Chancen, die sich ihm bieten. Nach der Schlosser-Lehre zieht der blonde Geselle durch Europa, Lüttich, Brüssel, London, Paris – überall sucht er nach Aufregenderem als dem Rüsselsheimer Schlosser-Idyll. Niemand soll glauben, dieser Lebensweg sei gerade, ganz ohne Kurven, Abzweigungen und Schlaglöcher verlaufen. Als der junge Adam endlich nach Paris kommt, steht ihm der Sinn zunächst nur nach dem täglichen Brot. Seine ersten Nächte verbringt er unter den Brücken der großen Stadt, ohne feste Bleibe und ohne Anstellung, ehe ihn ein deutscher Bäcker in seiner Backstube beschäftigt. Später, als er in der großen Nähmaschinenfabrik Journaux arbeitet, erkennt er sofort die großen Möglichkeiten, die sich ihm hier bieten. Nun geht er konsequent zu Werke, hält die Ohren auf und lernt, lernt, lernt. Wie ein Industriespion heuert er gezielt beim größten Konkurrenten der Firma Journaux an, nur um seine Kenntnisse im Nähmaschinenbau zu vervollkommnen.

Wagemut, Risikobereitschaft und Nüchternheit sind die weiteren, klassischen Bürgertugenden, die fortan das Tun Adam Opels auszeichnen. Gegen den

Es beginnt im Kuhstall: Opels erste Nähmaschinenfabrikation.

Rat seines Vaters (»In mei Werkstatt kommste merr mit deim neumodische Schinnel net enei«) beginnt der 25 Jahre junge Opel in einem alten Kuhstall mit der Fabrikation von Nähmaschinen. Mit mühevoller Handarbeit dauert es sechs Monate, bis der erste Prototyp fertig ist – übrigens ganz und gar nicht zur Freude der benachbarten Schneider, die fürchten müssen, wegen der neuen Geräte ihren Arbeitsplatz zu verlieren. Als Adam eine Nähmaschine bei einem im nahen Flörsheim gelegenen Schneider abliefern will, wird er von erbosten Schneiderkollegen mit Steinwürfen abgewiesen. Die Missetat verfehlt allerdings ihren Zweck: Opel liefert die Maschine daraufhin bei Nacht und Nebel an.

Die Bereitschaft zum Risiko finden wir aber auch noch beim schon erfolgreichen Unternehmenschef Opel. Er saturiert nicht. Als Opel auf einer seiner vielen Reisen nach Frankreich Spezialgeräte für Kellereien kennenlernt, sogenannte Kapsel- und Stopfmaschinen, zögert er nicht, diese Produkte für den deutschen Markt sogleich selbst herzustellen. Auch die Entscheidung, Fahrräder zu produzieren, beinhaltet ein großes Risiko: Die wenigsten Zeitgenossen teilen die Erwartung Adam Opels, aus diesem etwas merkwürdig anmutenden Gerät werde einmal ein Fortbewegungsmittel für die breite Masse.

Ohne die Eigenschaft der Nüchternheit, also der Bereitschaft, Veränderungen zu akzeptieren, hätte Opel allerdings kaum dauerhaft erfolgreich wirken können. Die Zeiten sind unruhig: Gerade für den sehr an Frankreich ausgerichteten Unternehmer Adam Opel bedeutet der Krieg von 1870/71 ein hohes Risiko. Kaum vorstellbar, daß Opel, der enge Geschäftsbeziehungen in das westliche Nachbarland unterhält und obendrein an einer französischen Gießerei in den Ardennen beteiligt ist, unter dem Eindruck des Kriegsglücks und der Reichsgründung siegestrunken und nationalstolz den Hut schwenkt. Auch später verschlechtern sich immer wieder einmal die Rahmenbedingungen: Auf den Aufschwung der Gründerzeit folgt ab 1874 die Gründerkrise mit Absatzschwankungen, Unternehmens- und Bankzusammenbrüchen. Außerdem kann sich Opel der anfänglichen »Pioniergewinne« nicht lange erfreuen: Nähmaschinen stellen in Deutschland bald auch andere mit Erfolg her.

Opels Reaktion auf diese Veränderungen sind neben harter Arbeit ein vorurteilsloses Handeln, das ein Festhalten am Liebgewonnenen nicht gestattet. Als sich die Beteiligung an der französischen Gießerei

Mitte der siebziger Jahre als nicht mehr rentabel erweist, trennt sich Opel von ihr ebenso konsequent wie von den Kapsel- und Stopfmaschinen, als diese nach anfänglichen Gewinnen nichts mehr einbringen. Ebenso radikal geht er zu Werke, als die immerhin nach seiner Frau benannten »Sophia«-Nähmaschinen als Folge neuer amerikanischer Produkte weniger nachgefragt werden: Adam Opel stellt ihre Produktion kurzerhand ein. Nüchternes Handeln des bürgerlichen Unternehmers erfordert auch einen verantwortungsvollen Umgang mit dem Geld. Soweit bekannt, hat Opel seine Unternehmungen stets solide zu finanzieren gewußt – keine Selbstverständlichkeit in der an wirtschaftlichen und finanziellen Exzessen reichen Gründerzeit.
Auch eine weitere Eigenschaft des damaligen Bürgers, sein Anerkennen einer Verpflichtung gegenüber der Gemeinschaft, ist bei Adam Opel erkennbar. Er ist kein »Manchester-Kapitalist«, der seine Arbeiter als bloße Lieferanten von billiger Arbeitskraft betrachtet. Daß er sich selbst noch als erfolgreicher Unternehmer von Beschäftigten duzen ließ, mag eine Marotte sein. Sein soziales Engagement, das sich in einer Vielzahl von Leistungen zugunsten seiner Arbeiter niederschlägt, ist dagegen fraglos echt. Das bestätigen alte Rüsselsheimer Arbeiterfamilien bis heute. Und auch Adam Opels Sohn Ludwig hat in Versen festgehalten, welche Grundsätze das Leben seines Vaters leiteten: »Im Denken besonnen und klar, im Reden offen und wahr, im Wollen nur edel und recht, im Handeln stets fest und gerecht, im Geschäfte das Kühnste nicht wagen, in Gefahr niemals verzagen.«
Adam Opels Erfolgsgeheimnis, seine eigenartige Mischung aus Dynamik und Beharrlichkeit, aus Mut und Nüchternheit, weiß er an seine fünf Söhne weiterzugeben. Als 1911 ausgerechnet die Fabrik nieder-

brennt, in der die Nähmaschinen hergestellt werden, geben die Opels wegen der hohen Kosten eines Neuanfangs vorurteilslos die Fertigung jener Geräte auf, mit denen Adam Opel den Aufstieg seiner Firma eingeleitet hat. Sie setzen emotionslos und fortwärtsblikkend ganz auf Automobile und haben damit Erfolg. Dem Wandel der Zeiten pragmatisch und mutig zugleich nachzugeben gelingt den Rüsselsheimern dann auch, als der steigende Kapitalbedarf nach neuen Eigentümerverhältnissen verlangt. Für das damalige Deutschland sensationell, kauft Ende der zwanziger Jahre mit General Motors ausgerechnet ein ausländischer Großkonzern das Rüsselsheimer Familienunternehmen. Der Name Adam Opel aber bleibt.

Gerald Braunberger

Lebensweg

Adam Opel wird am 9. Mai 1837 als erstes Kind des Rüsselsheimer Schlossermeisters Phillip Wilhelm Opel und seiner Frau Anna Katharina geboren. Während die Mutter aus dem damals noch beschaulichen Mainstädtchen Rüsselsheim stammt, ist der Vater erst zwei Jahre vor Adams Geburt aus dem Darmstädtischen zugezogen, wo die männlichen Opels meist den Beruf des Lehrers ausübten. Nach Adam kommen noch vier Söhne und eine Tochter zur Welt, von denen ein Sohn und die Tochter bereits im Kindesalter sterben.

Im Anschluß an seine Schulzeit tritt Adam Opel zunächst in das väterliche Unternehmen ein, um ebenfalls den Schlosserberuf zu erlernen. Die für einen deutschen Handwerksgesellen traditionelle Wanderzeit wird jedoch zu einem Wendepunkt in seinem Leben. Nach kurzen Aufenthalten in Lüttich, Brüssel und London gelangt der junge Opel im Sommer 1858 nach Paris, wo er für kurze Zeit in einer Fabrik arbei-

Adam und Sophie Opel im Jahr 1868. Mit der Fabrikantentochter hat er fünf Söhne.

tet, die Kassenschränke herstellt. Dann wechselt er zur Firma F. Journaux & Leblanc, dem damals bedeutendsten europäischen Hersteller von Nähmaschinen. Adam ist von den Anwendungsmöglichkeiten dieser recht neuen und in Deutschland nahezu unbekannten Geräte fasziniert. Es reift ihn ihm der Plan, in Rüsselsheim selbst Nähmaschinen herzustellen. Um seine Kenntnisse zu erweitern, verläßt Adam die Firma Journaux und arbeitet einige Zeit für deren wichtigsten Konkurrenten, die Pariser Firma Huguenin & Reimann. Erst im Sommer 1862 kehrt er in seine Heimatstadt zurück.

Dort ist der Vater von den hochfliegenden Plänen seines ältesten Sohnes gar nicht begeistert; schließlich soll Adam später einmal die familieneigene Schlosserei führen. Adam bleibt hartnäckig, obwohl sich der Anfang als schwierig erweist. Doch schließlich stellt sich der Erfolg ein: Neben ersten, unter großen Mühen selbst hergestellten Geräten verkauft

Opels erste Fabrik in Rüsselsheim bei Frankfurt.

Adam auch aus Frankreich eingeführte Nähmaschinen. Seine Kunden sind zunächst vor allem Schneider. 1868 beschäftigt Adam Opel bereits 40 Arbeiter in einem geräumigen Fabrikneubau. Im gleichen Jahr heiratet er mit Sophie Schiller eine Fabrikantentochter aus dem nahegelegenen Taunusstädtchen Homburg vor der Höhe. Aus dieser Ehe stammen fünf Söhne, die später in das Unternehmen eintreten.
Auch gegen die wachsende Konkurrenz aus dem In- und Ausland weitet Adam Opel die Produktion von Nähmaschinen in den kommenden Jahren kräftig aus. Trotz eines durch den Krieg von 1870/71 verursachten Rückschlags bilden enge Geschäftsbeziehungen zu französischen Herstellern von Vorprodukten eine wichtige Grundlage für den Erfolg. Anfang der achtziger Jahre stellen gut 200 Beschäftigte mehr als 10 000 Nähmaschinen im Jahr her. Eine Reise nach Paris ist es auch, die Adam Opel 1884 auf die Idee bringt, Fahrräder herzustellen. Wie seinerzeit bei der Nähmaschine reizt ihn der Gedanke, mit der Massen-

herstellung eines noch neuen Produktes Gewinne zu erzielen. Seine Ahnungen bestätigen sich in den kommenden Jahren: Mit der Fahrrad-Produktion schafft Adam Opel seinem Unternehmen ein zweites ertragreiches Standbein. Der Produktion von Automobilen kann der Gründer eines Unternehmens, das später zu einem der größten europäischen Kraftfahrzeugsteller werden sollte, dagegen nichts abgewinnen. Am 8. September 1895 stirbt Adam Opel an den Folgen einer Typhusinfektion.

Vier Jahre später stellt das nun von mehreren Familienmitgliedern geleitete Unternehmen auch den ersten Motorwagen her. Weitere Einschnitte folgen: Die Herstellung von Nähmaschinen wird 1911 nach einem Brand eingestellt. Das letzte von Opel gebaute Fahrrad verläßt 1937 die Rüsselsheimer Fabrik. Schon acht Jahre zuvor hatte die Familie Opel die Unternehmensführung abgegeben: Seit 1929 gehört Opel zum amerikanischen General Motors-Konzern.

Die Geschichte von Adam und Rüsselsheim

Als Adam Opel 1862 in Rüsselsheim mit der Produktion von Nähmaschinen begann, hatten die amerikanischen Südstaaten gerade das Tuch mit den Nordstaaten zerschnitten.

Die beiden historischen Daten haben natürlich nicht das Geringste miteinander zu tun, aber die zeitliche Parallele der Ereignisse zeigt einem Amerikaner die Dimension der Unternehmens-Tradition von Opel besonders eindrucksvoll auf. Abraham Lincoln und Adam Opel waren Zeitgenossen.

Doch Alter und Tradition allein können mich nicht faszinieren. Es sind immer die Taten, die Namen auch nach mehr als 130 Jahren am Leben erhalten. Bei

Adam Opel zählt für mich als Manager vor allem die große Begeisterungsfähigkeit, mit der er sich schon als Schlosser-Lehrling in der Werkstatt seines Vaters für alle mechanischen Neuheiten seiner Zeit interessierte. Innovationen weckten seine Emotionen.

Begeisterungsfähigkeit allein bringt aber nichts in Bewegung. In der deutschen Sprache gibt es ein sehr passendes Wort, das die notwendige Ergänzung treffend bezeichnet: Zielstrebigkeit.

Adam Opels internationale Lehr- und Wanderjahre über Lüttich, Brüssel, Antwerpen und London nach Paris dokumentieren diese Zielstrebigkeit. Kein Weg war ihm zu weit, kein Aufwand zu groß, um seinem erklärten Ziel, eines Tages selbst Maschinen zu bauen, Schritt für Schritt näher zu kommen.

In Paris bewies der 21jährige Adam Opel dann auch weitere Eigenschaften, die meiner Meinung nach einen Unternehmer auszeichnen: Mut, Beharrlichkeit und die Fähigkeit, auch über Umwege ein Ziel zu erreichen. Denn natürlich hatte in der französischen Metropole niemand auf einen Wandergesellen aus dem hessischen Rüsselsheim gewartet. Adam Opel mußte sich seinen Lebensunterhalt mit Aushilfsarbeiten verdienen, bevor er eine Anstellung in einer Nähmaschinen-Fabrik fand.

Seine dreijährigen Erfahrungen in dieser Branche konnte er nach seiner Rückkehr in Rüsselsheim keineswegs direkt umsetzen. Denn der Vater hielt die Ideen seines ältesten Sohnes, nun selbst Nähmaschinen zu bauen, für Hirngespinste. Adam Opels erste Nähmaschine entstand deshalb in sechs Monaten heimlicher Nachtschichten.

Aber was sind Emotionen und Innovationen ohne Investitionen? Hier half der Bruder von Adam Opels verstorbener Mutter, der Rüsselsheimer Bauer Diehl, der nicht nur einen ehemaligen Kuhstall als erste

Produktionsstätte, sondern auch das nötige Startkapital für den Kauf von Werkzeugen und Maschinen zur Verfügung stellte. Eine Investition, die sicher eher emotional als rational zu begründen war. Eine wunderbare Geschichte, wie ich finde, von Pionier- und Unternehmer-Geist.

Mit der Qualität seiner Produkte, die er in Serien-Fertigung zu einem günstigen Preis auf den Markt brachte, und mit seinem von Anfang an vorbildlichen Kundenservice hat Adam Opel schon vor mehr als hundert Jahren jene Maßstäbe gesetzt, denen wir uns auch heute als Hersteller von sicheren, technisch anspruchsvollen und umweltverträglichen Autos voll verpflichtet fühlen: Was will der Kunde und wie können wir seine Wünsche zu seiner höchsten Zufriedenheit zu einem erschwinglichen Preis erfüllen?

Wo der erfolgreiche Jung-Unternehmer Adam Opel einst den zielstrebigen Auf- und immer weiteren Ausbau seiner »Näh-Maschinen-Fabrik« vorantrieb, nämlich auf einem Gelände in der Nähe des Rüsselsheimer Bahnhofs, hat die Adam Opel AG übrigens noch heute ihren Stammsitz. Auch dies verbindet unsere Generation mit dem Gründer, dessen Statue vor dem historischen Hauptportal zu einem Wahrzeichen von Rüsselsheim geworden ist. Was wäre diese Stadt wohl heute ohne ihren berühmtesten Sohn? Und was würde wohl in Adam Opel vorgehen, wenn er sehen könnte, was aus seiner Gründung vor mehr als 130 Jahren geworden ist? Allein im Rüsselsheimer Stammwerk der Adam Opel AG arbeiten heute mit rund 30 000 Beschäftigten dreißigmal mehr Menschen, als der Geburtsort Adam Opels damals Einwohner hatte.

Die Geschichte von Adam Opel und Rüsselsheim hat noch sehr viele Kapitel, die mich faszinieren. Etwa der Einstieg in die Fahrrad-Produktion, den Adam

Opels Erfolgsprodukte. Am Anfang ist die Nähmaschine. Dann kommen die Räder und am Schluß erst das Auto.

Adams fünf Söhne im Jahr 1896. Sie schaffen den Sprung von der Manufaktur zur Großfabrik (unten).

»Die fünf Rüsselsheimer« – Ludwig, Fritz, Heinrich, Wilhelm und Carl Opel fahren mit dem selbstgebauten Gefährt sogar Rennen.

Opel trotz anfänglicher Skepsis dann doch vehement förderte. Oder der Beginn der sportlichen Aktivitäten, an dem die fünf Opel-Söhne maßgeblich beteiligt waren. Auch hier wurde eine mehr als hundertjährige Opel-Tradition begründet. Und schließlich der Beginn der Auto-Produktion, die Adam Opel selbst nicht mehr miterlebte, weil er schon 1895 im Alter von 58 Jahren an den Folgen einer Typhus-Infektion starb.
Adam Opel und das nach ihm benannte Unternehmen, das ich heute führe, haben nicht nur deshalb viel gemeinsam. Denn alles, was Adam Opel auszeichnete – Unternehmergeist, kreative Unruhe, Mut zu neuen Lösungen, internationale Aufgeschlossenheit, der Respekt vor dem Kunden –, prägt unverändert »sein« Unternehmen. Was könnte sich eine solche Gründer-Persönlichkeit Schöneres wünschen?

David J. Herman
Vorsitzender des Vorstands
der Adam Opel AG

WERNER OTTO

Keine Scheu vor Neuanfängen

Nach dem Krieg kam ich als Flüchtling mit meiner Frau und meinen beiden Kindern in Segeberg an. Ich hatte einen Koffer mit Papiergeld aus dem Osten herübergerettet und im übrigen Ausweise als Flüchtling, Schwerkriegsbeschädigter und politischer Häftling – ein Startvorteil, mit dem allerdings nicht viel anzufangen war.
Es hieß, wieder neu zu beginnen, gleichgültig, wie und wo. Mir war klar, daß in Segeberg keine Chance bestand. Ich mußte in eine Stadt gehen, die mir Aufbaumöglichkeiten bot. Damit war bereits die Weiche gestellt.
Mein Ziel war Hamburg, um dort die ersten Kontakte zu finden. Irgend jemand erzählte mir, es gäbe im Gebiet Hamburg und Holstein eine Lederproduktion, aber keine Schuhe. Also fehlten Schuhfabriken. Ich gründete eine Schuhfabrik.
Wenn man heute zurückdenkt, war es wirklich abenteuerlich. Ein Vorzug kam mir als neuem Schuhfabrikanten zugute: Ich verstand nichts von Schuhen und hatte noch nie eine Schuhfabrik gesehen. Mein Optimismus wurde daher nicht von Fachwissen angekränkelt. Ich engagierte ein paar Leute; besser gesagt – die Leute drängten sich ja nach dem Krieg nach einer Stellung – ich nahm einige von denen, die sich auf die Ankündigung: »Hier wird etwas Neues angefangen« meldeten.

Wir besorgten uns aus der Umgebung Holzsohlen und ließen sie zurechtschneiden – Holz gab es in Niedersachsen zur Genüge, und die Holzfabrikation wurde damals noch ziemlich großgeschrieben. Ich beschaffte mir Leder; und die nächste Aufgabe bestand darin, dieses Leder auf die Schuhe zu bringen und zu Holzpantoffeln [...] zu verarbeiten. Die Produktion lief an. [...]

In der ersten Zeit war ich zum großen Teil damit beschäftigt, viele Verbindungen zu knüpfen und herumzuhorchen, wo sich irgendwelche Möglichkeiten boten, um mit dem Aufbau der Fabrikation voranzukommen – sei es, um einen Fachmann anzustellen, sei es, um eine Maschine zu leihen oder zu erwerben. So erfuhr ich, daß in der Nähe meiner Wohnung ein Mann auf einem Trümmergrundstück mit alten Werkzeugen verschiedenster Art handelte. Ein Besuch bei ihm lohnte sich: Irgend jemand hatte mehrere Steppmaschinen nach den Bombenangriffen in Hamburg ausgegraben und an ihn als Alteisen verkauft. Er hatte sie vernünftigerweise wieder reparieren lassen, so daß sie zu benutzen waren.

Allerdings fehlte passendes Garn für die Maschinen. Es war nirgends zu beschaffen. Die Spinnereien besaßen, soweit sie nicht ausgebombt waren, kaum Rohmaterial für die Produktion. Über einen meiner zahlreichen Kontakte trieben wir Bindegarn auf, das man in der Landwirtschaft zum maschinellen Binden von Getreidegarben verwendet. Wir versuchten es damit. Das bedeutete, daß jeweils nach 20 Stichen die Nadel verstopfte, da das Bindegarn nicht glatt genug war, um durch die Öse zu laufen. Es war eine mühselige Arbeit. Trotz der Kürze der Nähte schaffte ein Stepper am Tag höchstens zehn bis zwölf Paar Schäfte. Das alles störte uns nicht. Wir kamen voran, wir produzierten. [...]

Werner Ottos Motto:
Teile und wachse.

Eine unerhörte Hilfe bedeutete in der damaligen Zeit der Besitz eines Autos. Der Wagen war allerdings schrottreif. Eine Fahrt ohne Panne war ein seltenes Erlebnis. Bei meinem mangelnden Interesse für Technik habe ich mich vorher nie darum gekümmert, was sich unter der Haube befindet. Aber in Notzeiten lernt man vieles. Bei weiten Fahrten nahm ich immer meinen Büroleiter mit, der ein technisches Genie war und meinen DKW Sonderklasse immer wieder in Bewegung setzen konnte.

Der persönliche Kontakt zu den Lieferanten erleichterte manches. Der Bezugsschein des Landeswirtschaftsamtes zum Kauf von Garn bedeutete nicht viel. Ein Fabrikant schrieb mir unverblümt, daß seine Leute barfuß gingen. Mit dem Bezugsschein könne er ihnen keine Schuhe beschaffen. Also fuhr ich hin, brachte ein paar Arbeitsschuhe mit und erhielt das begehrte Garn.

Die Entwicklung ging langsam vonstatten. Ständig war ich auf der Suche nach Maschinen. Die Schuhmaschinenfabriken befanden sich nicht in unserer Zone. Der Warenverkehr zwischen den verschiedenen Besatzungszonen war noch nicht geregelt. Im übrigen begannen diese Fabriken erst, zwischen den Trümmern ihre Fertigung neu aufzunehmen.

Schritt für Schritt ging es aufwärts. Im Rückstand blieben wir letzten Endes bedauerlicherweise mit der Qualität der Schuhe. Die Schuhe waren damals schlecht; wir nannten sie im Branchenjargon »Gurken«. Sie wurden uns trotzdem aus den Händen gerissen. Wir konnten mit ehemaligen Bäckern, Schlachtern und Werftarbeitern einfach keine hervorragenden Schuhe herstellen. [...]

Als nach der Währungsreform die französische Zone, in der fast die gesamten Schuhfabriken Deutschlands lagen, ihre Grenzen öffnete und die Ware wieder in

ganz Deutschland geliefert werden konnte, wurden wir in Hamburg mit erklassigem Schuhwerk überschüttet. Meine Schuhe waren nun nicht mehr absetzbar. [...]
Als sich abzeichnete, daß ein Weiterführen dieses Unternehmens mit einem Zusammenbruch enden würde, löste ich die Schuhfabrik auf, verkaufte die letzten Bestände und machte dann Inventur: Mir waren 6000 DM übriggeblieben sowie das Grundstück mit den Produktionsgebäuden, den Schuhmaschinen, die allerdings nicht viel wert waren, da jetzt die neuesten Modelle auf den Markt kamen, und ein neues Auto, das wir später dringend für den Einkauf und Pakettransport gebrauchen konnten.
Wieder hieß es: Neubeginn.
Die Schuhbranche war mir durch die Produktion vertraut geworden. Ich untersuchte, was jetzt in dieser Sparte unternommen werden konnte. Für den Schuhgroßhandel sah ich keine Zukunftschancen. Der Großhandel hatte nur im Dritten Reich floriert; im Bewirtschaftungssystem war seine Verteilerfunktion nötig gewesen. In der freien Marktwirtschaft wirkte er nur verteuernd und war daher nicht mehr konkurrenzfähig. In den Schuh-Einzelhandel einzusteigen erschien mir etwas schwierig.
Da kam mir in diesen Tagen ein Katalog von Schuh-Baur in die Hand und brachte mich auf den Gedanken, den Versand von Schuhen zu organisieren. Vor Jahren hatte ich einen Katalog von Witt/Weiden gesehen. Das Durchblättern dieser beiden Kataloge vermittelte mir das einzige Wissen über den Versandhandel. Es war wenig für einen neuen Start.
Am Anfang stand keine große Idee. Es zündete nicht der Gedankenblitz, im Versandhandel könnte eine große Chance liegen.
Im Jahre 1949 gründete ich das Versandhaus. Aus

Ottokataloge im Wandel der Zeiten. Der erste Katalog von 1950 hat nicht mehr als 14 handgetippte, selbstbeklebte Seiten.

den Schuhen meiner letzten Fertigung stellte ich eine Kollektion zusammen, fuhr in die Pfalz, kaufte bei der dortigen Industrie in Pirmasens und Rodalben Ware ein und füllte damit das Schuhsortiment auf, während über Anzeigen Hausvertreter gesucht wurden. In den nächsten Monaten arbeiteten fünf, sechs Vertreter für mich.

1950 entschied ich mich für die Herstellung eines Kataloges, ließ die Schuhe durch einen Fotografen aufnehmen und stellte mit meinen Mitarbeitern die ersten 300 Kataloge zusammen. Wir klebten auf jede Seite je zwei Fotos und versahen sie mit Text; anschließend wurde der Preis von Hand danebengeschrieben. Das Angebot umfaßte 28 Paar Schuhe.

Für diese Kataloge suchten wir Kunden, die für sich und weitere Besteller eine Sammelbestellung aufgaben. Dieses Vertriebssystem wurde speziell im englischen Versandhandel unter der Bezeichnung Club angewandt. In Deutschland praktizierte es damals wohl nur die Firma Baur, von der wir es übernahmen. Der Umsatz entwickelte sich ausgezeichnet. Das war die Voraussetzung für den nächsten, gedruckten Katalog.

In der ersten Zeit wurden wegen meines Fachwissens ausschließlich Schuhe verkauft. Im nächsten Katalog erweiterten wir das Sortiment um zwei Trenchcoats sowie vier Aktentaschen. Dann bot uns ein Fabrikant, der für die Marine gearbeitet hatte, Marine-Klapphosen an. Es handelte sich dabei um Hosen, die unten breit ausliefen und an den Hüften so fest saßen, daß sie ohne Gürtel getragen werden konnten und dadurch sehr flott wirkten. Erstaunlicherweise wurde die Marine-Klapphose in Süddeutschland in für mich damals sehr großen Mengen gekauft; daher entschied ich mich nunmehr für einen stärkeren Einstieg in den Textilsektor.

In den ersten Jahren erwarben wir die Textilien in der Hamburger Umgebung. Ich fuhr selbst mit meinem Auto nach Bad Bramstedt, wo sich eine Textilfabrik etabliert hatte, die Oberhemden, Blusen, Hosen und ähnliche Artikel herstellte.
Den Versandhandel hatte ich 1949 in Hamburg-Schnelsen mit fünf Mitarbeitern aus der Schuhfabrikzeit begonnen. Inzwischen wuchs die Belegschaft; wir mußten eine Lagerorganisation schaffen, um die Aufträge rationell abzuwickeln. Ich engagierte einen Prokuristen für die Verwaltung, dann einen jungen Mann, dem der Verkauf unterstellt wurde.
Für mich galt es, die einzelnen Abteilungen zu organisieren. Von Vorteil war vielleicht, daß ich auf keinem Gebiet Fachmann war. Dadurch konnte ich mich allen Bereichen mit gleicher Intensität zuwenden. Schon sehr zeitig war mir klargeworden, daß ein Unternehmen nur funktioniert, wenn sämtliche Arbeitsbereiche ihre Aufgaben gleich gut erfüllen. *Werner Otto*

Lebensweg

Werner Otto wird am 13. August 1909 als Sohn eines Lebensmittelgroßhändlers in Prenzlau (Brandenburg) geboren. Sein Kindheitstraum ist es, einmal Schriftsteller zu werden. Der Zusammenbruch des elterlichen Betriebes zwingt ihn jedoch schon sehr früh in eine kaufmännische Lehre. In Angermünde arbeitet Otto anschließend als selbständiger Einzelhandelskaufmann. Obwohl »im völkischen Lager heimisch«, gerät der junge Brandenburger schon nach einer kurzen Zugehörigkeit zur SA mit den Nazis aneinander. Noch vor dem Krieg sperren sie den widerspenstigen Kritiker für zwei Jahre ins Gefängnis. Anschließend muß er als Gefreiter noch in den Zweiten Weltkrieg. Das Kriegsende erlebt Otto mit einer Kopfverletzung in einem Wehrmachtslazarett.

Werner Otto als Quartaner im Brandenburgischen Prenzlau.

Als mittelloser Flüchtling schlägt er sich 1945 nach Westen, nach Hamburg, durch, fest entschlossen, selbständig zu werden. Zunächst versucht er es mit einer kleinen Schuhfabrik, die allerdings schon 1948 wieder schließen muß. Mit einem Startkapital von 6000 DM und vier Arbeitern startet er daraufhin 1949 einen Versandverkauf. Am 17. August 1949, vier Tage nach Ottos vierzigstem Geburtstag, wird bei der Hamburger Behörde für Wirtschaft und Verkehr die neue Firma mit dem Titel »Versandhandel« eingetragen.

Der erste Katalog hat nicht mehr als 14 Seiten. Ihn bastelt der Versandanfänger noch in Handarbeit. Er fotografiert seine Artikel selbst, tippt die Texte, klebt alles zusammen und durchzieht das Werk mit Kordeln. Ein Damenschuhmodell mit Besatz aus Pythonschlangenleder und eine Marineklapphose werden erste Verkaufsschlager. In der Anfangszeit bringt ein Bote rund ein Dutzend Pakete am Tag per Fahrrad zur Post. Otto: »Ich hatte schon im ersten Jahr eine Unterbilanz. Gott sei Dank habe ich das selbst erst später gemerkt.«

Mit dem Sammelbestellsystem beschreitet Otto neue Wege im Vertrieb. Als einer der ersten Versender verzichtet er auch auf Nachnahmesendung und beliefert seine Kunden gegen Rechnung. Von Anfang an setzt Otto weniger auf niedrige Preise als auf Qualität, befreit damit die Versandhausbranche vom Geruch des Kleine-Leute-Handels und erobert sich neue Käuferschichten. Seine Devise: »Es gibt Geschäftsleute, die glauben, dem Kunden dadurch zu gefallen, daß sie ihm billige Ware verschaffen. Ich habe immer den Standpunkt vertreten, Ware schlechter Qualität kann noch so billig sein – letztlich ist der Kunde damit immer betrogen.«

Werner Otto bekennt, daß er besessen ist von seiner

Aufgabe: »In den Aufbaujahren habe ich von morgens um 8 Uhr bis abends um 10 Uhr an sechs Tagen im Betrieb gearbeitet. Am Sonntag beschäftigte ich mich mit Organisations- und Rationalisierungsproblemen, erarbeitete Vorschläge für den Ausbau der Statistik oder saß über neuen Werbemaßnahmen. Auf jeden Fall gehörten meine Gedanken voll dem Unternehmen. Ich vertrete nachdrücklich die Ansicht, daß der Unternehmer Freude an seiner Aufgabe haben und von dieser Aufgabe besessen sein muß.« Für seine fünf Kinder findet Otto freilich wenig Zeit.

Der Otto-Versand aber wächst – und zwar rasant. 1953 werden 5 Millionen DM umgesetzt, 1954 schon 11 Millionen und 1955 gar 28 Millionen. Hatte der Otto-Katalog 1951 erst 20 Seiten und eine Auflage von 1000 Exemplaren, so waren es 1954 schon 50 000 Exemplare mit 100 Katalogseiten – und zwar erstmals mit farbigen Bildern.

Fünf Jahre nach der Unternehmensgründung beschäftigt Otto 250 Mitarbeiter. Weitere fünf Jahre später stehen schon 1000 Menschen in seinem Soll. Trotz hoher Fluktuation im Management meistert das Versandhaus die Phase dynamischen Wachstums verblüffend problemlos. Otto dazu: »Mir selbst waren das Wachstum und die ständig neuen Probleme, vor die ich gestellt wurde, gleichsam auf den Leib geschrieben. Von Natur aus bin ich kein Mann der Routine. Mich reizt auch heute noch das Neue. Wenn ich in unbekanntes Gebiet vorstoßen kann, sind alle Sinne wach.«

Auch in den sechziger Jahren vollzieht der Otto-Versand ein rasantes Wachstum und avanciert zu einem der größten europäischen Versandhäuser. Das Kapital für die atemberaubende Expansion seines Unternehmens beschafft sich Otto gemäß seinem Motto »Teile und Wachse«. Er nimmt starke Partner auf, ohne jedoch die unternehmerische Führung abzugeben. Otto scheut sich auch nicht, in fremden Branchen Geschäfte zu beginnen: Einkaufszentren, Autowaschanlagen, Speditionen, Immobilien, sogar eine Muster-Viehmilchwirtschaft in Chile – überall engagiert er sich, und zumeist mit einer goldenen Hand. So beginnt er in den sechziger Jahren das Immobiliengeschäft und baut mit der Sagitta-Grundstücksgruppe die größte Landentwicklungsgesellschaft in Kanada auf.

Im Jahr 1969 erreicht der Otto-Konzern die erste Umsatzmilliarde. 1975 wird die in Schwierigkeiten geratene Hanauer Versandhaus-Schwab übernommen. Konsequent weitet er sein Geschäft auch international aus, investiert in Amerika, Großbritannien, der Schweiz und Frankreich und schließlich sogar in Fernost. Die Otto-Sumisho Ibc wird das erste Versandhaus westlicher Prägung in Japan und macht bereits im ersten Geschäftsjahr (1987) 30 Millionen DM Umsatz.

Otto scheut sich freilich nicht, verlustbringende Geschäfte rasch wieder aufzugeben. Seine Versuche mit Warenhäusern und Waschanlagen und manchen Immobilien beendet er rasch, wenn der erwünschte Erfolg ausbleibt. Sein Kommentar zu geschäftlichen Fehlschlägen: »Wer statistisch denkt und nicht den Mut hat, Fehler zu machen, der sollte kein Unternehmer werden.«

Bereits 1966 zieht sich Werner Otto weitgehend aus der direkten Unternehmensführung zurück und übernimmt den Aufsichtsratsvorsitz. Immer stärker engagiert er sich nun im sozialen Bereich. 1969 ruft er die »Werner Otto-Stiftung zur Förderung der medizinischen Forschung« ins Leben, 1974 gründet er das »Werner Otto-Institut der Alsterdorfer Anstalten« zur Früherkennung und Frühbehandlung mehrfach behinderter Kinder. Im Februar 1981 räumt Werner Otto dann auch den Stuhl des Aufsichtsratsvorsitzenden. Sein Sohn Michael, der schon mehr als 10 Jahre im Vorstand des Unternehmens mitgearbeitet hat, übernimmt die Geschäftsführung.

Meine 12 Unternehmerprinzipien

1. Erkenne dich selbst:

Erkenne deine Fehler! Versuche, deinen Fehlern, also dir selbst, ins Gesicht zu sehen! Wir können uns nur in der Leistung steigern, wenn wir uns gründlich mit unseren Schwächen auseinandersetzen. Tüchtige, aktive Menschen machen die meisten Fehler; aber sie unterscheiden sich von den unfähigen dadurch, daß sie sich mit ihren Fehlern auseinandersetzen. Sie wandeln sie in Erfahrung um.

2. Sich freiarbeiten:

Es ist ein Erfolg, wenn es wieder gelingt, einen Bereich in tüchtige Hände zu übergeben. Ein Unternehmensleiter soll ständig darum bemüht sein, sich freizuarbeiten. Es gilt, die richtigen Mitarbeiter zu suchen, die ihm die Aufgaben abnehmen. In ein Ressort, das von einem Vorgesetzten gut geleitet wird, soll man sich nicht einmischen. Der Mitarbeiter, der dafür verantwortlich ist, wird manches anders machen, manches nicht so gut, dafür vieles wieder um so besser. Nur wer sich freigearbeitet hat, verfügt über Zeit, sich kreativ neuen Aufgaben zu widmen, die für das Wachstum des Unternehmens wichtig sind.

3. Diskutiere und informiere:

Kein Gedanke ist so gut, daß er nicht in einer Diskussion verbessert werden könnte. Manche Unternehmer sind gescheitert, weil sie überheblich waren und glaubten, alles besser zu wissen. Auch angeblich »unwichtige« Leute gilt es in die Diskussion mit einzubeziehen.

4. Vereinfache die Probleme:

Bringe jedes Problem auf einen einfachen Nenner.

5. Systematisiere und erhalte so der Firma wertvolles Know-how:

Schaffe für wichtige, sich wiederholende Entscheidungen Checklisten. Es ist immer lohnend, sich die Zeit zu nehmen, gewonnene Erkenntnisse klar zu fixieren. Das bedeutet die Erhaltung eines wertvollen »Know-hows«. Die Mitarbeiter, insbesondere die neuen, können jederzeit darauf zurückgreifen und müssen nicht erst auf umständlichem Wege Erfahrungen neu sammeln.

6. Übe konstruktive Kritik durch Mängelanalyse:

Kritik ist nicht das Verdammen irgendeiner falschen Maßnahme; ihr eigentlicher Sinn besteht darin, die Leistungen durch Erkenntnisse aus Fehlern zu verbessern. Diskussionen müssen daher auf sachlicher Basis stattfinden. Eine Unternehmensleitung kann sich nur optimieren, wenn sie bereit ist, Mängel nicht als Schicksalsschlag oder böswilliges Versagen eines Mitarbeiters hinzunehmen, sondern als Lernmodell.

7. Handle konsequent:

Verfolge ein gesetztes Ziel mit aller Konsequenz, löse eine als notwendig erkannte Aufgabe zäh und zielstrebig.

8. Vorsicht vor versteckten Risiken:

Risiken werden besonders gefährlich, wenn sie aus einer Unternehmung kommen, die man selbst für völlig sicher hielt. Sogenannte Risikoobjekte haben mir noch nie eine schlaflose Nacht verursacht. Objekte, in denen wir Risiken sahen, haben wir abgesichert. Dagegen gab es manchmal Probleme mit todsicheren Geschäften.

9. Halte alles in Fluß:

Nur wer selbst bereit ist, sich zu verändern, wer bereit ist, im Strom mitzuschwimmen und nicht an Altem klebt, wird Erfolg haben. Vergessen wir nie, daß alles um uns fließt. Wie sich unsere Lebensgewohnheiten und Sitten, Gesetze, Staatsformen und übernationale Bindungen in einem ständigen, evolutionären Prozeß ändern, so müssen sich auch unsere Unternehmen verändern.

10. Teile und wachse:

Manches Familienunternehmen könnte sich zu einem Großunternehmen entwickeln, wenn der Inhaber sich entschließen könnte, Partner in seine Firma mitaufzunehmen. Ich halte es für riskant, das erforderliche Eigenkapital durch Kredite zu ersetzen. Also sind wir bereit zu teilen.

11. Intelligenz ersetzt nicht Erfahrung:

Vor 20 Jahren war ich bestimmt nicht weniger intelligent als heute. Wenn ich allerdings zurückdenke, wird mir bewußt, wie unsicher ich einigen Entscheidungen gegenüberstand. Damals habe ich manche Chance nicht gesehen, manche Risiken nicht erkannt, die zu beurteilen für mich heute ein leichtes wäre. Bin ich in diesen 20 Jahren intelligenter geworden? Ich glaube nicht. Nur der Wissensstand hat sich verbessert. Heute habe ich 20 Jahre mehr Erfahrung aufzuweisen.

12. Behalte Überblick und Weitblick:

Den Überblick über ein Unternehmen kann man behalten, wenn zeitig Konsolidierungsphasen eingebaut werden. Es gehört schon Disziplin dazu, im Rausch des Wachstums an die Ordnung des Erreichten zu denken und das Unternehmen zur rechten Zeit zu reorganisieren. Im Leben eines Unternehmens gibt es nur selten lange Phasen ungestörten Wachstums. Eine der Hauptaufgaben des Unternehmers besteht darin, für die Zukunft vorzudenken, abzuwägen, welche Risiken auf das Unternehmen zukommen könnten, und Vorsorge zu treffen, daß er auf Veränderungen der wirtschaftlichen Umwelt rechtzeitig reagieren kann.

Werner Otto

FERDINAND PORSCHE

Des Teufels Techniker

Genialer Erfinder, Vater des Volkswagen, Taufpate des Automobils – ja das ist Porsche. Und doch hat das glanzvolle Bild des technischen Genies dunkelbraune Flecken. Adolf Hitler und Ferdinand Porsche sind voneinander wechselseitig fasziniert. Erfinder und Diktator verbindet eine sonderbare Beziehung aus Privatesse und Professionalität, aus wechselseitiger Bewunderung und Kritik, aus Nähe und Distanz. Vor allem aber ist sie eines: Eine Symbiose des gegenseitigen Nutzens.

Anfang der dreißiger Jahre noch hatte dem kleinen Ingenieurbüro Porsche in Stuttgart der Ruin gedroht. Niemand wollte in der Weltwirtschaftskrise einen luftgekühlten Dreizylinder haben, der vier Erwachsene und ihr Gepäck hundert Kilometer je Stunde fortbewegen konnte. Erst Hitler verhilft ihm zu seinem Markt. Obwohl die mächtigen Konzerne des Reichsverbandes der Automobilindustrie (RDA) den Emporkömmling Porsche und seine Volkswagen-Pläne ins Abseits zu drängen versuchen, setzt sich der findige Schwabe durch. Er nimmt zur Verblüffung der gesamten Konkurrenz persönlich mit Hitler Kontakt auf, indem er sich im Schlepptau des Rennfahrers Hans Stuck und Auto-Union-Managers Klaus von Oerzens buchstäblich zum Führer einschleicht. Hitler ist zunächst ungehalten, weil er sich durch Anwesenheit eines unbestellten Menschen überrumpelt fühlt.

Plötzlich aber sagt er zu Porsche: »Wir kennen uns doch.« Er hatte Porsche einmal bei einem Autorennen in der Box von Auto-Union gesehen. Aber Porsche erwidert wahrheitsgemäß, er könne sich nicht daran erinnern. Hitler lacht, nimmt Porsche am Arm und setzt sich mit ihm für eine halbe Stunde in eine Fensternische zum Vier-Augen-Gespräch. »Ich vermute, daß sie sich vor allem wegen des österreichischen Akzentes so schnell näherkamen«, berichtet Porsches Neffe Ghislaine Kaes anschließend zum Hergang der ersten Begegnung.

Die spontane Sympathie zwischen Hitler und Porsche ist jedenfalls da. Rasch gewinnen die beiden Vertrauen zueinander. Und als die Konkurrenten Porsches versuchen, ihn bei Hitler zu diskreditieren, indem sie verbreiten, Porsche sei Tscheche, hat Porsche den Führer schon auf seiner Seite. Das ist im Sommer 1934. Schon da ergreift Hitler für den Autokonstrukteur Partei und stattet die sudetendeutsche Familie Porsche per Sonderdekret mit deutschen Pässen aus.

Porsche und Hitler verbindet schon äußerlich manches. Beide sind eher klein geraten und trotz Schnurrbart und markanter Nase nicht eben imposante Mannsbilder. Beide sind zudem Choleriker. Wie Hitler kann Porsche unglaublich aufbrausend und wütend werden, wenn sich Dinge nicht nach seinen Vorstellungen fügen. Er hat stets genaue Vorstellungen von Qualität und Gerechtigkeit. Sowohl bei Austro-Daimler als auch bei Daimler ist er mit einem Riesenkrach ausgeschieden, weil er sich ungerecht behandelt fühlte.

Porsches eigener Sohn Ferry beschreibt die Beziehung zwischen seinem Vater und Hitler so: »In ganz Deutschland getraute sich höchstens ein halbes Dutzend Männer, Hitler offen ihre Meinung zu sagen.

Mein Vater gehörte zu ihnen. Mehr noch, er konnte dies tun, ohne Gefahr zu laufen, von ihm kritisiert oder zurechtgewiesen zu werden. Vater wurde von Hitler wohl als eine Art väterlicher Ratgeber in allen technischen Dingen angesehen. Daß Vater direkten Zugang zu Hitler hatte und ihm gegenüber immer frei von der Leber weg seine Meinung sagen konnte, mißfiel den Männern, die ihn liebedienernd umgaben.«

Seit 1937 gehört Ferdinand Porsche zur NSDAP, ein Jahr später wird er gar Mitglied der SS. Himmler ernennt selbst seinen Sohn Ferry zum »Ehrenoffizier der SS«. Hitler ehrt Porsche schließlich mit der höchsten zivilen Auszeichnung des Nazireiches, dem mit 100 000 Reichsmark dotierten Nationalpreis. Damit ist zugleich der Titel »Professor« verbunden. In der Reichskanzlei heißt Porsche fortan nur noch »der Professor«. Und der Professor hat Narrenfreiheit im engsten Zirkel der Macht. Auf der Hutablage vor dem Führerzimmer liegt zwischen den soldatischen Mützen der Parteibosse immer öfter der Hut des Ferdinand Porsche. Im Innenband prangt dort ein Gütestempel des Kriegsgegners, das er gerne verschmitzt vorzeigt: »Made in England«. Porsche hat ein Faible für gute Kleidung und fährt vor dem Krieg noch regelmäßig nach London zum Einkaufen.

Vor allem aber begeistert er sich für alles Technische und die atemberaubenden Möglichkeiten, die Hitler ihm nun ermöglicht. Unter Porsches Regie werden Autos und Sportwagen konstruiert, neue Motoren, Antriebstechniken und Fahrzeuge aller Art erfunden. Das technische Genie Porsche bekommt freie Hand und kann seinem Taten- und Erfinderdrang freien Lauf lassen. Er wird schließlich gar Geschäftsführer und Begründer der Volkswagen AG. Aus dem Stuttgarter Autobastler ist damit binnen weniger Jahre der Chef des größten deutschen Automobilkonzerns geworden. Der Aufstieg Porsches ist ohne die persönliche Rückendeckung Hitlers kaum denkbar. Aber auch Hitler profitiert von der ungebändigten Schaffenskraft des Professors. Noch vor Kriegsausbruch ist das Volkswagenwerk aus dem Nichts in Wolfsburg entstanden, die ersten Käfer für 990 DM laufen vom Band. Ferdinand Porsche hat für seinen Führer alles gut im Griff.

Und als Hitler die Welt in den Krieg stürzt, da stürzt Porsche mit. Er konstruiert und baut alles, was die Kriegsmaschinerie so braucht: Panzer, Kübelwagen, Motorräder, Schwimmfahrzeuge, Artillerie-Schlepper, sogar an der fliegenden Bombe V1 bastelt er mit. Nicht ohne Begeisterung entwickelt er als Leiter der Panzer-Kommission immer neue Tanks – die Namen Tiger, Ferdinand und der Riesenpanzer Maus werden Militärgeschichte. Schon im Ersten Weltkrieg hatte er mit unbekümmerter Begeisterung für Militärtechnik einen Namen als Kriegstechniker gemacht. Die Motorisierung des 30,5-cm-Skoda-Mörsers, zahlreiche Flugmotorkonstruktionen und schließlich der damals berühmte »C Zug« (Motorisierung des 42-cm-Skoda-Mörsers mit Hilfe von mehreren geländegängigen 140-PS-Zugmaschinen) gehörten dazu.

Von Porsche stammt auch die Idee, den zivilen Volkswagen für militärische Zwecke umzubauen. Der Mangel des Vierradantriebes muß ausgeglichen werden, woraufhin Porsche eine Differentialsperre einbauen läßt. Der Umbau ist nicht teuer, doch das Beschaffungsamt zeigt wenig Interesse. Porsche geht wieder einmal zu Hitler: »Der hörte auf meinen Vater mehr als auf jeden anderen, wenn es um technische Dinge ging«, überliefert Sohn Ferry stolz.

Und doch ist Porsche letztlich unpolitisch. Nie hat er sich innerlich einer Weltanschauung, einer Ideologie oder Partei verschrieben. Über Politik denkt er

**Ferdinand Porsche –
hat nur Technik im Kopf.**

Ferdinand Porsche unterhält sich mit Minister Speer und dem Fahrer eines »Ferdinand«-Panzers im März 1943.

schlichtweg nicht nach. Als die Stalinisten ihn im Frühjahr 1932 als Chefautomobilisten für viel Geld in die Sowjetunion locken wollen, da kennt der Unternehmer keine politischen Skrupel. Er fährt hin, schaut sich alles genau an, studiert und verhandelt. Daß er schließlich doch ablehnt, hat nichts mit Stalin und dem Kommunismus zu tun. Eher ein technisches Problem – die fremde Sprache ist es, die ihn stört: »Nicht einmal ein Dutzend Dolmetscher könnte das Verständigungsproblem wirklich lösen. Es mag angehen, eine normale Unterhaltung zu übersetzen, aber es wird schwierig, völlig abstrakte neue technische Ideen in eine vollkommen fremde Sprache zu übersetzen.«
Ferdinand Porsche interessieren Maschinen und Motoren stets mehr als Macht und Moneten. Ihn als fanatischen Nazi zu brandmarken, wäre denkbar

Der Volkswagen-Vorläufer namens Porsche Typ 32. Ihn konstruierte Ferdinand Porsche noch vor der Nazizeit für NSU.

falsch. Ihn begeistert das technisch Machbare, die Tüftelei, die Suche nach Lösungen. Das Wozu des Ganzen ist nie seine Frage. Sohn Ferry beschreibt diesen Wesenszug seines Vaters so: »Mein Vater war in manchem wirklich eigenartig. Während er in technischen Belangen ein äußerst praktischer Mann war, ein Realist, jederzeit in der Lage, ein Problem sofort zu verstehen und oftmals auch umgehend zu lösen, war er politisch naiv wie ein Kind. Er machte sich über Ereignisse von nationaler oder internationaler Bedeutung keine Gedanken. Wenn ihm ein politisches Argument überzeugend klang, dann glaubte er es ohne Zögern.«
Auch der Neffe des großen Porsche, Ghislaine Kaes, berichtet: »Der Professor war ein völlig unpolitischer Mensch. Man hat ihm später angedichtet, er hätte

Adolf Hitler brüskiert, indem er ihm den deutschen Gruß ›Heil, mein Führer‹ verweigert und statt dessen ›Guten Tag‹ gesagt hätte. Das stimmt nicht. Er hätte Hitler sogar mit Nasenreiben begrüßt, wenn es für seine Arbeit nützlich gewesen wäre. Und Hitler war ihm schon ein Jahr nach der Machtergreifung außerordentlich nützlich.«
Porsche besucht Ende 1944 mit Albert Speer das KZ-Mauthausen. Doch selbst dieser Anblick bewegt ihn zu keiner Umkehr. Er kann ungerührt Häftlingen beim Bombenbau und im Steinbruch zuschauen, nur weil er sich für die Munitionsfertigung interessiert. Überall sieht er nur, was er sehen will. Porsche ist so etwas wie der Gustav Gründgens der Technikerzunft. Wer ihn persönlich kennt, wird hinter dem treusorgenden Familienvater keinen Rassisten oder Antisemiten, keinen bösartigen Menschenfeind und Ideologen erkennen können. Auf dem politischen Auge bleibt Porsche durchweg blind. Als Ferry seinem Vater während des Krieges seine Zweifel an der Politik Hitlers äußert, antwortet dieser: »Du hast, glaube ich, am wenigsten das Recht, so skeptisch in die Zukunft zu blicken. Denke lieber an all die technischen Aufgaben, die wir zu lösen haben.« Die Zurechtweisung für den Sohn ist wohl auch Handlungsdevise für sich selbst. Hitlers Autobegeisterung und Porsches Forscherdrang ergänzen einander. Porsche braucht Hitler, läßt sich verstricken und wird schließlich des Teufels Techniker. *Wolfram Weimer*

Lebensweg

Ferdinand Porsche wird am 3. September 1875 in Maffersdorf bei Reichenberg geboren. Er entstammt einer sudetendeutschen Handwerkerfamilie. Sein Vater ist Klempnermeister und will, daß Sohn Ferdinand das gleiche Handwerk erlernt. Aber schon auf der

Ferdinand Porsche als vierzehnjähriger Schüler im böhmischen Maffersdorf.

Volksschule zeigt sich die technische Begabung des Porsche-Buben: Mit primitiven Mitteln bastelt er sich Akkumulatoren und Dynamos zusammen und versorgt – damals eine Sensation – das väterliche Haus mit elektrischem Licht.

1893 sehen seine Eltern, daß sie ihn in Maffersdorf nicht würden halten können, und schicken ihn – unterstützt von dem Fabrikanten Ginzkey – zu Bela Egger (dem späteren Brown Boveri) nach Wien, wo er als Praktikant anfängt, aber als Zweiundzwanzigjähriger schon zum Leiter des Prüfraumes aufsteigt. 1899 holt ihn die K. K. Hofkutschenfabrik Jacob Lohner als Konstrukteur für ihre Elektromobile. Er konstruiert dort für die Pariser Weltausstellung 1900 einen Wagen, der mit sogenannten Radnabenmoto-

Am 17. Oktober 1903 heiratet Ferdinand Porsche Louise Kaes, eine junge Arbeitskollegin der Wiener Elektrofirma Egger & Co. Rechts daneben: Im Alter von 37 Jahren mit seinem Sohn und Nachfolger »Ferry« auf den Schultern.

ren ausgerüstet ist – eines der ersten grundlegenden Patente Ferdinand Porsches.

Schon 1902 macht er eine weitere bedeutende Erfindung: Porsche konstruiert einen Wagen mit »gemischtem Antrieb«, wobei ein Benzinmotor über einen Dynamo die in den Radnaben angebrachten Elektromotoren treibt. Er behält dadurch die Vorteile des weichen, getriebelosen Elektroantriebs, ohne die schweren Batterien mitführen zu müssen, die die Reichweite begrenzen. Dieser »gemischte Antrieb« kommt im Ersten Weltkrieg in zahlreichen Zugmaschinen bei Skoda und Austro-Daimler zur Geltung und findet noch im Zweiten Weltkrieg in Porsches Panzerkonstruktionen Verwendung.

1905 wird Ferdinand Porsche als Technischer Direktor zu den österreichischen Daimler-Werken berufen. Er baut dort Personenwagenmodelle wie die »Maja« und den 140 km schnellen »Prinz Heinrich Wagen« (1910), verschiedene Nutzfahrzeug-Typen und die ersten österreichischen Flugmotoren. Seine Konstruktionen fährt er noch selbst in zahlreichen Wettbewerben.
Im Ersten Weltkrieg erwirbt er sich durch die Motorisierung von Mörsern und Flugmotorkonstruktionen militärtechnische Verdienste und wird mit dem Franz-Joseph-Orden ausgezeichnet. Daraufhin avanciert Porsche zum Generaldirektor von Austro Daimler. Als solcher überwindet er geschickt die Schwierigkeiten der Nachkriegsjahre und bringt mit dem Austro Daimler Typ »ADM« einen weiteren bekannten Personenwagen heraus. Daneben entwickelt er den Sportwagen-Typ »Sascha«, der in ganz Europa Rennerfolge feiert.
1923 tritt Ferdinand Porsche, inzwischen Ehrendoktor der Wiener Technischen Hochschule geworden, als Technischer Direktor zu Daimler in Untertürkheim über. Er verlegt damit seinen Wohnsitz nach Stuttgart. Unter den Konstruktionen, die unter seiner technischen Leitung bei Daimler entwickelt werden, sind besonders Renn- und Sportwagen.
Nach einem einjährigen Zwischenspiel bei Steyr in Österreich kehrt Porsche 1930 wieder nach Stuttgart zurück und macht sich nunmehr mit einem eigenen Konstruktionsbüro selbständig. Mit einem kleinen Stab hochqualifizierter Ingenieure, unter denen auch sein 1909 geborener Sohn Ferry mitarbeitet, entstehen die ersten Entwürfe zum Volkswagen, der 16-Zylinder-Heckmotor-Rennwagen (»P Wagen«) und die vielleicht bedeutendste Erfindung Porsches: die Drehstabfederung.

In der Garage seines Hauses in Stuttgart baut Porsche die ersten drei Volkswagen zusammen und läßt sie 2 Millionen Versuchskilometer zurücklegen. Er erhält ein großzügiges Angebot von Rußland als Chefingenieur der russischen Automobilwirtschaft, unternimmt eine Studienreise, lehnt es aber ab. Zweimal fährt er, um die Probleme der Massenproduktion zu studieren, nach Amerika, ehe im Volkswagenwerk die Vorbereitungen für eine Großserie getroffen werden. Dann kommt der Zweite Weltkrieg. Porsche, inzwischen Professor geworden und mit dem Nationalpreis ausgezeichnet, entwickelt aus dem VW den Kübelwagen und den Schwimmwagen, er konstruiert mehrere Panzer-Typen und läßt sich in den nationalsozialistischen Kriegsapparat verstricken.
1944 wird seine Firma nach Kärnten evakuiert. Nach dem Kriegsende verhaften ihn zunächst die Amerikaner, lassen ihn aber nach kurzer Zeit wieder frei. Dann wird er von den Franzosen zur Mitarbeit an einem französischen Volkswagen aufgefordert, inzwischen als Nazi denunziert und erneut verhaftet. Er verbringt fast zwei Jahre in französischen Gefängnissen, zum Teil in Einzelhaft. Sein Schwiegersohn Piech, der im Kriege das VW-Werk führte, teilt seine Haftzeit; auch Ferry Porsche ist lange Zeit inhaftiert. 1947 endlich wird der Professor, unter Mithilfe des französischen Fachjournalisten Charles Faroux und des Rennfahrers Raymond Sommer, gegen Stellung einer Kaution freigelassen.
Der provisorische Betrieb in Kärnten hat sich die ersten Nachkriegsjahre mit Volkswagenreparaturen und Herstellung von Landmaschinenteilen beschäftigt. Dann kommt ein Auftrag der italienischen Firma Cisitalia auf einen Grand-Prix-Rennwagen, der unter der Leitung von Ferry Porsche begonnen wird. Im August 1948 entsteht – noch immer in den primitiven

Baracken von Gmünd in Kärnten – der erste Sportwagen, der den Namen Porsche trägt, damals noch mit einem VW-Motor, der auf 40 PS gebracht war, einer offenen Karosserie und einem Gitter-Rohrrahmen. Dann steht auf dem Genfer Salon 1949 das 1100er Coupé vom Typ 356, der Vorläufer zur heutigen 911er-Serie.
1950 zieht der Betrieb wieder nach Stuttgart zurück, muß aber zunächst neue Schwierigkeiten überwinden, weil das alte Werk von der Besatzungsmacht nicht geräumt wird. Die Produktion beginnt daher in den Räumen der Karosseriefabrik Reutter, die für den 356 die Karosserie liefert. Professor Porsche erlebt noch die ersten Sporterfolge seines Wagens, sie machen den Typ 356 in aller Welt berühmt. Seine Gesundheit aber ist durch die lange Haftzeit geschwächt; der 75jährige stirbt am 30. Januar 1951 und wird in einer kleinen Kapelle auf dem Schüttgut bei Zell am See beigesetzt.

990 Mark ab Werk: Der Volkswagen

Im Herbst 1936 war Hitler so stark an den Berichten über die 30 Volkswagen-Prototypen interessiert, daß er meinen Vater und mich nach Berlin beorderte, obwohl er von uns schon mehrfach über das Volkswagenprojekt informiert worden war. An einem der Gespräche nahm auch die Filmregisseurin Leni Riefenstahl teil, deren Olympiafilm über die Spiele in Berlin gerade fertiggestellt worden war. »Ich gratuliere. Sie haben zweifellos die technischen Probleme glänzend gelöst«, beglückwünschte Hitler uns, »aber die wirtschaftliche Seite des Projekts ist eine andere Sache. Hier muß noch eine wichtige Entscheidung getroffen werden.«

»Ich nehme an, daß die vier dem Reichsverband angeschlossenen Automobilunternehmen Daimler-Benz, Opel, Auto-Union und Adler bereit sind, den Wagen mit Hilfe von Subventionen zu bauen«, sagte mein Vater.
»Ja«, sagte Hitler, »sie haben sich bereit erklärt, den Volkswagen für einen Stückpreis von 1000 Mark zu bauen, vorausgesetzt, daß die Subvention 200 Reichsmark pro Wagen beträgt. Wenn wir davon ausgehen, daß eine Million Volkswagen hergestellt werden, dann können Sie sich leicht ausrechnen, daß diese Zuschüsse die Regierung 200 Millionen Reichsmark kosten werden!«
»Jeden Wagen zu subventionieren, wäre nicht die richtige Lösung«, sagte mein Vater.
»Es gibt eine andere Möglichkeit!« Hitler blieb abrupt stehen und deutete mit dem Zeigefinger auf ein Blatt Papier auf dem Tisch, das mit Zahlen bedeckt war. »Wir haben sicher nicht die Wahl, die Kosten zu senken, aber wir können bestimmen, wie wir das Geld ausgeben! Ich habe schon entsprechende Maßnahmen in die Wege geleitet!«
Das, was er unternommen hatte oder zu tun beabsichtigte, war im Grunde sehr einfach. Der RDA sollte das gesamte Volkswagenprojekt an die Deutsche Arbeitsfront als »Geste des guten Willens« ohne spätere Rückzahlung übergeben.
»200 Mark für jeden Wagen sind verlorenes Geld. Falls wir für die Gesamtsumme der Zuschüsse eine Fabrik errichten, sind Sie, Herr Professor, dann in der Lage, dort den Wagen zu dem Preis, den ich mit 990 Mark ab Werk veranschlage, zu bauen? Das wäre ein Preis, der keine Finanzierung des Verkaufs bedeutet und eine Kapitalabschreibung überflüssig macht.«
Nach diesem Gespräch entwickelten sich die Ereig-

nisse sehr schnell. Hitler beauftragte Robert Ley, in der Deutschen Arbeitsfront dafür zu sorgen, daß in ihrem Rahmen die Zukunft des Volkswagens verantwortlich vorangetrieben würde. Hitler hatte verfügt, daß eine neue Fabrik in der Mitte Deutschlands an einem Kanal, einer Haupteisenbahnlinie und in der Nähe einer der geplanten Reichsautobahnen liegen solle. Robert Ley betraute mit der Ausführung und der Organisation des zukünftigen Volkswagenwerkes Dr. Bodo Lafferentz, bisher verantwortlich für die Organisation der KdF (Kraft durch Freude). Es wurde eine Firma gegründet »Gesellschaft zur Vorbereitung des Volkswagens«, kurz »Gezuvor« genannt, in der Dr. Lafferentz (für die Finanzen verantwortlich) und mein Vater (für die gesamte technische Planung des Werkes) die Geschäftsführer waren.

Ferdinand Porsche, junior

PHILIPP ROSENTHAL

Konkurrenz macht listig

Philipp Rosenthal ist ein Geschäftstalent: Als Jungunternehmer pilgert der Mittzwanziger mit einer Erstausstattung Porzellan im Koffer zur Leipziger Messe. Da er sich noch keinen Messestand leisten kann, baut sich Rosenthal aus seinen Koffern eine provisorische Verkaufsbude und stellt seine Handvoll Stücke in einer zugigen Toreinfahrt auf. Kein Mensch interessiert sich für den unbekannten Straßenhändler. Daraufhin kritzelt er kurzerhand ein Aushängeschild: »Wegen starken Andrangs vorübergehend geschlossen«. Das weckt die Neugier, und erste Messebesucher kommen herbei.

Diesen Trick wiederholt Rosenthal im nächsten Jahr. Diesmal gönnt er sich immerhin schon ein Hotelzimmer als Ausstellungsraum. Aber wieder kommt die Kundschaft nur spärlich. Und wieder setzt er auf die Neugier der Menschen – nur noch ein bißchen frecher und riskanter als im Vorjahr. Auf dem Schild, das er aushängt, steht diesmal: »Wegen Überfülle der Ordres können keine weiteren Aufträge entgegengenommen werden«. Kaum zu glauben, aber die Einkäufer schleichen sich einer nach dem anderen herbei, weil sie einen ganz besonderen Renner wittern.

Das »Marketing« dieser Art hat Rosenthal in Amerika gelernt. Dorthin war er als Siebzehnjähriger aufgebrochen, das Abenteuer zu suchen. Was er fand, war vor allem die Kehrseite des amerikanischen Traums.

Ein Jahr lang schlug er sich in New York als Laufbursche, Tellerwäscher, Hotelboy durch. Dann floh er – aber nicht in die deutsche Heimat zurück, sondern schnurstracks in den Wilden Westen. Auch dort erwartete ihn wenig Romantik und Abenteuer. Nun verdiente er als Farmarbeiter und Postkutschenreiter sein karges tägliches Brot. Zwar kutschierte er als stolzer Postillion hin und wieder auch den vierspännigen Pferdewagen der »Butterfield San Diego Line«, so richtig Staat ließ sich aber auch damit nicht machen. Endlich fand er eine erste feste Stellung bei der Porzellan-Importfirma Jacob Meyer Brothers. Deren Inhaber kannte Rosenthals Vater aus Deutschland und gab dem jungen Cowboy eine Chance als Gehilfe. Rosenthal übte sich fast vier Jahre lang – zuletzt als Einkäufer – in Sachen Porzellan und lernte dabei alle Tricks der Hersteller. Die wichtigste Lektion aber, die ihm Amerika erteilte, war das Steh- und Durchhaltevermögen für eine harte Wettbewerbsgesellschaft. Dieser geschärfte Biß macht Rosenthal stark und wendig. Er selbst sagt später gerne »Konkurrenz macht lustig« – und listig möchte man in seinem Fall hinzufügen.

So richtig lustig ist es für den listigen Amerika-Heimkehrer jedoch lange nicht. Tellerweise kauft der Unternehmensgründer bei Lorenz Hutschenreuther unbemaltes Rohporzellan, trägt es eigenhändig im Waschkorb nach Hause und läßt es von seiner Frau Mathilde in Handarbeit dekorieren: Teller, Figuren, Aschenbecher. Doch nicht einmal diese Kleinserien finden ausreichend Käufer. Das Ersparte ist schnell verbraucht, erste Bettelgänge um Kredite werden nötig. Der Rosenthal-Biograph Hermann Schreiber dokumentiert: »Die Anfänge müssen mühsam gewesen sein, so mühsam, daß der Selber Konditormeister, in dessen Haus Philipp Rosenthal mit Mathilde Auf-

Philipp Rosenthal nach seiner Cowboy-Karriere in Amerika. Mit 24 Jahren kommt er zurück nach Deutschland und will Unternehmer werden.

nahme gefunden hatte, ihm den Vorschlag macht, doch lieber als Geselle bei ihm einzutreten und Konditor zu werden.« Sogar die neuerliche Emigration nach Amerika wird erwogen.

Zu beidem kommt es freilich nicht. Rosenthals Leitspruch »Tu nie etwas in der Depression« bewährt sich aufs trefflichste. Denn urplötzlich erweist sich ein alberner und ausgesprochen kitschiger Aschenbecher – jenes legendäre »Ruheplätzchen für brennende Cigarren« – als Verkaufsschlager. Ein lustiges Objekt. Tatsächlich, die gnadenlose Konkurrenz hat ihn lustig gemacht. Der Konditor- und Cowboy-Laufbahn sagt Rosenthal nun endgültig ade.

Gerade so noch einmal der Pleite entgangen, mietet sich der Glückliche kurzerhand ein Schloß etwas außerhalb der bayrischen Porzellanstadt Selb. Kein Handwerksschuppen, keine Fabrik, keine Hinterhofhalle – nein, ein Schloß muß es sein. Ein übermütiges Signal für geschäftlichen Optimismus? Ein geschickter Werbegag zum Verkauf edlen Porzellans? Oder schlicht feudale Protzerei eines bürgerlichen Emporkömmlings? Von allem war es wohl ein bißchen. Die Konkurrenz jedenfalls ist verblüfft.

Mit der Anmietung von Schloß Erkersreuth blitzt ein erstes Mal das Schillernde an Rosenthals Persönlichkeit auf, diese eigentümliche Charakter-Spannung zwischen Glamour und Askese, Eleganz und Derbheit, Herrendenken und sozialem Mitgefühl, Ernst und Spaß, Würde und Poltergeist. Seinen Mitmenschen bleibt der schlitzohrige Porzellanfabrikant jedenfalls nie so richtig durchschaubar.

Der Aufstieg zum Schloßherren gelingt. Nach zwei Jahren expandiert Rosenthals Schloßbetrieb bereits auf vier Mitarbeiter, die im Obergeschoß der alten Gemäuer Porzellan bemalen. Im Schloßkeller werden die Dekors eingebrannt. Schon im vierten Jahr der

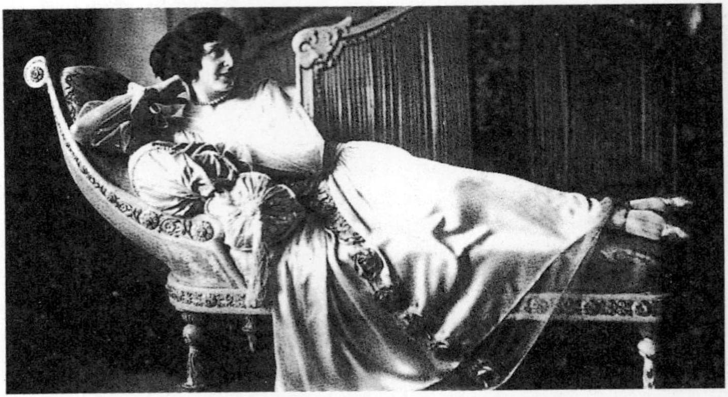

Seiner schönen, jungen Frau widmet Philipp Rosenthal das Erfolgsservice »Maria«.

Unternehmensgründung ist die Belegschaft auf 60 Maler und Malerinnen angewachsen. Die Umgebung provoziert Rosenthal geradezu zum Gestus des Gutsherren. Zunehmend umgibt er sich mit der Aura eines unternehmerischen Grandseigneurs. Eine gediegene Wohnungseinrichtung mit altenglischen Möbeln zählt ebenso dazu wie Hunde, Pferde und die Jagd. In der Monographie zum fünfzigjährigen Firmenjubiläum heißt es hofberichterstatterisch, daß Rosenthal »die Jagd mit der ganzen Passion des Weidmannes« betreibt und zuweilen im Reiterdreß mit der weißen Plastron-Krawatte »frisch und munter, schneidig und scharf« in seiner Fabrik auftaucht. Auch Chauvisprüche (»Das Schönste auf Erden sind das Weib und das Pferd«), arrogante Adelsweisheiten (»Nie etwas tun, was auch ein Geringerer leisten kann«), derbe Herrenwitze und die allmorgendlichen Leibesübungen im Adamskostüm auf dem Balkon gehören zum Repertoire seiner neuen Rolle.

Böse Zungen lästern hin und wieder über den Neureichen und seine selbstgefälligen Herrenattitüden. Doch verstehen tun sie ihn nicht. Rosenthals Standardgetränk bleibt Mineralwasser. Er trinkt keinen Alkohol, raucht kaum, schläft viel und hält Diät – nicht nur weil er zuckerkrank ist. Im Grunde bleibt er asketisch und arbeitet auch dann noch hart, als er es kaum mehr nötig hat. Bei den Marathonsitzungen mit seinen Direktoren wird regelmäßig das Mittagessen übergangen – knurrende Mägen gehören zum Rosenthalschen Ambiente.

Das Emporkömmlinghafte an seinem Lebenstil ist keine Angeberei, kein Gehabe – er hat einfach Spaß an bestimmten Früchten des Wohlstands, an der Jagd, am Bobfahren, an technischen Neuerungen. Als einer der ersten in Deutschland leistet er sich ein Telefon und 1893 sogar ein Automobil – ein knatternder, schleichender Benz-Prototyp, der ungefähr 20 Kilometer in der Stunde zurücklegen kann. Mit diesem urtümlichen Gefährt wagt er sogar eine siebenwöchige Reise samt Familie nach Italien – für damalige Verhältnisse eine Sensation.

Rosenthal gehört zu denen, die gerade, weil sie einmal ganz unten waren, die Höhenluft mit besonderem Genuß atmen. Die Karriere vom mittellosen New Yorker Tellerwäscher, Präriekuhjungen und späteren Fastpleitier zum Erfolgsunternehmer erklärt so manchen Wesenszug. Vor allem liegt hier die Wurzel seines sozialen Gewissens. Rosenthal ist zweifellos Autokrat, Patriarch, Herr im Haus – kein Chef der kumpelhaften Sorte. Und doch zeichnet ihn eine ausgeprägte Fürsorge für seine Leute aus. Seine Arbeiter erhalten nicht nur die mit Abstand höchsten Löhne der ganzen Branche. Rosenthal ist zudem einer der ersten Unternehmer in Deutschland, der seiner Belegschaft voll bezahlten Urlaub gibt. Auch baut er Arbeiterwohnungen, finanziert die Einrichtung von Kinderkrippen, ja

Ein Rosenthal-Dekorbetrieb um die Jahrhundertwende. Handarbeit dominiert das Geschehen. Damals bemerkenswert: An jedem Arbeitsplatz gibt es schon elektrisches Licht.

sogar die Anlage von Schrebergärten. Bezahlten Urlaub für werdende Mütter gibt es bei Rosenthal lange, bevor solche Dinge gesetzlich geregelt werden.

»Wohl war er auch streng zur rechten Zeit, wie es seiner Herrennatur entsprach«, heißt es in der Monographie zum fünfzigjährigen Firmenjubiläum. »Doch stets war er von der Sorge um seine Leute erfüllt.« Immerhin hat ihn diese »Sorge« davor bewahrt, in der Revolutionszeit nach dem Ersten Weltkrieg die Roten Räte und die Arbeiterabordnungen fürchten zu müssen. »Inmitten meiner Leute fühle ich mich am sichersten«, sagt er und meint es auch so. Selbst in den Zeiten der schlimmsten Sozialkonflikte kann er noch jeden Morgen weithin sichtbar und ungestört ausreiten.

Nur als die Nazis an die Macht kommen, da hilft

Bei 1420 Grad Celsius wird Rosenthal-Porzellan im Rundofen gebrannt. Ein Brennzyklus dauert fünf Tage.

Rosenthal alle Beliebtheit, aller Instinkt, alle Schlitzohrigkeit nichts mehr. Nachdem er 1934 »freiwillig« den Vorstandsvorsitz hat aufgeben müssen, fruchtet auch sein verzweifelter Versuch nichts mehr, den faschistischen Arisierungsgesetzen ein Schnippchen zu schlagen. Sein Plan ist es, seinen nicht von den Rassegesetzen betroffenen Stiefsohn Udo Franck als Statthalter der Rosenthal-Interessen einzusetzen und so das Familienimperium vor dem Zugriff der Nazis zu retten. Diesmal gelingt der Schachzug nicht. Rosenthal wird aufgrund einer psychiatrischen Untersuchung für verrückt erklärt und entmündigt. Wenig später muß die Familie Rosenthal das gesamte Aktienpaket laut »Verordnung über den Einsatz des jüdischen Vermögens« zwangsweise verkaufen. Das entwürdigende Gutachten, das Rosenthal für geisteskrank erklärte, trägt das Datum vom 15. Februar 1937. Sechs Wochen später stirbt der fast 82 Jahre alte Rosenthal in einem Bonner Sanatorium. Wunschgemäß wird er in Bozen beerdigt. Seine Schwester hat er noch kurz vor seinem Tod getröstet: »Macht nix, Bertele, in zwanzig Jahren bin ich wieder berühmt.«

Wolfram Weimer

Lebensweg

Am 6. März 1855 wird Philipp Rosenthal in der westfälischen Kleinstadt Werl geboren. Sein Vater Abraham und seine Mutter Emilie haben insgesamt sechs Kinder, drei Mädchen und drei Jungen. Abraham Rosenthal betreibt eine »Porzellan- und Glaswarenmanufaktur«, die sich allerdings nach seinem Tod in den siebziger Jahren auflöst. Philipp verläßt sein Elternhaus noch minderjährig und emigriert nach Amerika. Dort schlägt er sich durch bewegte Jahre, zunächst als Laufbursche und Tellerwäscher in New York, dann als Cowboy und Postkutscher im Wilden Westen, ehe er als Angestellter schließlich beim Porzellan-Importeur Jacob Meyer Brothers einsteigt. Nach sieben Jahren kehrt Rosenthal in die alte Welt zurück und gründet 1879 im bayerischen Selb die Porzellanfabrik Ph. Rosenthal & Co. Nach schwieriger Anfangszeit wächst der Zwei-Mann-Betrieb rasch. Bei den Konkurrenten Hutschenreuther und Zeidler kauft er Weißware, bemalt sie in Handarbeit und verkauft das Porzellan mit großem Geschick in alle Welt. Sein erstes Erfolgsprodukt ist ein kitschiger Aschenbecher mit dem eingebrannten Schriftzug »Ruheplätzchen für brennende Cigarren«. Schon nach vier Jahren beschäftigt der Branchenneuling 60 Porzellanmaler.

Anstatt sein zehnjähriges Firmenjubiläum zu feiern, baut er sich 1890 auf eigenem Grund und Boden in

Selb einen Dekorationsbetrieb, in dem schon bald 100 Porzellanmaler und Malerinnen beschäftigt werden. Nur ein Jahr später wagt Rosenthal die nächste große Investition und baut einen eigenen Weißbetrieb. Nun kann er endlich selbst Porzellan herstellen. Der Betrieb wächst schier unaufhaltsam, 1896 beschäftigt Rosenthal schon 400 Mitarbeiter. Für weitere Ausbaupläne fehlt ihm bald aber das Kapital. Die Dresdner Bank rät, das Unternehmen in eine Aktiengesellschaft umzuwandeln. Rosenthal zögert nicht, und 1897 wird die neue Ph. Rosenthal & Co. AG, Berlin, gegründet. Das Aktienkapital beträgt 1,5 Millionen Mark, und Rosenthal ist persönlich mit 20 Prozent beteiligt. Schon für das erste Geschäftsjahr gibt es eine glänzende Dividende von 18 Prozent.
Frühzeitig erkennt Rosenthal die technische Bedeutung des Porzellans, zum Beispiel als elektrischer Isolator. Er baut diesen Fabrikationszweig systematisch aus und beginnt eine einträgliche Kooperation mit AEG. Im Jahre 1900 gründet er die Abteilung »E« für elektrotechnisches Porzellan. Trotz enormer Anlaufkosten wird die Idee ein Riesengeschäft. Das 25jährige Firmenjubiläum kann Rosenthal schon mit 1200 Mitarbeitern feiern – und bis zum Ausbruch des Ersten Weltkrieges verdoppelt sich die Belegschaft noch einmal. 1908 kann er sogar die angesehene Konkurrenzfirma Thomas-Porzellan in Marktredwitz aufkaufen.
Nach dem Ersten Weltkrieg steigt Rosenthal zu einem der angesehensten Unternehmer Deutschlands auf. Er wird Vorsitzender des Verbandes Deutscher Exportindustrien, sitzt im Präsidium des Reichsverbandes der Deutschen Industrie, und auf seine Initiative hin wird das Leipziger Messeamt gegründet. Unermüdlich knüpft er für die deutsche Wirtschaft Auslandskontakte und reist umher. 1921 schaut sich Ro-

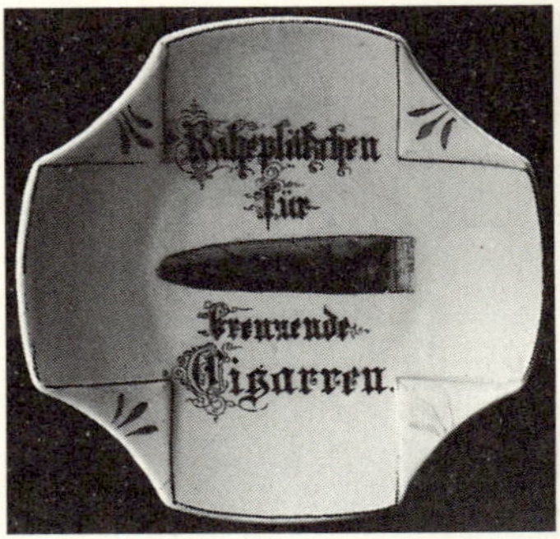

Mit Design zum Erfolg. Der Aschenbecher (oben) ist Rosenthals erstes Erfolgsprodukt. Geschirr und Isolatoren folgen. Philipp Rosenthal junior (rechts) achtet auch beim Fabrikgebäude auf Ästhetik.

senthal abermals in Amerika um und schreibt an die deutsche Reichregierung, daß die deutsche Industrie nur Aussicht habe, sich in der internationalen Konkurrenz zu behaupten, wenn sie sich energisch auf Qualitäts-Fabrikation umstelle, die Produktion nach amerikanischem Vorbild rationalisiere und die Geschäftsverbindungen mit dem Ausland wiederaufnehme. Er selbst handelt nach diesen Grundsätzen und fährt gut damit. Mit ausgeprägtem Feingefühl für gängige Kunstmoden sucht er »nicht das Publikum mit der dicken Brieftasche, sondern das Publikum mit dem guten Geschmack.« Am 31. August 1929 feiert der Geheimrat Dr.-Ing. h.c. Philipp Rosenthal sein fünfzigjähriges Firmenjubiläum mit inzwischen 7000 Mitarbeitern.

Mit der Machtergreifung der Nationalsozialisten in Deutschland 1933 findet die Erfolgsgeschichte freilich ihr jähes Ende. Rosenthal bekommt wegen seiner jüdischen Abstammung Schwierigkeiten. Zwar wagen es die Nazis dank seiner internationalen Bekanntheit nicht, ihn persönlich anzugreifen. Sein Unternehmen wird jedoch »zwangsarisiert«. 1934 muß Rosenthal als Vorstandsvorsitzender zurücktreten. Als er sich wehrt und den Familieneinfluß auf das Unternehmen wahren will, wird der Einundachtzigjährige infolge einer psychiatrischen Untersuchung für verrückt erklärt und entmündigt. Kurz darauf stirbt er am 30. März 1937 in einem Bonner Sanatorium und wird nach seinem letzten Willen in Bozen beerdigt.

Philigramme

Vorwärts schauen – was vorbei ist, ändert niemand mehr.

Wer immer nur Ideen hat und nichts ausführt, der ist ein Rennpferd und kein Steher.

Jeder macht Fehler, habe selbst genug gemacht. Der größte Fehler aber ist: Hin- und Herschwanken, Wakkelmännchen.

Wer nur so weit sieht, wie ein Gartenzaun lang ist, den kann ich nicht gebrauchen.

Bei wichtigen großen Angelegenheiten schreibt keine Briefe, rückt ihnen persönlich zu Leibe.

Wenn Dich einer einlädt, nimm's an. Entweder gönnt er's Dir, dann freut er sich, oder er gönnt's Dir nicht, dann geschieht's ihm recht.

Man muß das Geld mit vollen Händen zum (*) Fenster hinauswerfen, damit es zur Türe wieder hereinkommt. (*Anmerkung Philip jun.: »zum richtigen Fenster«)

Nie etwas tun, was ein Geringerer leisten kann.

In den Sattel kann ich Euch heben, doch das Reiten müßt Ihr selbst erlernen.

Tu nie etwas im Moment der Depression.

Mit allen Menschen bin ich fertiggeworden, nur nicht mit einem verbohrten Ingenieur oder Bürokraten.

Wer nicht für Nachwuchs sorgt, der bleibt ein Einspänner sein Leben lang.

Kinder, merkt Euch, der Kunde hat immer recht. Keine Nadelstich-Politik, sondern zufriedenstellen, vor allem aber gute Ware.

Geld ausgeben kann der Dümmste, aber um Geld zu verdienen und Geld zu behalten, dazu gehört viel größeres Talent und vor allem der Mut, auch da und dort NEIN zu sagen; das dauernde JA ist keine Kunst.

Nur die Ware macht den Markt.

Die Tellerwäscherkarriere ist gelungen – Rosenthal als Grandseigneur.

Mir sind die anspruchsvollsten Abnehmer und die sogenannten »Schikaneure« zwar nicht die liebsten, aber sie putschen uns auf.

Inmitten meiner Leute fühle ich mich am sichersten.

Konkurrenz macht lustig. *Philipp Rosenthal*

Eine Analyse zurück für den Blick nach vorn

Jeder wirkliche Erfolg, und der kann immer nur in einer millimeterweisen Erweiterung der Qualität des menschlichen Lebens bestehen, hängt (das sagt einer, der Oxford-Student und Straßenarbeiter, KZ-Einsitzender und Vorstandsvorsitzender war) immer von vier Faktoren ab:

1. *Standpunktanalyse und Fernsicht:* Welche den Menschen nützliche Ziele kann man aus der Stellung und mit den Mitteln, die man hat, anstreben?
2. *Nahsicht und Taktik:* Wo und wie kann man, ohne die Fernsicht zu verlieren, Gestrüpp umgehen und Flußläufe nutzen?
3. *Fortune:* Die wird später immer rationalisiert: »Na ja, der hatte eben doch die entscheidende Stärke oder doch die entscheidende Schwäche.« Aber: ob den einen im entscheidenen Augenblick eine Kugel oder Kopfweh trifft oder den anderen Lust und Laune, das ist reines Glück.
4. *Menschen:* Die man findet, oder die einen finden, und auch das ist wieder teilweise Fortune; aber kein Erfolg entsteht ohne das *Zusammen* von Menschen, von denen, die Wege aufzeigen, denen, die vor Hindernissen warnen, denen, die sie durchstoßen helfen, aber vor allem denen, die bauen.

Philipp Rosenthal, junior

WERNER VON SIEMENS

Vom Mut zur Größe

Ein imaginäres Gespräch

Werner von Siemens läßt sich in den Sessel zurückfallen und schließt für einen Augenblick die Augen. Dann sieht er, wie die letzten Sonnenstrahlen durch die Vorhänge direkt auf die Hände von Halske fallen. Diese Hände – schon beim ersten Auftrag, dem Bau des Zeigertelegraphen mit Selbstunterbrechung 1845, hat er die schlanken Finger bewundert, die trotz mangelhafter Hilfsmittel einer seiner ersten Erfindungen zum Leben verholfen haben. Von da an hat er bei jeder seiner zahlreichen Entdeckungen gesehen, wie die Hände des Präzisionsmechanikers seinen Gedanken und Einfällen Gestalt verleihen.
Ein Lächeln huscht über das Gesicht, als er sich der Firmengründung am 1. Oktober 1847 erinnert. Halske hat seine eigene Werkstatt aufgegeben, um in einem Hinterhaus der Schöneberger Straße in Berlin die Telegraphenbauanstalt zu gründen, die schon bald zu dem weltbekannten Unternehmen Siemens & Halske avanciert. Unausgesprochen hat ein Abkommen zwischen den beiden Männern bestanden, die kurz darauf zu Freunden geworden sind: Siemens ist der Kopf, Johann Georg Halske die Hand des Unternehmens. Und wo beide zusammenarbeiten, da hat sich schnell der Erfolg eingestellt. Im preußischen

Staatsauftrag haben die beiden 1848 die erste größere Telegraphenlinie von Berlin nach Frankfurt am Main gebaut und so die in der Paulskirche tagende Nationalversammlung mit Berlin verbunden. Selbst als er im selben Jahr noch als Leutnant vom preußischen Generalstab nach Kiel zur Verteidigung des Hafens gegen die Dänen geschickt worden ist und diese Mission mit der Erfindung der Seemine erfolgreich beendet, hat der Freund die Geschäfte weitergeführt, neue Arbeiter eingestellt und den guten Ruf des Hauses vergrößert. Doch der Kopf hat dem Unternehmen nicht länger entzogen werden dürfen, er fehlt an allen Enden. So schwer dem preußischen Offizier auch der Abschied vom Militär geworden ist, das Geschäft hat die wissenschaftliche, erfinderische und kaufmännische Tätigkeit des Kopfes gefordert, damit die ausführende Hand sich ganz den technischen Arbeiten hat zuwenden können. Halske blickt den Freund streng und finster an, genau so wie damals, nachdem die Kabellegung von Cartagena nach Oran kläglich gescheitert ist. Damals hat der Praktiker von unverantwortlicher Zusammenarbeit mit Engländern und Franzosen, von einem technischen Fiasko und von einer gerechten Strafe für Waghalsigkeit gesprochen. Und er selbst hat ihm, nachdem das Kabel in der Tiefe des Meeres verschwunden und das Unternehmen am Rande des Ruins stand, in der Stunde der Not nicht widersprechen können und wollen. Aber er hat trotz allem immer gewußt, daß der Horizont des Freundes zu eng ist und daß die Ausweitung des Unternehmens vor allem über die Brüder nach England und Rußland der richtige Weg gewesen ist. Werner von Siemens muß an seinen Vater denken und an das Obergut Lenthe bei Hannover, wo er geboren und seine Kindheit verbracht hat. Ihm fällt das Motto des Vaters ein: »Nicht Amboß, sondern Hammer zu sein«, und er erinnert sich an den Tag, als seine drei Jahre ältere Schwester weinend nach Hause gekommen ist und sich geweigert hat, ohne Begleitung den Unterricht im nahegelegenen Pfarrhaus zu besuchen, weil ein gefährlicher Gänserich ihr den Weg versperre und sie bedrohe. Der Vater hat ihm, dem kleinen Jungen, einen riesigen Stock in die Hand gedrückt und ihm befohlen, die Schwester ins Pfarrhaus hinüberzubringen. »Wenn der Ganter kommt, so geh ihm nur mutig entgegen und haue ihn tüchtig mit dem Stock, dann wird er schon fortlaufen!« Das war eine gute Lehre, denkt er und richtet sich in seinem Sessel empor, weil er den wütenden Gänserich mit hoch aufgerichtetem Halse und schrecklichem Zischen noch heute leibhaftig vor Augen hat. Seine Hände ballen sich zu Fäusten, und wie damals holt er aus zum Schlag und sieht den Gänserich in dem Haufen der davoneilenden Gänse verschwinden. Halske ist erschrocken aufgesprungen und lächelt wissend, als Werner sich beruhigt wieder in den Sessel zurückfallen läßt. Mit diesem Gesichtsausdruck und in dieser kämpferischen Haltung hat man den Freund oft gesehen, ob auf den Pyramiden in Ägypten, wo er sich mit Hilfe seines physikalischen Wissens den Angriffen einiger Araber erwehrt, oder im Kaukasus, wo er sich über schwindelnden Abgründen und tiefen Bergspalten bewährt, aber auch das Kupferbergwerk Kedabeg zusammen mit seinem Bruder Carl günstig erworben hat; ob im Preußischen Abgeordnetenhaus, wo er als Mitglied ein neues Patentrecht durchgesetzt, oder in England, wo er mit seinem Bruder Wilhelm die »Siemens Brothers« gegründet hat. Halske mag diesen Kämpfer nicht; er schätzt mehr den Wissenschaftler und Menschen. Wie oft hat er den Freund bewundert, wenn dieser zum hundertsten Male ein Experiment wiederholt und die Ergebnisse gewissenhaft notiert und nicht ruht, bis er gefunden, was er gesucht hat. Deshalb hat er ihn unterstützt bei der Erfindung des »Doppel-T-Ankers«, ihn angetrieben bei den Arbeiten über den elektrischen Widerstand und das dynamo-elektrische Prinzip und mit ihm gezittert, als die Abhandlung »Über die Umwandlung von Arbeitskraft in elektrische Ströme ohne Anwendung permanenter Magnete« der Kgl. Akademie der Wissenschaften in Berlin vorgestellt worden ist.

Noch mehr aber hat Halske den Freund gemocht, wenn er ihn als Mann und Vater hat erleben dürfen. Nachdem Werner am 1. Oktober 1852 in Königsberg Mathilde Drumann geheiratet hat, ist auch unter den Freunden ein neues Verhältnis entstanden. Halske hat an dem jungen Glück teilhaben und den überglücklichen, liebevollen Vater nach der Geburt Arnolds, des ersten Sohnes, auf den Boden der Wirklichkeit zurückholen dürfen. Das ist auch seine Aufgabe gewesen, nachdem Werner und die beiden Töchter Anna und Käthe geboren sind. Hätte man Halske damals prophezeit, daß dieser gütige und kindliche Vater seinen Söhnen einmal empfehlen werde: »Brecht, was nicht biegen will – denn ohne festes Kommando geht es nun mal nicht in einem so großen und komplizierten Geschäft wie dem unsrigen!«, er hätte es nicht für möglich gehalten. Aber es sind nicht nur die Freuden des Lebens, die Halske mit dem Freunde hat teilen dürfen. Da ist vor zwei Jahren der Tod von Mathilde, der über alles geliebten Frau von Werner. Halske wird nie vergessen, wie Leid und Trauer an dem äußerlich gefaßten Mann gezerrt und genagt, ihn an den Rand der Verzweiflung gedrängt und es doch nicht geschafft haben, ihn zu besiegen. In der Werkstatt hat Werner ihm gestanden, daß er nun auch diese Erfahrung gemacht habe und daß es ihm nicht vergönnt gewesen sei, die Hälfte seiner übrigen

Tage hinzugeben und die andere Hälfte in Gemeinschaft mit seiner Frau und den Kindern zu verleben. Ein trotziges Dennoch hat er noch hervorgestoßen und etwas von einem neuen Anfang gemurmelt, der Familie und der Firma wegen.
Doch Halske hat sich den Fortgang nicht so vorgestellt. Die rapide Weiterentwicklung des Geschäftes ist ihm unheimlich gewesen. Er hat zwar von Anfang an die Idee Werners gekannt und unterstützt, ein Weltgeschäft à la Fugger zu gründen, das nicht nur ihnen beiden sondern auch den Nachkommen Macht und Ansehen in der Welt gebe und auch die Mittel, die Welt nach eigenen Vorstellungen zu gestalten. Deshalb ist er auch einverstanden gewesen, als der Freund, um ein selbsttätiges Zusammenwirken aller Mitarbeiter zu fördern, die Angestellten der Firma nach Maßgabe ihrer Leistungen am Gewinn beteiligt hat. Da hat es keine Differenzen zwischen ihnen gegeben, Werners Gedanke, daß sich auf diese Weise die Angestellten und Arbeiter als dauernd zugehörig zur Firma betrachten und die Interessen derselben mit ihren eigenen identifizieren, hat dem Praktiker sofort eingeleuchtet. Und die Tatsache, daß Werner zusätzlich zur staatlichen Alterspension die firmeneigene Invaliditätspension mit einer Witwen- und Waisen-Unterstützung hat koppeln wollen, hat ihn mit Genugtuung erfüllt, wußte er doch, daß den Arbeiter das unsichere Los der Angehörigen nach seinem Tod schwer drückt. Und so hat er diese Einrichtung gegen den Vorwurf verteidigt, daß sie den Arbeiter zu sehr an die Firma binde und ihn unfrei mache, da er ja beim freiwilligen Austritt aus der Firma oder bei einem Streik die Anrechte verliere. Werner hat recht, es liegt im beiderseitigen Interesse, einen festen Arbeiterstamm zu bilden, der die Firma befähigt, immer und überall Aufträge anzunehmen und zu erfüllen

Der 29 Jahre alte Werner Siemens strotzt vor Ehrgeiz und Begabung. Sein genialer Erfindergeist entwickelt viele neue Produkte, so die erste el trische Eisenbahn (unten) von 1879, den Kabeldampfer »Far day« oder die Dynamomaschi (rechts Mitte). Der Zeigertele- graph (rechts unten) von 1847 wird zur Basis für den wirt- schaftlichen Erfolg des Unter- nehmens. Mit ihm wird die Wa des preußischen Königs Fried Wilhelm IV. zum deutschen Ka ser (1849) durch die Paulskir- chenversammlung von Frankf nach Berlin übermittelt, eine stung, die Siemens über Nach international bekannt macht.

Kabeldampfer „Faraday" der Brüder Siemens, gebaut 1874

und den Arbeitern auch in ungünstigen Zeiten einen auskömmlichen Lohn zu zahlen.
Aber Werner Siemens will mehr. Er ist aufgestanden und tritt ganz dicht an den Freund heran. »Du hast mich gefragt, Johann Georg, ob es überhaupt dem allgemeinen Interesse dienlich sei, daß sich in einem Staat so große Firmen bildeten, wie ich sie anstrebe. Ich antworte dir mit einem einfachen und bestimmten Ja, solche großen Geschäftshäuser sind heute unentbehrlich.« »Und was wird mit den vielen kleinen Unternehmen, mit den mutigen und einfallsreichen Handwerkern, die auf eigenen Füßen stehen wollen. Erinnere dich unserer Anfänge. Hätten wir, wenn zu unserer Zeit solche Unternehmen bestanden hätten, überhaupt reüssieren können? Nein, Werner, bestimmt nicht. Du verrätst deine eigene Herkunft.« Werner Siemens geht einen Schritt auf den Freund zu, legt beruhigend die Hand auf seine Schulter: »Mitnichten, mein Freund, wo ein kleiner Handwerksbetrieb ausreicht, Waren zu produzieren und zu verkaufen, da hat er selbst neben den allergrößten konkurrierenden Fabriken eine echte Chance. Seine Kenntnisse und Erfahrungen und die durch Erbschaft in der Familie erhaltene Tradition der Risikobereitschaft und des Pflichtgefühls wiegen den Mangel an Kapital hundertmal auf. Ich will die Familienbetriebe nicht zerstören ...« »Aber du tust es«, fällt Halske dem Kompagnon ins Wort. Was anders ist es, wenn du mit Hilfe einer Aktiengesellschaft Kapital und immer mehr Kapital heranschaffen willst? Die Aktionäre denken doch nur an den Gewinn, sie eignen sich vorzüglich, unsere erprobten Arbeitsmethoden und unsere erarbeitenden Einrichtungen auszubeuten, ja auszubeuten. Ich wähle dieses Wort bewußt, um dir das Schändliche deines Tuns vor Augen zu führen.« »Ich verstehe dich ja, Johann Georg, auch wenn du

unrecht hast und mir nicht gerecht wirst. Du denkst in mittelalterlichen Kategorien, nach denen der ererbte Besitz, der Grundbesitz, die staatliche Ordnung bestimmt hat. Die Zeiten sind vorbei, ob wir das wollen oder nicht. Ein neues Zeitalter ist angebrochen, ein naturwissenschaftliches. Es bedarf neuer, bisher ungeahnter Kräfte, um die theoretischen Erkenntnisse in Technik umzusetzen. Kleine Handwerksbetriebe können das nicht mehr leisten.« »Du willst sie also doch zerstören. Überlege, was dabei alles zugrunde geht.« Werner Siemens läßt die Hand von der Schulter des Mannes ihm gegenüber fallen und tritt einen Schritt zurück. »Du willst mich nicht verstehen. Ich will mit unserem Geschäft ein Zeichen setzen. So, wie ich in der Arbeiterfrage neue Wege beschritten habe, so will ich auch in der Geschäftsführung Neuland betreten. Unser Betrieb soll wegweisend sein für die Industrie in unserem Lande. Ich werde ihn im großen Wettkampf der zivilisierten Welt an die Spitze führen oder wenigstens an einen vorderen Platz.« »Aber ohne mich, ich scheide vorher aus dem Unternehmen aus; nicht im Zorn, wie du vielleicht denken magst, aber im Wissen, daß du schon bald von geldgierigen Aktionären, die weder von der Wissenschaft noch von der Technik etwas verstehen, wie du von denen überrumpelt wirst. Deine dynamische, forttreibende Kraft wird in nichts verpuffen und der Betrieb wird von fremden Kräften dirigiert, wohin du nicht willst. Aber tu, was du nicht lassen kannst.« Ruhig setzt Halske sich an den Tisch, greift nach einer Zigarre und zündet sie umständlich an. Der Freund steht mit vorgebeugtem Oberkörper da, sekundenlang, gibt sich dann einen Ruck und richtet sich auf. »Ich verstehe dich nur zu gut. Aber ich habe keine Wahl, es sei denn, ich verlasse das Geschäft wie du. Aber das kann und will ich nicht. Da wir selbst den Kapitalbedarf nicht

decken können, müssen wir sehen, woher wir das Geld bekommen. Natürlich sind die Geldgeber um die Erhaltung und Mehrung ihrer Einlagen bemüht, aber das bedeutet doch nicht, daß sie gegen fachmännische Arbeit und technische Neuerungen sind. Wenn sich durch verbesserte Konstruktionen, an denen dir so viel gelegen ist, und durch möglichst viel Freiheit im Betrieb die Verzinsung des Kapitals erhöht, dann möchte ich den Aktionär sehen, der sich gegen unsere Erfindungen und Entwicklungen zur Wehr setzt. Und noch etwas anderes gilt es zu bedenken. Die Aktiengesellschaft erlaubt nicht nur langfristige Investitionsplanungen, sondern sie schaltet auch weitgehend die Unberechenbarkeit der Marktschwankungen und Wechselfälle der Konjunktur aus. Ich weiß, lieber Johann Georg, daß du mir nicht folgen wirst, aber ich bitte dich, bleibe mein Freund und erlebe von außen, wie kunstvoll und erfolgreich ich neue Wege gehe, ohne die alten zu verlassen.«
Langsam geht er auf Halske zu, streckt ihm die Hand entgegen, und als dieser sie ergreift, zieht Werner Siemens seinen langjährigen Compagnon aus dem Sessel und umarmt ihn.
Die Sonne ist untergegangen, und Dunkelheit kriecht ins Zimmer.

Alois Weimer

Lebensweg

Am 13. Dezember 1816 wird Werner Siemens auf dem Obergut Lenthe bei Hannover geboren. 1823 zieht die Familie nach Menzendorf, wo der Vater, Landwirt von Beruf, eine Domäne übernimmt. Die Kinder werden zunächst privat unterrichtet. Von 1832 bis 1834 besucht Werner Siemens das humanistische Gymnasium »Katharineum« in Lübeck. Danach tritt er in den preußischen Militärdienst ein, durchläuft die Offiziersausbildung auf der Artillerie-

und Ingenieurschule in Berlin und wird 1838 zum Seconde-Lieutenant befördert. 1839 stirbt die Mutter, ein halbes Jahr später der Vater, und der dreiundzwanzigjährige Offizier übernimmt zum Teil die Unterhaltung und Erziehung der jüngeren Geschwister.

Während des Militärdienstes in Magdeburg und in Wittenberg von 1832 bis 1842 verbüßt Siemens auch eine Festungshaft, weil er als Sekundant an einem Duell teilgenommen hat. Danach verlegt er seinen Wohnsitz nach Berlin. Dort erwirbt er 1842 sein erstes Patent für das Verfahren der galvanoplastischen Vergoldung und Versilberung und wird Mitglied der Polytechnischen Gesellschaft in Berlin.

Die Zeit von 1844 bis 1847 sind Lehr- und Wanderjahre. Werner Siemens reist nach London, Brüssel und Paris und ist begierig, die technischen und wissenschaftlichen Neuerungen zu studieren. In Berlin wird er zum Mitbegründer der Physikalischen Gesellschaft, verbessert aufgrund eigener Entwürfe den Wheatstoneschen Zeigertelegrafen, erfindet eine Presse zur nahtlosen Ummantelung von Drähten und erprobt die isolierten Leitungen auf der Strecke Potsdam–Berlin. Am 1. Oktober gründet Werner Siemens zusammen mit Johann Georg Halske die Telegraphen-Bauanstalt Siemens & Halske in Berlin. Im Auftrag des preußischen Staates baut die Firma 1848 eine Telegrafenlinie von Berlin nach Frankfurt. Im gleichen Jahr wird er zur Verteidigung des Kieler Hafens gegen die Dänen abkommandiert. 1848 scheidet er endgültig aus dem Militärdienst aus.

Zwei Jahre später gründet Siemens eine Agentur der Firma in London, die sein Bruder William fortan leitet. 1851 stellt die Firma Wassermesser her und liefert die ersten elektrischen Feuermelder an die Berliner Polizei. Siemens & Halske erhalten auf der ersten Welt-Industrie-Ausstellung in London die »Council Medal«. Am 1. Oktober 1852 heiratet Werner Siemens Mathilde Drumann in Königsberg. Zwei Söhne (Arnold und Wilhelm) und zwei Töchter (Anna und Käthe) werden aus dieser Verbindung hervorgehen.

Die Geschäftsverbindungen werden 1853 nach Rußland ausgedehnt. Der Bau von Telegrafenlinien in Rußland macht 1855 die Gründung des St. Petersburger Zweiggeschäftes notwendig, das von Bruder Carl geleitet wird.

1856 erfindet Werner Siemens den Doppel-T-Anker, legt 1859 eine Einheit des elektrischen Widerstandes fest und schafft ein Normal aus Quecksilber (Siemens-Einheit).

Die wissenschaftliche und technische Leitung bei der englischen Kabellegung durch das Rote Meer bringen ihm Anerkennung nicht nur bei den Fachleuten, und so wird er von 1862 bis 1866 Mitglied des Preussischen Abgeordnetenhauses für Lennep-Solingen. Hier setzt er sich vor allem für ein neues deutsches Patentgesetz ein.

1864 erwirbt die Firma das Kupferbergwerk Kedabeg im Kaukasus, und sie legt Kabel von Cartagena nach Oran. Ein Jahr später scheidet Halske aus dem englischen Geschäft aus, die Firma läuft weiter unter dem Namen »Siemens Brothers«.

1865 stirbt Mathilde Siemens. Werner Siemens heiratet am 13. Juli 1869 ein zweites Mal; Antonie Siemens aus Hohenheim bei Stuttgart schenkt ihm die Tochter Hertha und den Sohn Carl Friedrich.

1866 entdeckt Werner Siemens das dynamo-elektrische Prinzip der Selbsterregung und schafft damit die Voraussetzungen für die Herstellung der Dynamomaschine. Trotzdem scheidet 1867 Halske aus der Firma Siemens & Halske aus. Siemens hat nun freie Hand

Werner Siemens im Kreis seiner Familie (1876). Seine zweite Frau Antonie hat ihm noch einmal einen Sohn (Carl Friedrich) und eine Tochter (Hertha) geschenkt.

und baut bis 1869 die indoeuropäische Telegrafenlinie von London nach Kalkutta.

Doch auch sozialpolitische Probleme werden angegangen. So legt Siemens nicht nur großen Wert auf einen festen »Arbeiterstamm«, sondern er kümmert sich auch um vertretbare Arbeitsteilung, Arbeitszeitverkürzung, Versorgung im Krankheitsfall. Zur Feier des 25jährigen Bestehens der Firma schafft Werner Siemens eine Pensionskasse für die Belegschaft. Das bringt ihm Ansehen in der Öffentlichkeit, und er wird 1873 Mitglied der Preußischen Akademie der Wissenschaften. Nach den Ideen Werner Siemens' legt der Bruder Carl mit dem Kabeldampfer »Faraday« ein Tiefseekabel von Irland nach den USA. Er selbst widmet sich technisch-wissenschaftlichen Problemen und verbessert von 1877 bis 1878 Bells Telefon, erfindet den elektrodynamischen Lautsprecher und läßt nach seinen Angaben die Differenzialbogenlampe entwickeln.

Schon ein Jahr später führt er die erste elektrische Eisenbahn in Berlin vor. 1880 zeigt er auf der Mannheimer Ausstellung den ersten elektrischen Aufzug; in Petersburg errichtet er ein Kabel- und Apparatewerk.

Während Siemens in Berlin eine eigene elektrische Straßenbahn betreibt und Glühlampen herstellt, werden in Sachsen (Zaukeroda) erste Erfahrungen mit elektrischen Grubenbahnen gemacht.

Das Ansehen von Werner Siemens ist in der Welt so groß, daß er 1882 nach Paris berufen wird, um bei der internationalen Festlegung elektrischer Maßeinheiten mitzuwirken.

Die Mitarbeit in internationalen Gremien verschafft aber auch der Firma Vorteile. 1883 schließen Siemens & Halske mit der Deutschen Edison-Gesellschaft einen Vertrag. Vier Jahre später entsteht aus dieser Zusammenarbeit die AEG.

1886 findet Werner Siemens heraus, daß man mit Hilfe von Elektrizität Stickstoffverbindungen industriell nutzen kann. Zwei Jahre später hilft er bei der Entwicklung des Mannesmann-Verfahrens zur Herstellung nahtloser Röhren. Kein Wunder, daß ihm die Universität Heidelberg den Titel Dr. h.c. verleiht und daß ihn 1888 Friedrich III. in den preußischen Adelsstand erhebt. Kurz bevor Werner von Siemens 1890 seinem Bruder Carl und seinen Söhnen Arnold und Wilhelm die Firma überläßt, schreibt er seine »Lebenserinnerungen«. Am 6. Dezember 1892 stirbt Werner von Siemens in Charlottenburg.

Die bedingenden Ursachen und die treibenden Kräfte

Wenn ich zum Schluß mein Leben überblicke und die bedingenden Ursachen und treibenden Kräfte aufsuche, die mich über alle Hindernisse und Gefahren hinweg zu einer Lebensstellung führten, welche mir Anerkennung und innere Befriedigung brachte und mich überreichlich mit den materiellen Gütern des Lebens versah, so muß ich zunächst anerkennen, daß das glückliche Zusammentreffen vieler Umstände dazu mitgewirkt hat und ich überhaupt dem glücklichen Zufall viel dabei zu danken habe. Ein solches glückliches Zusammentreffen war es schon, daß mein Leben gerade in die Zeit der schnellen Entwicklung der Naturwissenschaften fiel, und daß ich mich besonders der elektrischen Technik schon zuwandte, als sie noch ganz unentwickelt war und daher einen sehr fruchtbaren Boden für Erfindungen und Verbesserungen bildete. Andererseits habe ich aber im Leben auch vielfach mit ganz ungewöhnlichem Mißgeschick zu kämpfen gehabt. William Meyer, mein lieber Jugendfreund und treuer Genosse, bezeichnete diesen steten Kampf mit ganz unerwarteten Schwierigkeiten und unglücklichen Zufällen, die mir bei meinen Unternehmungen anfangs in der Regel entgegentraten, deren Überwindung mir aber meist mit großem Glücke gelang, recht drastisch mit dem studentischen Ausspruche, ich hätte »Sau beim Pech«. Ich muß die Richtigkeit dieser Auffassung anerkennen, glaube aber doch nicht, daß es nur blindes Schicksalswalten war, wodurch die Wellenlinie von Glück und Unglück, auf der sich unser Leben bewegt, mich so häufig den angestrebten Zielen zuführte. Erfolg und

Mißerfolg, Sieg und Niederlage hängen im menschlichen Leben vielfach ganz von der rechtzeitigen und richtigen Benutzung sich darbietender Gelegenheiten ab. Die Eigenschaft, in kritischen Momenten schnell entschlossen zu sein oder ohne lange Überlegung das Richtige zu tun, ist mir während meines ganzen Lebens so ziemlich treu geblieben, trotz des etwas träumerischen Gedankenlebens, in das ich vielfach, ich könnte fast sagen, gewöhnlich versunken war. In unzähligen Fällen hat mich diese Fähigkeit vor Schaden bewahrt und in schwierigen Lebenslagen richtig geleitet. Freilich gehörte immer eine gewisse Erregung dazu, um mir die volle Herrschaft über meine geistigen Eigenschaften zu geben. Ich bedurfte ihrer nicht nur, um meinem Gedankenleben entrissen zu werden, sondern auch zum Schutze gegen meine eigenen Charakterschwächen. Zu diesen rechne ich vornehmlich eine allzu große Gutmütigkeit, die es mir ungemein schwer machte, eine an mich gerichtete Bitte abzuschlagen, einen erkannten Wunsch nicht zu erfüllen, ja überhaupt jemand etwas zu sagen oder zu tun, was ihm unangenehm oder schmerzlich sein mußte. Zu meinem Glücke stand dieser, besonders für einen Geschäftsmann und Dirigenten vieler Leute sehr störenden Eigenschaft die andere gegenüber, daß ich leicht erregt und in Zorn versetzt werden konnte. Dieser Zorn, der immer leicht in mir aufstieg, wenn meine guten Absichten verkannt oder mißbraucht wurden, war stets eine Erlösung und Befreiung für mich, und ich habe es oft ausgesprochen, daß mir jemand, mit dem ich Unangenehmes zu verhandeln hatte, keinen größeren Dienst erweisen könnte, als wenn er mir Ursache gäbe, zornig zu werden. Übrigens war dieser Zorn in der Regel nur eine Form geistiger Erregung, die ich niemals aus der Gewalt verlor. Obwohl ich in jüngeren Jahren von meinen

Im hohen Alter schreibt Werner von Siemens seine »Lebenserinnerungen« und überläßt seinem Bruder und seinen Söhnen die Firma.

Freunden mit dem Spitznamen »Krauskopf« benannt wurde, womit sie einen gewissen Zusammenhang zwischen meinem krausen Haar und krausen Sinn andeuten wollten, so hat mich mein leicht aufbrausender Zorn doch nie zu Handlungen verleitet, die ich später hätte bereuen müssen. Zum Leiter großer Unternehmungen war ich auch in anderen Beziehungen nur mangelhaft geeignet. Es fehlte mir dazu das gute Gedächtnis, der Sinn für Ordnung und die konsequente, unnachsichtige Strenge. Wenn ich trotzdem große Geschäftshäuser begründete und mit ungewöhnlichem Erfolge geleitet habe, so ist dies ein Beweis dafür, daß mit Tatkraft gepaarter Fleiß vielfach unsere Schwächen überwindet oder doch weniger schädlich macht. Dabei kann ich mir selbst das Zeugnis geben, daß es nicht Gewinnsucht war, die mich bewog, meine Arbeitskraft und mein Interesse in so ausgedehntem Maße technischen Unternehmungen zuzuwenden. In der Regel war es zunächst das wissenschaftlich-technische Interesse, das mich einer Aufgabe zuführte. Ein Geschäftsfreund hänselte mich einmal mit der Behauptung, ich ließe mich bei meinen Unternehmungen immer von dem allgemeinen Nutzen leiten, den sie bringen sollten, fände aber schließlich immer meine Rechnung dabei. Ich erkenne diese Bemerkung innerhalb gewisser Grenzen als richtig an, denn solche Unternehmungen, die das Gemeinwohl fördern, werden durch das allgemeine Interesse getragen und erhalten dadurch größere Aussicht auf erfolgreiche Durchführung. Indessen will ich auch die mächtige Einwirkung nicht unterschätzen, welche der Erfolg und das ihm entspringende Bewußtsein, Nützliches zu schaffen und zugleich Tausenden von fleißigen Arbeitern dadurch ihr Brot zu geben, auf den Menschen ausübt. Dieses befriedigende Bewußtsein wirkt anregend auf unsere geistigen Eigenschaften

und ist wohl die Grundlage des sonst etwas bedenklichen Sprichworts: »Wem Gott ein Amt gibt, dem gibt er auch den Verstand dazu.«
Eine wesentliche Ursache für das schnelle Aufblühen unserer Fabriken sehe ich darin, daß die Gegenstände unserer Fabrikation zum großen Teil auf eigenen Erfindungen beruhten. Waren diese auch in den meisten Fällen nicht durch Patente geschützt, so gaben sie uns doch immer einen Vorsprung vor unseren Konkurrenten, der dann gewöhnlich so lange anhielt, bis wir durch neue Verbesserungen abermals einen Vorsprung gewannen. Andauernde Wirkung konnte das allerdings nur infolge des Rufes größter Zuverlässigkeit und Güte haben, dessen sich unsere Fabrikate in der ganzen Welt erfreuten. – Außer dieser öffentlichen Anerkennung meiner technischen Leistungen sind mir persönlich sowohl von Herrschern der größeren Staaten Europas wie von Universitäten, Akademien, wissenschaftlichen und technischen Instituten und Gesellschaften Ehrenbezeugungen in so reichem Maße erwiesen worden, daß mir kaum noch etwas zu wünschen übrig bleibt.
Ich begann die Niederschrift meiner Erinnerungen mit dem biblischen Ausspruch »Unser Leben währet siebenzig Jahr und wenn's hochkommt, so sind's achtzig Jahr«, und ich denke, sie wird gezeigt haben, daß auch der Schluß des Denkspruches »und wenn es köstlich gewesen, so ist es Mühe und Arbeit gewesen« sich an mir bewährt. Denn mein Leben war schön, weil es wesentlich erfolgreiche Mühe und nützliche Arbeit war, und wenn ich schließlich der Trauer darüber Ausdruck gebe, daß es seinem Ende entgegengeht, so bewegt mich dazu der Schmerz, daß ich von meinen Lieben scheiden muß, und daß es mir nicht vergönnt ist, an der vollen Entwicklung des naturwissenschaftlichen Zeitalters erfolgreich weiter zu arbeiten.

Werner von Siemens

Durch Kontinuität geprägt

Kontinuität hat das Haus Siemens in seiner 150jährigen Geschichte ganz besonders geprägt. Ich fühle mich dieser Kontinuität stark verpflichtet. Zurückblickend entdecke ich vier Erfolgsgeheimnisse, die uns Werner von Siemens mit auf den Weg gegeben hat und die wir bis heute hoch schätzen: Internationalität, fortschrittliche Sozialpolitik, Innovationsstärke und Einheit des Hauses.

Internationalität: Es dauerte nicht lange, bis aus der kleinen Telegrafen-Anstalt im Hinterhof der Schöneberger Straße 19 in Berlin ein international operierendes Unternehmen wurde. Schon 1850 – nur 3 Jahre nach der Gründung – stieß Werner von Siemens das Tor zur Welt auf. Das junge Unternehmen verlegte ein Seekabel zwischen Calais und Dover und bekam daraufhin den Anschlußauftrag für das Tiefseekabel, das Amerika mit Europa verbinden sollte. 1852 folgte dann ein Großauftrag aus St. Petersburg für die Verlegung eines Seekabels in der Petersburger Bucht sowie den Aufbau eines Staatsnachrichtennetzes von Finnland quer durch Rußland bis zur Krim. Schlagartig war das junge Unternehmen international bekannt. In den Anfangsjahren übertrafen die Aktivitäten in Rußland und England, gemessen am Umsatz, die der Muttergesellschaft in Berlin.
Diese Internationalität ist bis heute wesentliches Merkmal des Konzerns. Siemens ist inzwischen in rund 150 Ländern der Erde vertreten und erzielt mehr als die Hälfte seines Weltumsatzes im Ausland. Wir beschäftigen in Deutschland etwa 250 000 und im Ausland rund 160 000 Mitarbeiter. Den Ausbau der

Region Südostasien habe ich mir persönlich auf die Fahnen geschrieben.

Fortschrittliche Sozialpolitik: Als um 1871 in der Gründerkrise die ersten Arbeitsunruhen und Streiks das Wirtschaftsleben erschütterten, Marx und Engels, aber auch Gewerkschaften und Sozialdemokraten recht unbequeme Forderungen an die Unternehmer stellten, da konnte Werner von Siemens bereits erste Früchte seiner wegweisenden Sozialpolitik ernten. Er hatte schon bei der Firmengründung erkannt, »daß eine befriedigende Entwicklung meiner stetig wachsenden Firma nur gesichert werden könne, wenn ein freudiges, selbsttätiges Zusammenwirken aller Mitarbeiter zur Förderung ihrer Interessen erwirkt werden könne«. »Um dies zu erzielen, schien es mir erforderlich, alle Angehörigen der Firma nach Maßgabe ihrer Leistungen am Gewinn zu beteiligen«, schrieb Werner von Siemens bereits 1892 in seinen Lebenserinnerungen. So gehen auch die Gründung einer Kranken- und Sterbekasse für die Maschinenbauarbeiter in Berlin mit auf seine Initiative zurück. Mit einer Pensionskasse ermöglicht Werner von Siemens langjährig verdienten Mitarbeitern ein Altersruhegeld auf Firmenkosten. Bis heute hat Siemens seine Mitarbeiter stets mit hohen Sozialleistungen für ihre Leistung belohnt. Das soll so bleiben.

Schrittmacher der Technologie: Die Begeisterung des Firmengründers für Technik ist bis heute für Siemens richtungweisend. In der 150jährigen Geschichte reiht sich eine umwälzende Erfindung an die andere. Es beginnt 1847 mit dem Zeigertelegrafen und dem Bau der ersten Dynamomaschine. Es folgt 1879 die erste elektrische Eisenbahn. Siemens erhält das Röntgenrohrpatent. 1905 entwickelt Siemens die erste Metall-

Anno 1906. Ortsfernsprechamt Berlin: Die »Fräuleins vom Amt« stöpseln in Siemens-Geräten herum.

faden-Glühlampe und installiert 1924 die erste Verkehrsampel in Deutschland. Einige Jahre später wird das erste Telexnetz der Welt in Betrieb genommen. 1953 gelingt es den Siemens-Labors, Silicium in Halbleiterqualität herzustellen und damit die Grundlage für die heutige Mikroelektronik zu legen. 1958 wird der erste Herzschrittmacher implantiert, 1966 die erste deutsche Satelliten-Bodenstation in Betrieb genommen. 1980 entwickelt Siemens sein digitales Fernsprechvermittlungssystem, das heute in über 60 Ländern installiert ist. Mit ISDN (Integrated Services Digital Network) leistet Siemens einen entscheidenden Beitrag zur Revolutionierung der Telekommunikation.

Gestern wie heute fühlen wir uns der Elektrotechnik und Elektronik verpflichtet. Wir wollen auf diesem

Die Siemens-Lehrwerkstätte bildet ab 1905 in Berlin-Charlottenburg Lehrlinge aus. Im Laufe von 100 Jahren werden mehr als 100 000 junge Leute bei Siemens einen Beruf erlernen.

Gebiet zu den wettbewerbstärksten Unternehmen der Welt gehören und Schrittmacher des technischen Fortschritts sein.

Einheit des Hauses: Das Bestreben nach der »Einheit des Hauses« – ein für Siemens auch heute noch spezifisches Element der Unternehmenskultur – geht auf den Firmengründer Werner von Siemens zurück. Ihm stand die Vorstellung eines einheitlichen Familienunternehmens vor Augen, eines Reiches, »welches ich gegründet habe und welches ich meinen Nachkommen ungeschmälert überlassen möchte, um in ihm weiter zu schaffen«. Durch den Einsatz von Familienmitgliedern im Unternehmen sollte die Einheit des Hauses gewahrt bleiben.

Den Grundsätzen des Firmengründers sind wir bis heute treu geblieben. Immer wurde sich bemüht, alle Siemens-Aktivitäten unter einem Dach zusammenzufassen. Wir wollen das »Haus Siemens« erhalten und ausbauen – aber ein Haus soll es bleiben. Heute helfen weltweit gesteuerte Werbegrundsätze diese einheitliche Siemens-Linie zu wahren.

Heinrich von Pierer
Vorstandsvorsitzender
der Siemens AG

AUGUST THYSSEN

Der große Kleine

Seine Lieblingsspeisen sind billige Eintopfgerichte, zu geschäftlichen Besprechungen taucht er mit Butterstullen auf, und einen neuen Anzug gönnt er sich höchst selten August Thyssen ist ein spartanischer Mann. Auch als steinreicher Ruhrmagnat wählt er bei Bahnfahrten stets die billigste Klasse. Gefragt, warum er denn wie arme Leute die vierte Klasse benutze, antwortet er knapp: »Weil die Eisenbahn keine fünfte Klasse hat!«

Von gesellschaftlichen Veranstaltungen hält August Thyssen gar nichts. Partys, Empfänge und Bälle werden von ihm ebenso verschmäht wie Theater oder Opern. Sogar den Kontakt mit Politikern meidet er wann immer möglich. Anders als etwa Alfred Krupp macht er auch einen Bogen um den Berliner Hof und lädt trotz mancher Vermittlungsversuche den Kaiser nicht einmal zu einer Werksbesichtigung ein. Orden und Auszeichnungen weist er strikt zurück.

Arbeiten, arbeiten und nochmals arbeiten – das ist Thyssens Devise. Wie ein Besessener werkelt er an seinem Unternehmensimperium herum. Oft genug finden ihn Mitarbeiter frühmorgens eingeschlafen über seinem Schreibtisch liegen, nachdem er bis tief in die Nacht hinein gearbeitet hat. Als Achtzigjähriger schreibt er selbst in einem Leserbrief an die Mülheimer Zeitung: »Man wird mich wohl oder übel zur Klasse der Kapitalisten rechnen, aber sei, wie dem wolle, ich bin mir bewußt, auch als solcher in meinem Leben so viel gearbeitet zu haben wie der tüchtigste und fleißigste der Werksangehörigen, der in den Werken meiner Firma oder in einem anderen Betrieb gearbeitet hat.«

Für August Thyssen sind Fleiß und Sparsamkeit Kardinaltugenden. So ist es keine Seltenheit, daß er seine leitenden Mitarbeiter schriftlich auffordert: »Ich werde die Herren bitten, sich am Donnerstag einige Butterbrote zur Konferenz mitzubringen, damit wir durch das Mittagessen keine Zeit verlieren«. Für den arbeitswütigen Konzernstifter gilt das eherne Fleiß-Prinzip aber nicht bloß in seinem Unternehmen. Für ihn ist es auch politisches Programm. So hält er sich nach dem Ersten Weltkrieg nicht lange mit der deutschen Larmoyanz über den unerfüllbaren Diktatvertrag von Versailles auf. In einem Leserbrief an die Mülheimer Zeitung empfiehlt er dem deutschen Volk, einfach mehr zu arbeiten, um aus dem Elend und der Verarmung wieder herauszukommen. Der Achtstundentag solle nicht eingeführt werden, und Überstunden sollten jedem zur persönlichen Selbstverständlichkeit werden: »Ich sehe keinen anderen Weg, um uns vor dem Untergang zu bewahren. Nur durch harte Arbeit ist es möglich, unsere Handelbilanz aktiv zu gestalten und damit die Valuta zu heben. Ich bin mir nicht im Zweifel darüber, daß heute fast alle denkenden Männer der Politik und der Wirtschaft, auch die maßgebenden Führer der Arbeiterschaft davon durchdrungen sind, daß wir ohne Mehrarbeit nicht wieder hochkommen.«

Als Unternehmer hat Thyssen vor allem ein hervorstechendes Talent: Er ist ein Organisationsgenie. Seine chronische Sparsamkeit weiß er geschickt in organisatorische Effizienz umzusetzen. Aus wenig viel zu machen, ist ihm geradezu eine Sucht. Wie ein

Akrobat jongliert er mit immer neuen Beteiligungen, kauft und verkauft, baut und investiert, produziert und spekuliert, daß Mitarbeitern, Banken und der Konkurrenz der Atem wegbleibt. Bei den verwirrenden Transaktionen, Aktienmanövern und Tauschgeschäften der achtziger und neunziger Jahre verfolgt er zielsicher den großen Plan, einen gemischten Montangroßkonzern zusammenzuschmieden. Während alle anderen die verwirrenden Quergeschäfte längst nicht mehr durchschauen, behält August Thyssen souverän die Übersicht. Bei alledem scheut er sich nicht, große Schulden anzuhäufen. So geizig er für sich persönlich ist, so großzügig setzt er fremdes Geld ein, wenn es um die Ausdehnung seines Imperiums geht. Aber auch seine verzwickten Kreditgebäude zimmert August Thyssen mit artistischer Sicherheit zusammen. Er leiht sich Geld, wo er es nur kriegen kann. Bei Banken im In- und Ausland, bei reichen Freunden, bei Unternehmern, Versicherungsgesellschaften, sogar bei der Kirche. Geschickt spielt er einen Gläubiger gegen den anderen aus, bewahrt sich die Entscheidungsfreiheit und bleibt auch in brenzligen Situationen überall kreditwürdig. Innerhalb des undurchsichtigen Thyssen-Imperiums verschiebt er Gelder hin und her, um immer wieder Gläubiger zu bluffen. Bis zum Schluß gelingt es ihm, stets Herr im eigenen Haus zu sein. Wie ein siegreicher Pokerspieler geht er aus dem Monopoly der Kaiserzeit hervor.

Um die Jahrhundertwende zählt August Thyssen schon zu den zehn reichsten Männern im Deutschen Reich. Als sich der spartanische Millionär zur Verblüffung seiner Umwelt 1903 das prächtige Schloß Mandsberg bei Kettwig kauft, geschieht dies freilich nur, um seine Banken mit ein wenig Glamour von seiner Zahlungsfähigkeit zu überzeugen. Er selbst weiß mit dem Herrensitz nichts Rechtes anzufangen

und läßt alle Möbel in Kleinbürgermanier mit Schonbezügen überziehen.
Aristokratische Lebensformen sind August Thyssen nicht nur fremd, sie sind ihm verhaßt. Als seine Söhne Heinrich und August, denen der Lebenswandel des Vaters nicht fein genug ist, nach großbürgerlichen Lebensformen und gar in den Adelsstand streben, kocht im alten August die Bürgerseele. Er verbietet ihnen die Mitgliedschaft im feudalen Unionclub, lehnt jede Initiative seiner Söhne zur Nobilitierung der Familie schroff ab und bricht einen quälend langen und verletzenden Familienstreit vom Zaun. Sohn Heinrich geht kurzerhand ins Ausland, läßt sich von einem ungarischen Baron adoptieren und gründet als Baron von Thyssen-Bornemisza die »adlige Linie« der Thyssen-Dynastie. August junior rächt sich dagegen an seinem kantigen Vater, indem er Arbeiterstreiks unterstützt und den Betriebsfrieden stört, wo er nur kann. Besonders ärgert er den streng katholischen Vater durch die öffentliche Verlobung mit einer Schauspielerin von sehr zweifelhaftem Ruf. Der Höhepunkt des Vater-Sohn-Konflikts ist erreicht, als August junior ein eigenes Unternehmen gründet und mit elf Millionen Mark Schulden schließlich bankrott macht. Der Streit ums Geld führt die beiden vor Gericht, wo der Vater dem Sohn per ärztlichem Attest Geisteskrankheit nachweisen will. Der Entmündigungsversuch in Sachen »Thyssen contra Thyssen« scheitert.
Wie erklärt sich die sonderbare Mischung aus sparsamer Spießigkeit und selbstbewußtem Ehrgeiz, aus kleinkarierter Besserwisserei und souveräner Konzernlenkung, aus engstirniger Verbissenheit und weitblickender Tatkraft? Eine Wurzel des Thyssenschen Charakters liegt tief im Mutterboden seiner Familiengeschichte. Er entstammt einer stockkatholi-

August Thyssen –
Der eigenwillige Konzernschmied.

schen Familie des gehobenen Kleinbürgertums. Ambitioniert, aber immer in ihre engen Grenzen verwiesen. Demütig und stolz zugleich. Der Urgroßvater war Bäckermeister und saß im Rat der Stadt Aachen, der Großvater besuchte das Jesuitengymnasium und ging in die Verwaltung. Vater Friedrich schließlich absolvierte eine Kaufmannslehre in Eschweiler und er brachte es immerhin zum Leiter des ältesten deutschen Drahtwalzwerkes und zu einem kleinen Vermögen. Dieser Friedrich Thyssen heiratete 1838 mit kirchlicher Sondererlaubnis seine eigene Cousine Catharina, mit der er insgesamt sieben Kinder bekam. Der in Deutschland so lange aufrechterhaltene Standesunterschied zwischen Adel und Bürgertum hat alle drei Generationen geärgert. So entwickelte sich in der Thyssen-Familie ein besonderer Bürgerstolz. Wirtschaftliche Erfolge galten ihnen als Kompensation für entgangene politische und gesellschaftliche Anerkennung. Kein Zufall also, daß August Thyssen just im Jahr der Reichsgründung 1871 sein Unternehmen gründet. Mit seinem eruptivem Ehrgeiz wird er zu einem klassischen Gründerzeit-Unternehmer. Und wie viele seiner bürgerstolzen Unternehmerkollegen vertritt er zeitlebens die Auffassung, daß es ohnehin das beste für Deutschland wäre, wenn Unternehmer die politischen Geschäfte übernehmen würden.
Ein zweiter Schlüssel für das Phänomen Thyssen ist seine Körpergröße. August Thyssen ist mit 1,54 Metern Körperlänge ein sehr kleiner Mann. Seit seiner Kindheit hat er darunter gelitten. Und noch als alter Herr achtet der untersetzte Konzernstifter darauf, daß er auf Bildern und Fotos im Sitzen abgebildet wird. Als Jugendlicher ist Thyssen alles andere als ein Führer- oder Siegertyp. Der hochintelligente, aber schmächtige Junge bleibt seinen Klassenkameraden körperlich stets unterlegen und entwickelt sich zum

Eigenbrötler und Außenseiter. Die fehlende Körperlänge beginnt er durch andere Leistungen zu kompensieren. So absolviert er anders als die meisten Unternehmer der damaligen Zeit einen ungewöhnlich intensiven Bildungsweg. Nach dem Gymnasium besucht er die damals beste polytechnische Lehranstalt Deutschlands, die technische Hochschule in Karlsruhe. Zu seinen Kommilitonen in den Vorlesungen gehört auch Karl Anton Henschel, der später Deutschlands erfolgreichster Lokomotivbauer werden sollte. Sogar ins Ausland führt den kleinen Gernegroß seine Emanzipationsreise. Doch auch mit wachsendem beruflichen Erfolg streift er den Körper-Komplex nicht mehr ab. Zeitlebens bleibt August Thyssen Autokrat und einsamer Herrscher. Er läßt keine Sekunde einen Zweifel daran, wer im Thyssen-Reich das Sagen hat. »August der Starke« nennen ihn seine Arbeiter in einer Mischung aus Bewunderung und Furcht.

So ist August Thyssen ein Mann, der mehr geachtet als geliebt wird. Freunde hat er wenige. Nicht einmal ein familiäres Glück ist ihm beschieden. Seine Frau läßt sich von ihm scheiden, seine Kinder gehen auf Distanz, und er entwickelt im hohen Alter eine traurig-komische Vorliebe für derbe Witze und ebensolche Frauen.

Fritz Thyssen hält das Erfolgsgeheimnis seines Vaters für eindeutig: »Mein Vater ist durch Arbeit und Sparsamkeit groß geworden und vor allem groß geblieben, weil er auch im Reichtum bescheiden und sparsam geblieben ist.« Das ist richtig, aber nur die halbe Wahrheit. August Thyssen gehört zu denen, die der Welt etwas beweisen wollen, und das macht ihn rastlos, stark, zäh und ungeheuer erfolgreich. Sein allseits gefürchteter, blitzender Scharfblick aus den kleinen Augen über der langen Nase verrät das Geheimnis des kleinen großen Thyssen. *Wolfram Weimer*

Lebensweg

August Thyssen wird am 17. Mai 1842 als drittes von sieben Kindern in Eschweiler bei Aachen geboren. Sein Vater betreibt in dem Örtchen eine kleine Drahtfabrik. Nach der Rektoratsschule in Eschweiler und der Höheren Bürgerschule in Aachen beginnt er auf Anraten seines Vaters ein Studium am Polytechnikum in Karlsruhe. Maschinenbau und Baufach sind seine Fächer. Das Studium schließt er in Nationalökonomie am Institut Supérieur du Commerce de l'État in Antwerpen ab.
Im Alter von 25 Jahren beginnt der akademisch ausgebildete Bürgerssohn eine Unternehmerkarriere. Er leiht sich 8000 Taler und wird Teilhaber eines Duisburger Bandeisenwalzwerkes namens Thyssen, Fossoul & Co., dessen kaufmännische Leitung er übernimmt. Nach vier Jahren scheiden aber Thyssen und Fossoul schon wieder aus der Unternehmung aus. Thyssen verkauft seine Anteile für 40 000 Taler und entscheidet sich, fortan auf eigenen Beinen zu stehen.
Mit einem Grundkapital von 70 000 Talern ausgestattet – je 35 000 stammen von August und seinem Vater – nimmt die neue Firma Thyssen & Co. am 2. Oktober 1871 den Betrieb auf. Die Startbelegschaft besteht aus 70 Arbeitern. Sitz des Unternehmens ist das damals noch selbständige Dorf Styrum, das später ein Stadtteil von Mülheim (Ruhr) wird. Das erste Thyssen-Verwaltungsgebäude ist ein Stall.
Thyssen & Co. startet voll hinein in den Gründerboom und verkauft schon im ersten Jahr rund 3000 Tonnen Bandeisen. Binnen drei Jahren werden vier Bandeisenwalzstraßen installiert. Das Geschäft läuft. Als 1877 der Vater stirbt, tritt Bruder Josef als Mitinhaber in die Firma ein und wird zeitlebens der engste Mitar-

Das erste Büro von Thyssen & Co. ist ein kleines Fachwerkhaus im Dörfchen Styrum bei Mühlheim.

beiter und Vertraute August Thyssens. 1879 wandeln die beiden ihr Unternehmen in eine offene Handelsgesellschaft um.

Mit sicherem Instinkt steigt August Thyssen auch ins Kohlegeschäft ein. Unauffällig, aber zielstrebig kauft

Im Reichsgründungsjahr 1871 startet auch Thyssen sein Imperium mit einem Bandeisenwalzwerk.

er mitten in der Rezession billig gewordene Aktien von Kohlezechen und Hüttenwerken im Ruhrrevier auf. 1889 wird Thyssen Vorsitzender des mächtigen Schalker Gruben- und Hüttenvereins. Sein ehrgeiziges Ziel: ein integrierter Montankonzern, der von eigener Kohle und Erz über Stahlwerke und Maschinenbaugesellschaften bis zum Handelsunternehmen mit eigenen Schiffen alles unter einem Dach vereinigt. Das Vorhaben gelingt. In zwanzig Jahren avanciert Thyssen zu einem der größten Ruhrgebietsmagnaten der Jahrhundertwende.

Dieser atemberaubende Aufstieg ist begleitet von verwirrenden Transaktionen, Aktienmanövern und Tauschgeschäften. Rastlos engagiert sich Thyssen überall, wo er ein Geschäft vermutet, und scheut sich dabei nicht, große Schulden anzuhäufen. Zeitweilig

wird er sogar der größte Schuldner des Deutschen Reiches. Mit großem Geschick behält er in seinem verzwickten Schuldenlabyrinth alle Fäden selbst in der Hand und bewahrt sich die Unabhängigkeit vor den Banken.
Im Jahr 1886 läßt sich August Thyssen nach vierzehn Jahren Ehe von seiner Frau scheiden. Das Vermögen muß er dabei auf seine Kinder (die drei Söhne August, Fritz und Heinrich sowie die Tochter Hedwig) überschreiben. Die Fäden des Konzerns hält er freilich weiter in der Hand, auch nachdem das Unternehmen 1911 zur Aktiengesellschaft wird. Die August-Thyssen-Hütte wird zum größten Stahlwerk des Deutschen Reiches, in Dinslaken betreibt er das modernste Kaltwalzwerk Europas, und ganz nebenbei ist er der größte Kohlenbesitzer Deutschlands. Als erster beginnt August Thyssen, die Gemeinden des Ruhrgebietes mit Kokerei-Ferngas zu versorgen und errichtet noch vor dem Ersten Weltkrieg eine bahnbrechende Anlage, die das Gas aus der Gewerkschaft Deutscher Kaiser durch eine 30 Kilometer lange Hochdruckleitung in die Städte des Ruhrgebiets schickt.
Als der Erste Weltkrieg zu Ende geht, steht der 76 Jahre alte Thyssen vor einer bedrückenden Bilanz. Die Hütten und Erzfelder in Lothringen sind verloren, verloren sind aber auch Beteiligungen und Konzessionen in Frankreich, Rußland, Nordafrika und Indien. Und schließlich muß er alle inländischen Einrichtungen vernichten, die der Rüstung gedient haben. Obendrein wird der alte Herr in den Revolutionswirren des Jahres 1918 mit seinem Sohn Fritz vom Mülheimer Arbeiter- und Soldatenrat verhaftet und für einige Tage nach Berlin transportiert.
Tief schockiert macht er sich anschließend für einen Zusammenschluß der deutschen Stahlindustrie nach amerikanischen Trustvorbildern stark. Er bereitet die

Gründung der Vereinigten Stahlwerke noch maßgeblich vor, erlebt aber die eigentliche Gründung nicht mehr. Am Ostersonntag des Jahres 1926 stirbt August Thyssen im Alter von 84 Jahren.

Maximen des Gründers

Nach wie vor prägen viele Entscheidungen von August Thyssen, dem Gründer unseres Unternehmens, das Bild des heutigen Thyssen-Konzerns. Er errichtete 1891 sein Hüttenwerk in Duisburg direkt am Rhein und auf der Kohle und sicherte dem Werk damit einen der kosten- und verkehrsgünstigsten Standorte Europas. Gleichzeitig sorgte er für eine breite und solide Basis des Unternehmens über den Stahl hinaus: Maschinen- und Schiffbau, Energie- und Wasserwirtschaft, Handel und Dienstleistungen zählten zu

Große Gratulationscour auf Schloß Landsberg anläßlich des fünfzigjährigen Bestehens der Firma Thyssen & Co. am 3. April 1921. Vorn in der Mitte sitzt August Thyssen.

seinen Aktivitäten. Im Ruhrgebiet der damaligen Aufbruchzeit sah August Thyssen seinen unternehmerischen Schwerpunkt. Mit gleicher Dynamik engagierte er sich jedoch auch im Ausland. Die Gunst des Stahlstandortes, die früh erfolgte Diversifikation und das Denken über Grenzen hinweg zählen zum Erbe, dem sich das Unternehmen mit seiner jetzt mehr als hundertjährigen Geschichte verpflichtet fühlt.

Die Thyssen AG ist das einzige industrielle Großunternehmen im Ruhrgebiet, das nicht nur durch den Firmennamen, sondern auch durch Kapitalbeteiligung und die Mitarbeit im Aufsichtsrat mit der Gründerfamilie verbunden geblieben ist. Ausdruck dieser Beziehung zwischen Unternehmen und Familie ist auch das jetzt restaurierte Schloß Landsberg in Essen-

Die letzte Grubenfahrt von August Thyssen am 21. Juli 1924. Dabei ist auch Konrad Adenauer und dessen Frau Gussi (beide sitzend).

Kettwig. Der frühere Wohnsitz des Gründers ist heute Gästehaus, Tagungs- und Begegnungsstätte der Thyssen AG. Die vollständig erhaltenen Privaträume August Thyssens sind darüber hinaus ein lebendiges Stück Wirtschafts- und Kulturgeschichte.

Strategische Allianzen zu schließen, dabei auf wirtschaftliche Unabhängigkeit zu achten, qualifizierten Mitarbeitern in ihrem Verantwortungsbereich freie Hand zu lassen, technologische Entwicklungen der Zeit aufmerksam zu verfolgen und umzusetzen – alles dies waren Maximen des Eigentümer-Unternehmers August Thyssen. Ihnen fühlt sich der Vorstand der Thyssen AG noch heute verpflichtet.

Heinz Kriwet
Vorstandsvorsitzender
der Thyssen AG

CARL ZEISS

Der Handwerker mit Durchblick

Handwerk hat goldenen Boden. Schon als Kind erlebt Carl Zeiß im väterlichen Kleinbetrieb, daß das Sprichwort nur zutrifft, wenn drei Dinge zusammenkommen: handwerkliches Können, Ideenreichtum und Verkaufstalent.
Sein Vater ist Drechslermeister und achtet mehr als manch anderer auf den künstlerischen Anspruch seiner Arbeiten, ohne den wirtschaftlichen Vorteil aus dem Auge zu verlieren. Aus dieser Lebenseinstellung heraus schickt er auch seine Söhne nicht unmittelbar nach der Elementarschule in die Lehre, sondern aufs Gymnasium. Sie sollen bis zur Prima einen Unterricht genießen, der sich sowohl an den Realien orientiert und das Interesse »für die Gegenwart und deren Verhältnisse« befriedigt, als auch eine humanistische Bildung erwerben, die dem Zusammenhang zwischen Vergangenheit und Gegenwart nachspürt und die »gesamte Kultur der Welt in sich fassen« will.
Daß diese zweigleisige Ausbildung vom Vater bewußt ausgesucht worden ist, zeigt auch die Auswahl der Lehrstelle für seinen achtzehnjährigen Jungen. Er schickt ihn nach Jena zum Hofmechanikus Friedrich Körner. Körner hat sich auf die Herstellung von Instrumenten spezialisiert, die von den Naturwissenschaftlern bei ihren Forschungen gebraucht werden. Seine in der Werkstatt gefundenen Erkenntnisse zu physikalischen Problemen sind so profund, daß er sie

in Vorlesungen vor Studenten und Professoren vortragen darf. Carl Zeiß hört aber nicht nur seinen Meister in der Universität, sondern er besucht auch Seminare in Mathematik und Physik; vor allem interessiert er sich von Anfang an für die Optik. Ohne daß er es bewußt angestrebt hätte, wächst er in eine Welt hinein, in der es eine scharfe Trennung zwischen Handwerk, Wissenschaft, Technik und Fabrikation nicht gibt. Unmerklich und wie selbstverständlich geht die eine Art des Tuns in die andere über. Ein Naturwissenschaftler kann die Geheimnisse der Natur nur ergründen, wenn ein Handwerker ihm die notwendigen Apparate baut; die Resultate dieser Zusammenarbeit genügen sich nicht selbst, sondern die theoretischen Erkenntnisse und die praktischen Erfahrungen werden von Technikern mit ihrem »ingenium« (Ingenieure) und von Fabrikanten mit Kapital für die Gesellschaft zugänglich und nutzbar gemacht.

Am eigenen Leib erfährt Carl Zeiß, wie töricht das weitverbreitete Vorurteil jener Tage ist, daß die arbeitenden Menschen geistig verkümmern müßten, damit wenige Auserwählte große Gedanken denken und außergewöhnliche Werke schaffen könnten. Nein, so ist es nicht. Während der vierjährigen Lehrzeit keimt in ihm ein Glaube, den der Geselle auf seinen langen Wanderschaften durch Deutschland und Österreich so pflegt und kultiviert, daß er fortan sein Leben bestimmt: Hand und Kopf können, wenn sie ihre Kräfte gemeinsam auf einen Gegenstand konzentrieren, nicht nur die Natur Schritt für Schritt auf allen Gebieten beobachten, messen und beherrschen, sondern sie können auch die Gesellschaft erfahren, erkennen und verändern. Denn was vom Finden und Entdecken gilt, gilt ebenso vom Anwenden und Verteilen. Dieselbe absolute Objektivität, die den For-

scher leitet, führt auch den Ingenieur und Kaufmann, sie drängt das Subjekt zurück und gibt sich der Allgemeinheit hin.
Um so enttäuschter ist Carl Zeiß, als er nach der »Walze« in seiner Heimatstadt keine eigene Werkstatt gründen darf. Die Zunft der alteingesessenen Handwerksmeister hat sich 1845 in Weimar dem Wandlungsprozeß noch entziehen können, der die gesamte Lebens-, vor allem aber die Arbeitswelt erfaßt hat. Sie fühlt sich in ihrer Lage bedroht und hält sich krampfhaft an die überkommene Zunftordnung. Mag Carl Zeiß auch Gutachten von so berühmten Professoren wie dem Botaniker Matthias Jacob Schleiden aufbieten, die Eröffnung eines »mechanischen Ateliers« wird ihm nicht genehmigt.
Anders dagegen in Jena. Hier herrschen freie Konkurrenz und Selbstbestimmung der Handwerker, und die Beschränkungen in Bezug auf die Zahl der Meister, die Größe der Betriebe, die Qualität der Erzeugnisse und den Gebrauch der Werkzeuge sind hinweggefegt worden. Leistung allein zählt. Und die muß Carl Zeiß in einer 13 Aufgaben umfassenden schriftlichen Prüfung vor der Großherzoglichen Oberbaubehörde nachweisen. Selbst in der Prüfungsarbeit hält er mit seiner Meinung über Fehler in der Aufgabenstellung nicht zurück. Da aber seine Lösungen richtig sind, kann die Prüfungskommission am 7. November 1846 nur feststellen: »Wir benachrichtigen Sie hierdurch ganz ergebenst, daß der Mechanikus Carl Zeiß zu Jena die infolge Ihrer Zuschrift vom 13./18. Juni d. J. mit ihm vorgenommene Prüfung hinsichtlich seiner Kenntnisse und Fertigkeiten über Mechanik genügend bestanden hat. Es wäre jedoch zu wünschen gewesen, daß der Prüfling Zeiß durch das ihm eigen scheinende Selbstvertrauen auf sein Wissen sich nicht hätte verleiten lassen, bei der Fassung der

schriftlichen Beantwortung die Grenzen der gebührenden Bescheidenheit zu überschreiten. Die uns gefälligst mitgeteilten Aktenblätter folgen anbei zurück.« Da sich die Jenaer Behörden über die Weimarer Einwände hinwegsetzen, eröffnet Carl Zeiß am 17. November 1846 in Jena eine Werkstatt für feinmechanische und optische Erzeugnisse, die ihre Aufträge fast ausschließlich von den Instituten der Universität bekommt.

Mitten in der Aufbauphase des Unternehmens, als »Klötze und Wacken« aus dem Weg geräumt werden müssen, heiratet Carl Zeiß Bertha Schatter, die Tochter des Pfarrers zu Neunhofen bei Neustadt an der Orla. Doch nur ein knappes Jahr dauert das Eheglück mit »dieser jungen, blühenden, kräftigen Frau« in der Wagnergasse 32. Schon am 23. Februar 1850 stirbt Bertha bei der Geburt ihres Sohnes; der Arzt, von einem Maskenball herbeigerufen, ist betrunken und kann der Sterbenden nicht mehr helfen. Carl Zeiß läßt sie auf dem Jenaer Friedhof beisetzen, und er schreibt auf die Rückseite des einfachen Metallkreuzes: »Denn alles Fleisch, es ist wie Gras.« Den kleinen Roderich gibt er den Schwiegereltern ins Neunhofer Pfarrhaus, wo der Junge zunächst aufwächst. Bei seinen Besuchen dort trifft Carl Zeiß auch Ottilie Trinkler, ebenfalls eine »geistliche Landpommeranze«, wie er die Pfarrerstochter aus Triptis charakterisiert. Und schon bald schreibt der alte Schatter an seinen Sohn: »Aus der Familie habe ich zu melden, daß unser Zeiß uns gestern seine Braut in Trinklers Ottilien gebracht hat. Die brave treue Seele wollte nicht anders als aus unserer Verwandtschaft heiraten. So machte sichs und ich denke gut. Sie wird dem Kleinen eine gute Mutter sein.« Am 17. Mai 1853 heiraten die beiden; aber eine gute Mutter bekommt Roderich nicht, vielmehr muß er, besonders nach der Geburt seines Bruders und zweier Schwestern, das Schicksal vieler Kinder in jener Zeit mit ihren Stiefmüttern erleiden. Obwohl den Vater die Spannungen und Zerwürfnisse bedrücken, abbauen kann er sie nicht. Seine Frau wird in den 35 Jahren der Ehe immer herrischer, und nicht selten überträgt sie die Abneigung dem Stiefsohn gegenüber auf den Ehemann selbst.

Wie der Bahnwärter Thiel in Gerhard Hauptmanns Novelle, so flüchtet auch Carl Zeiß vor diesem Weib in seine Arbeit, aber nicht, um sich hier eine heile Traumwelt zu schaffen, sondern um ungelöste Aufgaben anzupacken. Und solche gibt es in Hülle und Fülle. Professor Scheiden, der an Experimenten für seine Zelltheorie herumbastelt, hat in Zeiß nicht nur einen wissenshungrigen Helfer, sondern auch einen Lieferanten immer besserer Mikroskope. Wenn auch diese Geräte zunächst nur aus drei bis vier Doppel- oder Dreifachlinsen bestehen und höchstens eine 120fache Vergrößerung liefern, so macht der Professor doch die Jenenser Gläser in der Fachwelt so bekannt, daß Zeiß schon bald Instrumente in ganz Deutschland und darüber hinaus in Europa verkaufen kann. Zweimal innerhalb von 20 Jahren muß er wegen Vergrößerung die Werkstatt verlegen, 1866 beschäftigt er bereits 20 Mitarbeiter und verkauft das 1000. Mikroskop, darunter schon zusammengesetzte mit verschiedenen Objektiven und Okularen auf unterschiedlichen Stativen. Und doch ist Carl Zeiß, der wissenschaftlich orientierte Praktiker, nicht zufrieden. Denn noch immer hängt die Qualität eines jeden einzelnen Mikroskops vom »Pröbeln und Werkeln«, vom Zufall also bei der Herstellung von Gläsern ab.

Carl Zeiß, der inzwischen zum Universitäts- und Hofmechaniker ernannt worden ist, hat in den Laboratorien der Professoren mit Genugtuung erfahren, wie zielgerichtetes Forschen nach vorsätzlichen Methoden zu immer gleichen voraussagbaren Ergebnissen führt. Auf vielen Gebieten ist das infantile »Probieren geht über Studieren« überwunden, und wissenschaftliche Theorien leiten schon die praktischen Tätigkeiten. Nur bei der Herstellung von Linsen regiert noch die Konvention. Die Techniken gleichen noch immer denen längst vergangener Zeiten, und selbst das risikowillige Ausprobieren einzelner hat keine wesentliche Veränderung geschaffen.

In diesen Tagen der Unzufriedenheit trifft Carl Zeiß auf Ernst Abbe, einen jungen Physiker und Privatdozenten an der Universität in Jena. Die Konstruktion eines besonderen Apparates für den Unterricht hat die beiden zusammengeführt. Mit sicherem Instinkt erkennt Carl Zeiß in dem sympathischen 26jährigen Gelehrten das Genie, dem er zutraut, den Bau von Mikroskopen auf eine wissenschaftliche Basis zu stellen. Ohne Zögern schließt er mit Ernst Abbe am 3. Juli 1866 einen Vertrag über ständige Zusammenarbeit. Es ist die herausragende Tat im Leben des Carl Zeiß, diesem Herkules in Naturwissenschaft, Technik und Ökonomie und seiner berühmten »Riesenarbeitskraft« ein Betätigungsfeld zu schaffen und ihm schier unlösbare Aufgaben zu stellen. Und Ernst Abbe löst alle Probleme. Wie Carl Zeiß verficht er mit Leidenschaft den wissenschaftlichen Fortschritt, und schon in kürzester Zeit hat er nicht nur den Abbeschen Beleuchtungsapparat, das Refrakto- und das Fokometer erfunden, sondern er führt auch die von Adam Smith (1776) entwickelte Arbeitszerlegung ein und steigert so die Produktion gewaltig.

Doch Carl Zeiß bedrängt seinen Freund und Forscher weiter, er solle eine »Titanenarbeit« tun und eine Theorie des Mikroskops liefern. Am 12. September 1871 veröffentlicht Ernst Abbe die Ergebnisse seiner Forschungen, und schon ein Jahr später verkauft Carl

Carl Zeiß –
Mit Mikroskopen groß rausgekommen.

Zeiß die ersten Mikroskope mit berechneten Linsen. Der Erfolg ist so groß, daß Firmen in aller Welt ihre Erzeugnisse mit dem Zusatz anbieten, »genau wie in Jena« gebaut.

Carl Zeiß ist klug genug zu wissen, daß auch große Wissenschaftler nicht vom Wort allein leben. Deshalb erhöht er schon 1872 die »Tantieme« seines Mitarbeiters so, daß dieser dachte: »Es hätte ein Affe mich (ihn) geleckt.« Und als ein paar Jahre später eine Typhusepidemie die Familie Abbes an den Rand des Ruins gebracht hat, nimmt Carl Zeiß 1875/76 den Professor als »Kompagnon« auf, dem ein Drittel vom Reingewinn des ganzen Geschäftes zusteht. Und er tut gut daran, lassen doch die eigenen Kräfte, bedingt durch Alter und Krankheit, nach; zudem hat der Sohn aus erster Ehe in dem neuen Geschäftspartner nicht nur einen weltberühmten Lehrer, sondern auch einen Garanten für den wirtschaftlichen Erfolg des Unternehmens. Wahrscheinlich ist es auch diese Großzügigkeit, die Ernst Abbe nach dem Tode von Carl Zeiß antreibt, das am eigenen Leib Erfahrene allen Mitarbeitern des Unternehmens in Form der Gewinnbeteiligung weiterzugeben. Indem er am 19. Mai 1889 die »Optische Werkstätte« in die Carl-Zeiß-Stiftung überführt, verfolgt er dieselbe Ziele wie Carl Zeiß, als dieser den Professor fest an die Firma gebunden hat: Existenzsicherung des Betriebes, menschenwürdige Arbeitsbedingungen, gerechte Entlohnung und Einheit von Forschung und Produktion. Ernst Abbe jedenfalls läßt nie einen Zweifel darüber aufkommen, wer das Fundament der Firma gelegt und den Geist bestimmt hat. Im Paragraph 2 der Stiftungsurkunde stellt er ausdrücklich fest: »Diese Stiftung soll für alle Zeit den Namen Carl-Zeiß-Stiftung führen zu Ehren des Mannes, der zu obengenannten Unternehmungen der Optischen Werkstätte und dem Glaswerk den ersten Grund gelegt hat, und zur dauernden Erinnerung an sein eigenartiges Verdienst: auf seinem Arbeitsfeld zielbewußt das Zusammenwirken von Wissenschaft und technischer Kunst angebahnt zu haben.«

Doch noch hat Carl Zeiß sein Werk nicht vollendet. Ihm schallt zwar von überallher Lob und Ruhm entgegen. Hermann von Helmholtz, der führende deutsche Physiker, bietet dem erst 38jährigen Abbe eine Professur für Optik in Berlin an. Ernst Haeckel spricht vom »göttlichen Mikroskop«, das ihn in die »unermeßliche und wunderbare Welt des Kleinen« geführt habe, »in der der große Schöpfer seine herrlichste Macht und Weisheit offenbart hat«. Auf seinen Vorschlag verleiht die Universität Jena dem Mechanikus Carl Zeiß 1880 die Ehrendoktorwürde. Robert Koch, der eine neue Lehre von den Infektionskrankheiten entwickelt, ist begeistert von den Linsensystemen aus Jena und von dem neuen Mikroskop. Er schreibt an Carl Zeiß: »Mit Hife dieses Instrumentes ist es mir gelungen, nicht unwichtige Entdeckungen zu machen und, um was es mir hauptsächlich zu tun war, eins der schwierigsten mikroskopischen Objekte durch photographische Abbildungen weiteren Kreisen zugänglich zu machen.«

Aber gerade diese photographischen Abbildungen machen Carl Zeiß noch zu schaffen; sie enthalten zu viele Farbfehler. Und da hört er von dem promovierten Glashersteller Otto Schott, der im fernen Witten in Westfalen mit organischen Schmelzverbindungen ganz neue Gläser hergestellt hat. Diesmal erkennt Carl Zeiß in dem »Glasdoktor« eine verwandte Seele, und er braucht seinen Kompagnon gar nicht zu drängen, Verbindung nach Witten aufzunehmen. Schon drei Jahre später übersiedelt Otto Schott nach Jena, wo am 21. Oktober 1883 das »Glastechnische Labora-

torium Schott und Genossen« gegründet wird. Die Genossen sind Carl Zeiß, Ernst Abbe und Roderich Zeiß. Die Produktion neuartiger Gläser mit der Angabe genauer technischer Daten vergrößert nicht nur den Ruhm der Carl-Zeiß-Werkstatt, sondern sie läutet auch eine neue Epoche in der technischen Optik ein. Jenaer Glas gilt fortan als Prototyp für Gerätegläser zum Bau technischer und wissenschaftlicher Apparate überhaupt. Wenn auch das Glaswerk später nicht in der Carl-Zeiß-Stiftung aufgeht, so ist es doch immer mit dieser eng verbunden, zumal Otto Schott zur Geschäftsleitung der Stiftung gehört.
Carl Zeiß ist es nicht vergönnt, die letzten Jahre seines Lebens ruhig dahinzuleben. Sein Werk liegt zwar in guten Händen, aber schwere Krankheiten und Leiden zehren an den Kräften, vergällen ihm allzuoft den Besuch des Werkes und zwingen ihn schließlich sogar in den Rollstuhl. Trotzdem plagen ihn keine düsteren Gedanken oder gar Zweifel, als er sieht, daß sein Traum, die Verschmelzung von Theorie und Praxis, täglich die Wirklichkeit um ihn herum zum Wohle der Menschen verändert. Die Gewißheit, das Richtige getan zu haben, erfüllt ihn vielmehr bis zum Tode mit Stolz und Freude.

Alois Weimer

Lebensweg

Am 11. September 1816 wird Carl Zeiß in Weimar geboren. Sein Vater ist Kunstdrechsler und gehört zu jenen Handwerkern, die ihre Söhne aufs Gymnasium schicken. Vorzeitig verläßt Carl Zeiß freilich die höhere Schule, um eine Mechanikerlehre zu absolvieren. Danach geht er für sieben Jahre auf Wanderschaft und sammelt Erfahrungen in Deutschland und Österreich.
Als ihm 1845 in Weimar die Eröffnung einer eigenen Werkstatt verwehrt wird, zieht Zeiß nach Jena, arbei-

Die erste Werkstätte von Carl Zeiß in der Jenaer Neugasse (1846).

tet dort als Praktikant und eröffnet schon ein Jahr später, am 17. November 1846, ein »mechanisches Atelier«. Zunächst arbeitet er nur für die Universität, repariert deren mechanische Apparate und hilft mit seinem Sachverstand den Professoren bei der Konstruktion neuer Geräte. Doch dann gründet er ein Geschäft und verkauft nach und nach feinmechanische und optische Produkte, vor allem selbstgebaute Mikroskope in ganz Deutschland. Um die Produktion der Linsen vom lästigen Probieren auf wissenschaftliche Erkenntnisse zu gründen, schließt er 1866 mit dem Naturwissenschaftler Ernst Abbe einen Vertrag, der den Privatdozenten verpflichtet, eine wissenschaftliche Theorie für den Bau von Linsen zu erarbeiten. Schon fünf Jahre später können Gläser mit berechneten Objektiven auf der Grundlage der Beugungstheorie angeboten werden.

**Das Zeiß-Erfolgsprodukt:
Einfache Mikroskope mit komplizierter Lupentechnik.**

Carl Zeiß muß die Belegschaft, die inzwischen auf 20 Mechaniker angewachsen ist, im Jahre 1883 auf 150 erhöhen. Um Abbe an die Firma zu binden, macht er ihn 1875 zum Teilhaber der Zeiß-Werkstatt. Darüber hinaus gelingt es Carl Zeiß, den Fachmann für die Herstellung neuer Glasarten Otto Schott von Witten in Westfalen nach Jena zu holen. Am 21. Oktober 1883 gründet er zusammen mit seinem Sohn, mit Ernst Abbe und Otto Schott das »Glastechnische Laboratorium Schott & Genossen«. Damit ist der Traum des Handwerkers Zeiß ganz in Erfüllung gegangen: In dem Labor kann man bewußt Glas herstellen, wie man es braucht, anstatt gespannt auf ein Produkt zu warten, wie es der Zufall liefert.

Carl Zeiß erlebt noch den Einsatz seiner Geräte in den Naturwissenschaften, vor allem auch in der Medizin, und er freut sich an der weltweiten Anerkennung seines Unternehmens. Am 3. Dezember 1888 stirbt er im Alter von 72 Jahren.

Nachruf auf Carl Zeiß

»Geehrte Trauerversammlung!
Wollen Sie dem langjährigen Mitarbeiter unseres teuren Entschlafenen gestatten, ein Wort pietätvoller Würdigung seiner Wirksamkeit dem Andenken des geschiedenen Freundes zu widmen.
Was *Carl Zeiß* im Leben gewirkt und geschaffen – welche Bedeutung seine Tätigkeit für unsere Stadt gewonnen – welche Dienste sie unmittelbar auch der Wissenschaft geleistet hat – dieses Alles ist offenkundig. Aber nicht über das will ich hier reden, was bekannt ist; ich will vielmehr sprechen vom dem, was nach Lage der Umstände gegenwärtig nur Wenige wissen können – nicht von den sichtbaren Erfolgen seines Wirkens, sondern von den unsichtbaren Kräften, welche diese Erfolge gezeitigt haben. Wer möchte in Abrede stellen wollen, daß auch in *seine* Tätigkeit vielseitig solche Factoren eingegriffen haben, begünstigend und fördernd, welche der Einzelne nicht als sein Verdienst beanspruchen kann, die Jeder vielmehr hinnehmen muß, dankbaren Herzens, als glückliche Fügung eines freundlichen Geschickes. Aber der Mensch ist seines Glückes Schmied! Bei *Carl Zeiß* kommt dieses Wort zu seinem vollen Recht und gewinnt eine prägnante Bedeutung. Denn nicht blindes Ungefähr hat ihm Erfolge in den Schoß geworfen; sie sind ihm geworden als wohlverdienter Lohn eines zielbewußten Strebens, dem die Gunst der Umstände nur ungehinderte Betätigung gewährt hat. In diesem Streben und seinen nächsten Ergebnissen aber greift das Wirken des Verstorbenen weit hinaus über den

Kreis persönlicher und lokaler Interessen und gewinnt eine kenntliche Beziehung zu den größeren, dauernden Zielen menschlicher Tätigkeit.

Mir, der ich zu den Wenigen gehöre, die in der Lage sind, seine Wirksamkeit vollständig zu würdigen, nicht nur nach ihren Erfolgen, sondern zugleich nach ihren tieferen Triebfedern – mir muß es eine Ehrenpflicht sein, vor dem Sarge des geschiedenen Freundes Zeugnis dafür abzulegen: daß dieser schlichte Mann, der unter uns gewandelt ist wie der einfachste Bürger unserer Stadt, in seinem Auftreten fast über Gebühr bescheiden – daß dieser Mann zu den Bevorzugten gehört, in deren Lebenswerk eine neue fruchtbare Idee Anfang und Vollendung gefunden hat und denen *hierdurch* beschieden ist, bleibende Spuren ihres Daseins zu hinterlassen.

In der Tat – alles, was heute vorliegt als hervorgegangen aus der Tätigkeit von *Carl Zeiß*, ist durchaus nichts Anderes als die Bewährung eines *originalen Gedankens*, den der jetzt Verstorbene aus sich heraus erfaßt und durch ein Vierteljahrhundert hin kämpfend durchgeführt hat. Als Schüler unserer Hochschule noch in reiferen Jahren in die mathematisch-physikalische Wissenschaft eingetreten, hat *Carl Zeiß* selbständig die Idee gefaßt, aus dieser Wissenschaft *neue Grundlagen* zu gewinnen für den Fortschritt der technischen Kunst, die er zu seinem Beruf erwählte. Die Ausübung dieser Kunst war bis dahin, wenigstens soweit ihm hinsichtlich seines engeren Arbeitsfeldes bekannt sein konnte, ausschließlich Sache rein individueller Erfahrung und Geschicklichkeit, in ihren besten damaligen Leistungen aber Betätigung eines seltenen Talents zu intuitivem Schaffen geblieben. *Carl Zeiß* ist, dem gegenüber, zu der Einsicht durchgedrungen: daß jene künstlichen Gebilde aus Glas und Metall, deren die Wissenschaften bedürfen zur Unterstützung des forschenden Auges – wenn es nur gelänge, die Bedingungen ihrer Wirksamkeit richtig zu erkennen – geschaffen werden könnten *und werden sollten* nach strenger verstandesgemäßer Methode – in allen Einzelheiten fertig gemacht im Geiste, in der Art etwa, wie der Architekt ein Bauwerk schon vor seiner wirklichen Ausführung im Geiste vollendet hat – der arbeitenden Hand nur die körperliche Darstellung der zum Voraus bestimmten Formen und Maße übrig lassend.

Diesen Gedanken der praktischen Konstruktion des Mikroskopes ganz und gar auf die wissenschaftliche Theorie zu gründen und alle Kunstfertigkeit unter deren strenge Leitung zu stellen – diesen Gedanken hat *Carl Zeiß* verfolgt über alle Hindernisse hinweg mit einer Beharrlichkeit und Ausdauer, wie nur ein festes Vertrauen auf die Wahrheit einer Erkenntnis sie gewähren kann.

Zuerst hat er versucht, sein Ziel ganz mit eigenen Kräften zu erreichen – nach des Tages Arbeit in der Werkstatt den Nächten die Zeit abringend, zu dem Bemühen, der theoretischen Aufgaben Herr zu werden. Nachher aber hat er, in Verfolgung desselben Gedankens, in wiederholten Anläufen sich bestrebt, Andere in den Dienst dieser Aufgabe zu stellen – Andere, welche frei von der Last geschäftlicher Arbeit den ungewöhnlichen Schwierigkeiten besser als er selbst gewachsen sein möchten. Vollständiger Mißerfolg eines ersten Versuches dieser Art hat ihn nicht abgeschreckt, einige Jahre später das Gleiche nochmals zu unternehmen und nochmals jahrelange Mißerfolge, welche für seine damaligen Verhältnisse schwere Opfer bedeuteten, unentmutigt hinzunehmen – bis er sein Ziel erreicht sah.« *Ernst Abbe*

Ein Unternehmen führen und Mitarbeiter begeistern

Mit den beiden Unternehmensgründern Carl Zeiß und Ernst Abbe verbindet mich die Überzeugung, daß ein Wirtschaftsunternehmen nicht nur seine geschäftlichen Interessen wahrnimmt, sondern auch eine gesellschaftliche, soziale und erzieherische Aufgabe gegenüber seinen Mitarbeitern hat. Carl Zeiß und Ernst Abbe haben das sehr früh erkannt und ihre Unternehmertätigkeit als »öffentliche Funktion« begriffen. Sie sahen den arbeitenden Menschen nicht nur als Produktionsfaktor. Und es war ihnen bewußt, daß der technisch-wissenschaftliche Vorsprung eines Unternehmens allein nicht ausreicht, um es erfolgreich zu führen. Zeiß wollte, daß die Mitarbeiter sich mit ihrem Unternehmen und ihrer Arbeit identifizieren. Sein Ziel war deshalb eine soziale und rechtlich gesicherte, selbständige und leistungsfähige Arbeiterschaft.

Sein Erfolgsgeheimnis bestand im Wissen, daß nur eine enge Verbindung von Wissenschaft und Unternehmen, von Erfindergeist und handwerklichem Können neue hervorragende Produkte und Verfahren hervorbringen kann. Deshalb förderten Zeiß und Abbe mit allen Kräften das Wissenschaftspotential an der Universität Jena. Dank ihrer Initiativen wurde Jena von der Residenz- und Universitätsstadt zur Universitäts- und Industriestadt.

Es ist mein Ziel, daß sich die Mitarbeiter heute genauso mit dem Unternehmen, mit den Produkten und ihrer Arbeit identifizieren wie zu Gründerzeiten und daß sie aktiv am Umbruch und der Umgestaltung des Unternehmens mitwirken. Wir versuchen aber noch

Die optischen Werkstätten von Carl Zeiß im Jahre 1917.

etwas anderes vom Gründergeist lebendig zu halten: Immer einen Schritt voraus zu denken. Abbes »Jenaer Modell« war darauf ausgelegt, neue und unkonventionelle Wege zu gehen. Damit hat er das moderne Jena wesentlich geprägt. Der Jenoptik GmbH fällt als Unternehmen die Rolle zu, sich über die unternehmerische Tätigkeit hinaus sozial, kulturell und wissenschaftlich zu engagieren, damit Jena wieder zu einem leistungsfähigen Industriestandort in den neuen Bundesländern wird, der eine hohe Anziehungskraft auf interessante und kreative Menschen ausübt.

Lothar Späth,
Ehemaliger Ministerpräsident
Baden-Württembergs
und jetziger Geschäftsführer
der Jenoptik GmbH

Textnachweise

Klaus Albrecht, Rudolf Karstadt. Ein Kaufmann aus Mecklenburg. Mecklenburger Monatshefte, 7. Jahrgang, Heft 2: Februar 1931, Carl Hinstorffs Verlag, Rostock, S. 79–82

J. Bentley/F. Porsche, Porsche. Ein Traum wird Wirklichkeit. Ein Auto macht Geschichte, Econ Verlag, Düsseldorf und Wien 1978, S. 122–123. © 1976 by Ferry Porsche & John Bentley

Nina Grunenberg, Der knorrige Patriarch der Elektronik. Heinz Nixdorf schafft Zukunftstechnologie mit dem deutschen Facharbeiter, DIE ZEIT, Hamburg, 10. August 1984. Abdruck mit freundlicher Genehmigung der Autorin

Theodor Heuss, Robert Bosch. Leben und Leistung, Rainer Wunderlich Verlag, Tübingen 1964, S. 529–536. © Deutsche Verlags-Anstalt GmbH, Stuttgart.

Josef Neckermann, Erinnerungen. Aufgezeichnet von Karin Weingart und Harvey T. Rowe, © 1990 by Verlag Ullstein GmbH, Frankfurt/Main. Berlin, S. 105–106

Werner Otto, Die Otto-Gruppe. Der Weg zum Großunternehmen, Econ Verlag GmbH, Düsseldorf und Wien 1982, S. 35–43. © Werner Otto

Philipp Rosenthal, Philigramme. Aus: Hermann Schreiber / Dieter Honisch / Ferdinand Simoneit, Die Rosenthal Story, Copyright © 1980 Econ Verlag GmbH, Düsseldorf und Wien, S. 210

Philipp Rosenthal, Eine Analyse zurück für den Blick nach vorn. Aus: Hermann Schreiber / Dieter Honisch / Ferdinand Simoneit, Die Rosenthal Story, Copyright © 1980 Econ Verlag GmbH, Düsseldorf und Wien, S. 213

Werner von Siemens, Lebenserinnerungen. Prestel Verlag, München 1956, S. 275–277

Bildnachweise

Robert Bosch GmbH, Stuttgart (Archiv): S. 21, 26, 28, 29, 32

Daimler Benz AG, Stuttgart (Archiv): S. 40, 41, 42, 43, 47, 50, 52, 53, 56, 57, 58, 59, 61

Denkschrift zum 50jährigen Bestehen der K. B. Technischen Hochschule München, 1917: S. 153

Econ Verlag GmbH, Düsseldorf und Wien: S. 261, 262, 263, 265, 266, 274, 276, 278, 279, 282, 285

Evangelisch-Lutherisches Dekanat, Kempten: S. 150

Henkel & Cie. GmbH, Düsseldorf (Werksarchiv): S. 65, 66, 68, 70, 72, 75, 76

Heinz Hohensee, Mühlheim/Ruhr: S. 319 o.

Philipp Holzmann AG, Frankfurt am Main (Pressestelle): S. 81, 83, 85, 85, 91, 92

Jacobs Suchard Gruppe, Bremen (Archiv): S. 98, 102, 107

Jenoptik GmbH, Jena (Archiv): S. 331, 335, 336, 341

Karstadt AG, Essen (Historisches Archiv): S. 113, 115, 124, 125 l., m.

Friedrich Krupp AG, Essen (Historisches Archiv): S. 131, 135, 138, 141, 143, 145

Dr. H. Linde, Pullach: S. 151 l., r.

Linde AG, Wiesbaden: S. 155, 157, 158, 162, 164

Mannesmann AG, Düsseldorf (Archiv): S. 168, 170, 171, 175, 177, 180

Nestlé AG, Vevey (Archiv): S. 201, 203, 206

Nixdorf Computer AG, Paderborn: S. 215 (Foto: J. H. Darchinger, Bonn), 222

Adam Opel AG, Rüsselsheim (Archiv): S. 229, 233, 234, 238, 239, 240

Otto-Gruppe, Hamburg: S. 243, 246, 249

Siemens AG, Berlin (Archiv): S. 292, 293, 299, 303, 308, 309

Thyssen AG, Duisburg (Archiv): S. 315, 319 u., 320, 322/323, 324

Ullstein Bilderdienst, Berlin: S. 117, 125 r.

Ullstein Verlag GmbH, Frankfurt/Main, Berlin: S. 184, 190, 192, 193, 194 (Foto: Bild), 195

Biographien
in den suhrkamp taschenbüchern

Amrain, Susanne: So geheim und vertraut. Virginia Woolf und Vita Sackville-West. Erstausgabe. st 2292

Andreas-Salomé, Lou: Lebensrückblick. Grundriß einiger Lebenserinnerungen. Aus dem Nachlaß herausgegeben von Ernst Pfeiffer. st 2340

Arnim, Bettine von: Die Günderode. Mit einem Essay von Christa Wolf. st 2341

Ball, Hugo: Hermann Hesse. Sein Leben und sein Werk. st 385

Der Cimarrón. Die Lebensgeschichte eines entflohenen Negersklaven aus Cuba, von ihm selbst erzählt. Nach Tonbandaufnahmen herausgegeben von Miguel Barnet. Aus dem Spanischen von Hildegard Baumgart. Mit einem Nachwort von Heinz Rudolf Sonntag und Alfredo Chacón. st 346

Baumann, Gerhart: Erinnerungen an Paul Celan. st 1985

Belkina, Marija: Die letzten Jahre der Marina Zwetajewa. Aus dem Russischen von Schamma Schahadat und Dorothea Trottenberg. st 2213

Bell, Quentin: Virginia Woolf. Eine Biographie. Aus dem Englischen von Arnold Fernberg. st 753

Bertaux, Pierre: Friedrich Hölderlin. st 686

Brinnin, John Malcolm: Die dritte Rose. Gertrude Stein und ihre Welt. Mit einem Vorwort von John Ashbery. Aus dem Amerikanischen von Maria Wolff. st 1820

Carossa, Hans: Ungleiche Welten. Ein Lebensbericht. st 521

Chalfen, Israel: Paul Celan. Eine Biographie seiner Jugend. st 913

Crick, Bernard: George Orwell. Ein Leben. Aus dem Englischen von Friedrich Polakovics unter Mitwirkung von Harald Raykowski. st 1778

Einblicke und Ausbrüche. Lebensskizzen berühmter Frauen. Herausgegeben von Susanne Gretter. st 2347

Elias, Norbert: Mozart. Zur Soziologie eines Genies. Herausgegeben von Michael Schröter. st 2198

Eribon, Didier: Michel Foucault. Eine Biographie. Aus dem Französischen von Hans-Horst Henschen. st 2226

Felder, Franz Michael: Aus meinem Leben. Mit einer Vorbemerkung von Peter Handke und einem Nachwort von Walter Methlagl. st 1353

Freedman, Ralph: Hermann Hesse. Eine Biographie von Ralph Freedman. Aus dem Amerikanischen von Ursula Michels-Wenz. st 1827

260/1/11.94

Biographien
in den suhrkamp taschenbüchern

Gandhi, Mahatma: Mein Leben. Herausgegeben von C. F. Andrews mit einem Nachwort von Curt Ullerich. Aus dem Englischen übertragen von Hans Reisiger. st 953

Gespräche mit Marx und Engels. Herausgegeben von Hans Magnus Enzensberger. st 716

Gibson, Ian: Federico García Lorca. Eine Biographie. Aus dem Englischen von Bernhard Straub. Mit zahlreichen Abbildungen. st 2286

Gulyga, Arsenij: Immanuel Kant. Aus dem Russischen übertragen und mit einem Nachwort versehen von Sigrun Bielfeldt. st 1093

Hesse, Hermann: Kindheit und Jugend vor Neunzehnhundert. Hermann Hesse in Briefen und Lebenszeugnissen. 1. Band: 1877-1895. Ausgewählt und herausgegeben von Ninon Hesse. st 1002

– Kindheit und Jugend vor Neunzehnhundert. Hermann Hesse in Briefen und Lebenszeugnissen. 2. Band: 1895-1900. Herausgegeben von Ninon Hesse. Fortgesetzt und erweitert von Gerhard Kirchhoff. st 1150

Hermann Hesse in Augenzeugenberichten. Herausgegeben von Volker Michels. st 1865

Hildesheimer, Wolfgang: Marbot. Eine Biographie. st 1009

– Mozart. st 598

Horváth-Chronik. Von Traugott Krischke. stm. st 2089

Kleine, Gisela: Zwischen Welt und Zaubergarten. Ninon und Hermann Hesse: Leben im Dialog. st 1384

Lagercrantz, Olof: Strindberg. Aus dem Schwedischen von Angelika Gundlach. st 1086

Lützeler, Paul Michael: Hermann Broch. Eine Biographie. st 1578

Tomalin, Claire: Katherine Mansfield. Eine Lebensgeschichte. Aus dem Englischen von Eike Schönfeld. st 2336

Mayer, Hans: Ein Deutscher auf Widerruf. Erinnerungen. Band I. st 1500

– Ein Deutscher auf Widerruf. Erinnerungen. Band II. st 1501

– Der Turm von Babel. Erinnerung an eine Deutsche Demokratische Republik. st 2174

Muschg, Adolf: Gottfried Keller. st 617

Painter, George D.: Marcel Proust. Eine Biographie. 2 Bde. Deutsch von Christian Enzensberger und Ilse Wodtke. st 561

250/2/11.94

Biographien
in den suhrkamp taschenbüchern

Paz, Octavio: Sor Juana Inés de la Cruz oder Die Fallstricke des Glaubens. Aus dem Spanischen von Maria Bamberg. Versübertragungen von Fritz Vogelgsang. Mit zahlreichen Abbildungen. st 2294

Wagner-Martin, Linda: Sylvia Plath. Eine Biographie. Aus dem Englischen von Sabine Techel. st 2337

Rachewiltz, Mary de: Diskretionen. Erinnerungen der Tochter Ezra Pounds. Aus dem Englischen von Gertrud Spat. st 2385

Razumovsky, Maria: Marina Zwetajewa. Eine Biographie. st 1570 und st 2339

Ruy Sánchez, Alberto: Octavio Paz. Leben und Werk. Eine Einführung. Aus dem Spanischen von Thomas Brovot. st 1894

Schmidt, Werner: Leben an Grenzen. Autobiographischer Bericht eines Mediziners aus dunkler Zeit. st 2162

Semprún, Jorge: Yves Montand: Das Leben geht weiter. Aus dem Französischen von Uli Aumüller. st 1279

Töchter berühmter Männer. Neun biographische Portraits. Herausgegeben von Luise E. Pusch. st 2349

Tomalin, Claire: Katherine Mansfield. Eine Lebensgeschichte. Aus dem Englischen von Eike Schönfeld. st 1973

Unseld, Siegfried: Begegnungen mit Hermann Hesse. st 218

Wagner-Martin, Linda: Sylvia Plath. Eine Biographie. Ins Deutsche übertragen von Sabine Techel. st 1986

Wahnsinnsfrauen. Herausgegeben von Sibylle Duda und Luise F. Pusch. Erstausgabe. st 1876

Wahnsinnsfrauen. Elf biographische Portraits. Herausgegeben von Sybille Duda und Luise F. Pusch. st 2351

Bell, Quentin: Virginia Woolf. Eine Biographie. Aus dem Englischen von Arnold Fernberg. st 2338

Zeemann, Dorothea: Jungfrau und Reptil. Leben zwischen 1945 und 1972. st 776

260/3/11.94

Biographien, Leben und Werk im insel taschenbuch

Lou Andreas-Salomé: Lebensrückblick. Grundriß einiger Lebenserinnerungen. Aus dem Nachlaß herausgegeben von Ernst Pfeiffer. Neu durchgesehene Ausgabe mit einem Nachwort des Herausgebers. it 54

– Rainer Maria Rilke. Mit acht Bildtafeln im Text. Herausgegeben von Ernst Pfeiffer. it 1044

Elizabeth von Arnim: Elizabeth und ihr Garten. Aus dem Englischen von Adelheid Dormagen. it 1293 und Großdruck. it 2338

Georg Bollenbeck: Theodor Storm. Eine Biographie. Mit neunzehn Abbildungen. it 1347

Bertolt Brecht. Leben und Werk im Bild. Mit autobiographischen Texten, einer Zeittafel und einem Essay von Lion Feuchtwanger. it 406

Bertolt Brecht. Sein Leben in Bildern und Texten. Mit einem Vorwort von Max Frisch. Herausgegeben von Werner Hecht. it 1122

Die Schwestern Brontë. Leben und Werk in Texten und Bildern. Herausgegeben von Elsemarie Maletzke und Christel Schütz. it 814

Robert de Traz: Die Familie Brontë. Eine Biographie. Mit zahlreichen Abbildungen. it 1548

Hans Carossa: Ungleiche Welten. Lebensbericht. it 1471

Cézanne. Leben und Werk in Texten und Bildern. Von Margret Boehm-Hunold. it 1140

George Clémenceau: Claude Monet. Betrachtungen und Erinnerungen eines Freundes. Mit farbigen Abbildungen und einem Nachwort von Gottfried Boehm. it 1152

Sigrid Damm: Cornelia Goethe. it 1452

– »Vögel, die verkünden Land.« Das Leben des Jakob Michael Reinhold Lenz. it 1399

Joseph von Eichendorff. Leben und Werk in Texten und Bildern. Herausgegeben von Wolfgang Frühwald und Franz Heiduk. it 1064

Elisabeth von Österreich. Tagebuchblätter von Constantin Christomanos. Herausgegeben von Verena von der Heyden-Rynsch. Mit Beiträgen von E. M. Cioran, Paul Morand, Maurice Barrès und Ludwig Klages. Mit zeitgenössischen Abbildungen. it 1536

Theodor Fontane: Kriegsgefangen. Erlebnisse 1870. Herausgegeben von Otto Drude. Mit zahlreichen Abbildungen. it 1437

– Meine Kinderjahre. Autobiographischer Roman. Mit einem Nachwort von Otto Drude. it 705

162/1/11.93

Biographien, Leben und Werk
im insel taschenbuch

Sigmund Freud. Sein Leben in Bildern und Texten. Herausgegeben von Ernst Freud, Lucie Freud und Ilse Grubrich-Simitis. Mit einer biographischen Skizze von K. R. Eissler. Gestaltet von Willy Fleckhaus. it 1133

Dagmar von Gersdorff: Dich zu lieben kann ich nicht verlernen. Das Leben der Sophie Brentano-Mereau. it 1276

Goethe. Sein Leben in Bildern und Texten. Vorwort von Adolf Muschg. Herausgegeben von Christoph Michel. Gestaltet von Willy Fleckhaus. it 1000

Manfred Wenzel: Goethe und die Medizin. Selbstzeugnisse und Dokumente. Mit zahlreichen Abbildungen. it 1350

Heinrich Heine. Leben und Werk in Daten und Bildern. Von Joseph A. Kruse. Mit farbigen Abbildungen. it 615

Hermann Hesse. Sein Leben in Bildern und Texten. Mit einem Vorwort von Hans Mayer. Herausgegeben von Volker Michels. it 1111

Volker Michels: Hermann Hesse. Leben und Werk im Bild. Mit dem ›kurzgefaßten Lebenslauf‹ von Hermann Hesse. it 36

Marie Hesse: Ein Lebensbild in Briefen und Tagebüchern. Mit einem Essay von Siegfried Greiner. Mit frühen Lithographien von Gunter Böhmer. it 261

Hölderlin. Chronik seines Lebens mit ausgewählten Bildnissen. Herausgegeben von Adolf Beck. it 83

Kleist. Leben und Werk im Bild. Herausgegeben von Eberhard Siebert. it 371

Eckart Kleßmann: Die Mendelssohns. Bilder aus einer deutschen Familie. Mit zahlreichen Abbildungen. it 1523

Cordula Koepcke: Lou Andreas-Salomé. Leben. Persönlichkeit. Werk. Eine Biographie. it 905

Oskar Kokoschka. Leben und Werk in Daten und Bildern. Herausgegeben von Norbert Werner. it 909

Dieter Kühn: Ich Wolkenstein. Eine Biographie. Neue, erweiterte Ausgabe. it 497

– Neidhart aus dem Reuental. it 1389

– Parzival. Der Parzival des Wolfram von Eschenbach. it 1328

Monique Lange: Edith Piaf. Die Geschichte der Piaf. Ihr Leben in Texten und Bildern. Aus dem Französischen von Hugo Beyer. Mit einer Discographie. it 516

Gertrud von le Fort. Leben und Werk in Daten, Bildern und Zeugnissen. it 195

162/2/11.93

Biographien, Leben und Werk im insel taschenbuch

Jane Lidderdale / Mary Nicholson: Liebe Miss Weaver. Ein Leben für Joyce. Aus dem Englischen von Angela Praesent und Anneliese Strauss. it 1436

Mütter berühmter Männer. Zwölf biographische Portraits. Herausgegeben von Luise F. Pusch. it 1356

Ernst Penzoldt. Leben und Werk in Texten und Bildern. Herausgegeben von Ulla Penzoldt und Volker Michels. it 547

Marthe Princesse Bibesco: Begegnung mit Marcel Proust. Aus dem Französischen von Eva Rechel-Mertens. it 1349

Renate Wiggershaus: Marcel Proust. Leben und Werk in Texten und Bildern. it 1348

Eva Rieger: Nannerl Mozart. Leben einer Künstlerin im 18. Jahrhundert. Mit zahlreichen Abbildungen. it 1431

Rainer Maria Rilke. Leben und Werk im Bild. Von Ingeborg Schnack. Mit einer biographischen Einführung und einer Zeittafel. it 35

George Sand. Leben und Werk in Texten und Bildern. Von Gisela Schlientz. it 565

Arthur Schopenhauer. Leben und Werk in Texten und Bildern. Herausgegeben von Angelika Hübscher. it 1059

Misia Sert: Pariser Erinnerungen. Aus dem Französischen von Hedwig Andertann. Mit einem Bildteil. it 1180

Muriel Spark: Mary Shelley. Eine Biographie. Deutsch von Angelika Beck. Mit zahlreichen Abbildungen. it 1258

Töchter berühmter Männer. Neun biographische Portraits. Herausgegeben von Luise F. Pusch. it 979

Siegfried Unseld: Hermann Hesse. Werk und Wirkungsgeschichte. Revidierte und erweiterte Fassung der Ausgabe von 1973. Mit zahlreichen Abbildungen. it 1112

Wilhelmine von Bayreuth: Eine preußische Königstochter. Glanz und Elend am Hofe des Soldatenkönigs in den Memoiren der Markgräfin Wilhelmine von Bayreuth. Aus dem Französischen von Annette Kolb. Neu herausgegeben von Ingeborg Weber-Kellermann. Mit Illustrationen von Adolph Menzel. it 1280

Virginia Woolf. Leben und Werk in Texten und Bildern. Herausgegeben von Renate Wiggershaus. it 932

Stefan Zweig. Leben und Werk im Bild. Herausgegeben von Donald Prater und Volker Michels. it 532

162/3/11.93

Geschichte
in den suhrkamp taschenbüchern

Donghi, Tulio Halperin: Geschichte Lateinamerikas von der Unabhängigit bis zur Gegenwart. Aus dem Spanischen von Elke Wehr. st 2327

Enzensberger, Hans Magnus: Der kurze Sommer der Anarchie. Buenaventura Durrutis Leben und Tod. Roman. st 395

Foucault, Michel: Überwachen und Strafen. Die Geburt des Gefängnisses. Aus dem Französischen von Walter Seitter. st 2271

Gernet, Jacques: Die chinesische Welt. Die Geschichte Chinas von den Anfängen bis zur Jetztzeit. Aus dem Französischen von Regine Kapler. st 1505

Die Neue Welt. Chroniken Lateinamerikas von Kolumbus bis zu den Unhängigkeitskriegen. Herausgegeben und mit einer Einleitung versehen von Emir Rodríguez Monegal. Mit zeitgenössischen Illustrationen. st 811

Oz, Amos: Bericht zur Lage des Staates Israel. st 2192

Tobler, Hans Werner: Die mexikanische Revolution. Gesellschaftlicher Wandel und politischer Umbruch. 1876-1940. st 1988

Weber-Kellermann, Ingeborg: Die deutsche Familie. Versuch einer Sozialgeschichte. st 185

Weimer, Wolfram: Geschichte des Geldes. Eine Chronik mit Texten und farbigen Bildern. st 2307

Wissenschaftsgeschichte seit 1900. 75 Jahre Universität Frankfurt. Von Helmut Coing, Lothar Gall, Jürgen Habermas, Notker Hammerstein, Hubert Markl, Wolfgang J. Mommsen. st 2150

263/1/11.94